本书为2011年度教育部人文社会科学研究基地重大项目
《中国专利制度中的理论问题研究》（11JJD820003）的成果

IP 知识产权专题研究书系

ZHUANLI CHANPIN SHOUCI XIAOSHOU QINQUAN KANGBIAN YANJIU

YI CAICHANQUANZHUANYI LILUN WEI YANJIU JINLU

专利产品首次销售侵权抗辩研究

——以财产权转移理论为研究进路

万琦 著

知识产权出版社

全国百佳图书出版单位

责任编辑：刘　睿　徐　浩　　　　　　责任校对：董志英
特约编辑：杨艳敏　　　　　　　　　　责任出版：卢运霞

图书在版编目（CIP）数据

专利产品首次销售侵权抗辩研究／万琦著. —北京：知识产权出版社，
2014.2
　ISBN 978 - 7 - 5130 - 2585 - 0

　Ⅰ.①专…　Ⅱ.①万…　Ⅲ.①专利侵权 - 研究　Ⅳ.①D913.04

　中国版本图书馆 CIP 数据核字（2014）第 026794 号

专利产品首次销售侵权抗辩研究
　　——以财产权转移理论为研究进路

万　琦　著

出版发行：**知识产权出版社** 有限责任公司			
社　　址：北京市海淀区马甸南村 1 号		邮　编：100088
网　　址：http：//www.ipph.cn		邮　箱：bjb@ cnipr.com
发行电话：010 - 82000860 转 8101/8102		传　真：010 - 82005070/82000893
责编电话：010 - 82000860 转 8113		责编邮箱：liurui@ cnipr.com
印　　刷：保定市中画美凯印刷有限公司		经　销：新华书店及相关销售网点
开　　本：720mm×960mm　1/16		印　张：19.5
版　　次：2014 年 2 月第一版		印　次：2014 年 2 月第一次印刷
字　　数：207 千字		定　价：45.00 元
ISBN 978 - 7 - 5130 - 2585 - 0		

序

　　本书的作者万琦曾是我指导的博士研究生。本书即是在其博士论文基础上修订而成。

　　当万琦提出以专利产品首次销售侵权抗辩（以下简称"专利产品销售抗辩"）为题撰写博士论文时，我当即表示赞同。在各国知识产权制度日益趋同的今天，两大法系对这一问题的认识却完全不同，TRIPs 协议等相关国际条约也未能就此形成一致看法，这在全球知识产权法协调进程中也是为数不多的特例。

　　就大陆法系国家而言，人们主要选择专利权用尽原则作为专利产品销售抗辩，通常该模式被认为具有强制性规范的属性。与之相比，英美法系国家则更多以默示许可替代专利权用尽原则来解释这一现象。知识产权许可往往被作为一种合同关系看待。由此推知，当事人的约定可排除默示许可的适用。总体上，专利权用尽原则和默示许可构成了专利产品销售抗辩制度的基本类型。

　　然而，美国近年来对专利权用尽原则的适用复杂性模糊了专利权用尽原则和默示许可之间原本清晰的界限，致使一些人对专利产品销售抗辩的把握和认识莫衷一是。引起万琦对专利产品销售抗辩关注的是 2008 年 6 月美国联邦最高法院就 Quanta Computer, Inc. v. LG Electronics, Inc. 案作出的判决。该案的焦点之一在于，专利权人设定的限制性条件能否排除专利权用尽原则的适用。美国联邦最高法院对此采取了回避的态度。

其实，上述问题的症结还在于如何回答专利法中一项始终存在争议的问题，即专利权边界究竟在何处。显然，从专利产品销售抗辩这一视角来理解上述命题，需要对前述不同制度模式进行准确的定位，探讨其产生的历史缘由和理论基础，并剖析具体的司法实践。本书正是寻找该命题答案或解释的一次尝试。

本书在其所涉论域进行了独到的探索，具有一定的理论与实践意义。书中主要涉及的问题应当是专利产品销售抗辩的法律规范的属性。本书基于专利产品销售抗辩，将专利权用尽原则和默示许可理论进行比较，以使人们真正了解两种解释或模式在制度实施层面上将会有何种差异，进而可为制度的完善提供更为坚实的智识支持。同时，结合英美法系遵循历史的传统，考虑到知识产权是一种财产权，作者认定作为发展较晚的法律部门英美的知识产权相关制度与英美财产法律制度（尤指是其中的不动产法）一定具有紧密的联系。本书将英美财产法相关制度与专利产品销售抗辩制度相关联，这一视角能够让我们更加清楚地看到知识产权制度中有关规范产生的过程及其缘由。这一研究路径或许为人们了解知识产权制度发展的背景提供一种新的思路。

当然，本书还只是一个阶段性成果，一些论点尚需更多相关论据支撑，某些论证过程还有待进一步细化等。作为对一个具体制度的解释，关于专利产品销售抗辩的争论还将持续下去，2013 年 5 月，美国联邦最高法院关于 Bowman v. Monsanto Co. 案的判决也正是这一复杂过程的真实写照。

最后我想说的是，万琦能在工作之余还努力向学，其求学

精神值得称道。他完成博士学业之后，还时常就一些学术问题
与我交流。在本书付梓之际，万琦邀我作序，故草草拟就上面
文字。我希望他的耕耘能够有所收获。

郭禾

2013 年 12 月

摘　　要

专利产品首次销售的侵权抗辩（以下简称"专利产品销售抗辩"）主要包括专利权用尽原则和默示许可。在专利产品首次销售的场合，上述抗辩制度常被用于解决专利权与所有权之间的权利冲突问题。由于各国选择了不同规范属性的专利产品销售抗辩制度，当事人约定的限制性条件会对不同的抗辩制度产生不同的影响。本书以不同类型的专利产品销售抗辩为研究对象，全文共分七章，内容如下。

第一章阐述本书写作的选题背景、研究意义、研究方法等基本内容。由于对专利产品销售抗辩进行研究具有相当重要的理论意义和现实意义，本书主要试图对以下问题进行分析：不同的专利产品销售抗辩制度分别具有何种规范属性，其与限制性条件具有什么样的关系？这些不同的专利产品销售抗辩制度的理论基础何在，其效力到底如何？限制性条件具有何种效力，其应当如何接受反垄断法的规制？专利产品销售抗辩与修理、再造具有什么样的关系？在对相关基本概念进行限定的基础上，本书将主要采用比较方法、历史方法、价值分析方法和案例分析方法对上述问题进行探讨，并为我国的知识产权研究提供一种新的思路，即将知识产权研究与英美财产法制度相勾连。

第二章阐述财产权转移的基本理论。由于土地制度在两大法系财产法中的重要地位，笔者以土地制度为平台，对两大法系财产法进行基础性比较。基于不同的历史传统，英美法系以地产权构建财产权体系，而大陆法系以所有权为中心构建物权体系。作为财产权转移的不同制度类型，英美财产法中的许可和转让都具有自身的特色。英美财产法视许可为抗辩，其功能在于弥补英美财产法内在逻辑和形式主义的缺陷。但是，与大陆法系一样，本质上英美财产法上的许可仍应是授权，并具有债权性质。由于英美财产法上的地产权是法律抽象的产物，因此地产权人可将地产权分割转让。由于地产权部分转让规则固有的适用范围和弊端，其并无适用于专利权转让的合理性与必要性。

第三章阐述默示许可制度。默示许可制度主要由英联邦国家采纳并发展，其理论基础在于禁止反言原则和财产权转移理论。许可的性质是授权，对于默示许可使用权的效力而言，基于大陆法系物权效力和债权效力的分析，默示许可属于纯粹债权性许可。因此，其难以维护被许可人的利益。借鉴英美财产法中不可撤销许可的规定，默示许可使用权应当获得准物权效力。由于默示许可属于任意性专利产品销售抗辩，因此限制性条件可以排除默示许可的适用，但是其应当满足一定的条件。基于产品流通和商业便利的考虑，"任何人不能给予其所未有者"的原则不再适用；独占被许可人可以独自施加限制性条件；由于限制性条件属于当事人之间的约定，限制链条问题难以解决。

第四章阐述专利权用尽原则。目前，专利权用尽原则被大多数国家所采纳。对于专利权用尽原则与限制性条件的关系，欧洲大陆法系国家认为专利权用尽原则具有强行性，该制度不得由当事人约定的限制性条件加以排除。美国联邦最高法院对此的态度则摇摆不定，近年来，美国联邦巡回上诉法院认为专利权用尽原则可由限制性条件排除适用。不同的理论基础导致了专利权用尽原则不同的规范属性。强行性专利权用尽原则的理论基础包括报酬理论和利用相关性理论。在美国，财产权转移理论和默示许可理论被认为是任意性专利权用尽原则的理论基础。但是，由于地产权部分转让规则固有的适用范围和弊端，财产权转移理论无法成为任意性专利权用尽原则的理论基础；由于专利权用尽原则与默示许可理论存在本质上的差别，默示许可理论也不能成为任意性专利权用尽原则的理论基础。各种原因导致美国的专利权用尽原则与默示许可又有某种程度的关联，这种关联也使得广义的默示许可制度对专利权用尽原则的适用范围产生了影响，即体现非生产方法专利的产品和体现专利实质技术特征的非专利组件产品或者未完成产品的销售同样可适用专利权用尽原则。对此，人们可以使用"专利权所覆盖的产品"这一措辞来应对上述适用范围的扩展。

第五章阐述专利产品销售抗辩与修理、再造的关系。为了维持售出专利产品的功能，专利产品销售抗辩的效力范围应当扩展至被允许的修理行为。基于各国案例的分析，相对于单一检验法而言，综合检验法较能契合案件的事实，并在案件中较好地平衡各方的利益。然而，在确立综合检验法的同时，人们还需尽可能地确保法律的安定性。在认定修理与再造的过程中，默示许可与专利权用尽原则紧密配合，共同完成了对专利产品修理与再造问题的认定。默示许可的基本理念对于区分修理与再造，并进一步完善人们对于专利权用尽原则效力范围的理解具有举足轻重的意义。专利产品销售抗辩的适用限度在于专利产品是否保持其同一性。但是，如果专利产品购买者的维护行为突破了产品的同一性,在一定的情形下,广义的默示许可可成为专利侵权的抗辩理由。

第六章阐述限制性条件的反垄断法规制。基于限制性条件产生的不同方式,限制性条件具有不同的表现形式。对于强行性专利产品销售抗辩而言,限制性条件仅具有合同法上的效力。而对于任意性专利产品销售抗辩而言,限制性条件除具有合同法上的效力之外,当事人对该限制的违反将产生专利法上的后果。通常,涉及专利产品销售的限制性条件大致包括转售价格维持、使用领域限制、区域限制、搭售等主要类型,这些不同类型的限制主要由合理原则加以规制。默示许可可由限制性条件排除适用,因此排除默示许可适用的限制性条件将构成专利许可。目前,人们主要采用合理原则对专利许可进行反垄断法规制。其中,三步检验法被认为将一般反垄断分析与专利许可的反垄断分析较好地结合在了一起。但是,由于合理原则所具有的不确定性和复杂性,该原则的适用存在一定的问题。

第七章阐述不同国家制度选择的原因,以及英美法系专利产品销售抗辩的发展趋势,在此基础上,本章进一步探讨我国应当如何进行制度选择。由于对待专利和反垄断态度的不同,不同国家选择了不同的专利产品销售抗辩制度。目前,对于专利产品销售抗辩而言,德国等欧洲大陆法系国家采用强行性的制度模式,英美法系国家则选择任意性的制度模式,两大法系不同制度选择的深层次差异在于对不同伦理哲学流派的认同。近年来,英美法系似乎表现出逐步抛弃任意性专利产品销售抗辩,转而选择强行性专利产品销售抗辩的态势。上述变化对我国的制度选择不无影响。对于专利产品销售抗辩制度的选择而言，我国应当以公平优先的道义论作为伦理哲学基础，并适当考虑效益因素。同时，国情决定了我国不应当过分保护专利权人的利益，而应当选择强行性专利产品销售抗辩的制度模式。此外，在配套制度的选择上，我国可以进一步借鉴欧共体的反垄断制度。

目　　录

第一章 导 论

一、选题背景与研究意义

为了适应经济发展和科技进步的需要，人们以保护发明、激励创新为手段，创立了专利制度。"在专利制度下，国家以发明人向社会公开其发明为条件，授予发明人可以在一定时期内对其发明享有专有权的好处"。❶ 但是，专利制度为专利权人提供激励是以牺牲社会公众对知识自由使用为代价的。就创新性技术成果的使用与推广而言，专利制度在为发明创造提供法律保护的同时，也在专利权人与社会公众之间形成了一种紧张关系。

在专利产品首次销售领域，上述紧张关系同样存在。由于专利权与所有权是两个完全独立的权利，通常专利产品的销售仅意味着产品所有权的转让。由此，对于售出专利产品的使用与转售而言，理论上专利权与所有权之间存在着冲突。对此，各国采取了不同的专利产品首次销售侵权抗辩制度加以应对。

通常，以德国为首的大陆法系国家采用专利权用尽原则解决上述权利冲突。通过采用该项制度，专利权被限于专利产品的首次销售，并且专利权用尽原则不得由当事人约定的限制性条件加以排除。与德国等国家不同的是，英联邦国家以默示许

---

❶ 郭寿康. 国际技术转让 [M]. 北京：法律出版社，1989：19.

可替代专利权用尽原则，该制度成了这些国家的专利产品首次销售的侵权抗辩制度。与专利权用尽原则将专利权限于专利产品的首次销售不同，默示许可使专利权人可以继续控制售出的专利产品，即专利权人可以通过设定限制性条件的方式，对售出专利产品的使用、转售加以限制。大体上，专利权用尽原则和默示许可构成了专利产品首次销售的侵权抗辩的基本类型。

虽然美国也使用专利权用尽原则处理专利权和所有权之间的权利冲突，但是其与德国等大陆法系国家的相应制度并非完全相同。就专利权人是否可以设定限制性条件，从而排除专利权用尽原则的适用而言，美国理论界和实务界众说纷纭，尚无定论。2008年6月9日，美国联邦最高法院就 Quanta Computer, Inc. v. LG Electronics, Inc. 案[1]作出终审判决。该案争点之一在于，专利权人设定的限制性条件能否排除专利权用尽原则的适用。美国联邦最高法院对此采取了回避的态度，因此该问题至今仍然悬而未决。

美国专利权用尽原则的复杂性模糊了专利权用尽原则和默示许可之间原本清晰的界限，使得人们难以对专利产品首次销售的侵权抗辩制度进行理论上的把握。首先，专利权用尽原则能否由当事人约定的限制性条件加以排除？如果专利权用尽原则可由限制性条件排除适用，那么两种不同类型的专利权用尽原则分别以何种理论作为其理论基础？其次，专利权用尽原则与默示许可的关系究竟如何？两者会产生怎样不同的法律效果？专利权的界限究竟在何处？再次，对于不同类型的专利产

---

[1] Quanta Computer, Inc. v. LG Electronics, Inc. , 128 S. Ct. 2109, 170 L. Ed. 2d 996 （2008）.

品首次销售侵权抗辩制度而言，各国进行制度选择的深层次原因又是什么？对此，我国又应当如何进行制度选择？显然，对于专利制度乃至整个知识产权制度而言，上述问题的解决极具理论上的意义。

当前，权利用尽原则早已为知识产权界所共知，但 TRIPs 协议并未对此项制度进行明确规定，这使得权利用尽原则成为当今世界知识产权领域的热点和难点之一。也许，专利产品首次销售侵权抗辩制度的复杂性是导致上述制度性缺位的原因之一。

虽然我国现行专利法规定了专利权用尽原则，但是并未在立法上明确其规范属性。同时，随着我国经济快速的发展与对外经贸交往的深入，由专利权引发的贸易摩擦已经越来越引起国人的关注。由于各国专利产品首次销售的侵权抗辩制度并未统一，因此我国迫切需要就其他国家相关制度加以了解与把握。❶ 然而，我国当前对专利产品首次销售侵权抗辩制度的研究还停留在比较基础的水平，与国外的研究还有相当大的差距。若不能尽快弥补，必将影响我国对外经贸的进一步展开。

可见，对专利产品首次销售的侵权抗辩制度进行研究具有相当重要的理论意义和现实意义。因此，本书主要试图对以下问题进行分析：不同的专利产品首次销售侵权抗辩制度分别具有何种规范属性，其与限制性条件具有什么样的关系？这些不同的专利产品首次销售侵权抗辩制度的理论基础何在，其效力到底如何？限制性条件具有何种效力，其应当如何接受反垄断法的规制？专利产品首次销售侵权抗辩制度与修理、再造具有

---

❶　事实上，前述匡塔案的大部分被告正是我国台湾地区的计算机代工厂。

什么样的关系?

二、研究现状分析

(一) 国内研究现状分析

就国内研究现状而言,对于专利产品首次销售的侵权抗辩,学者通常对专利权用尽原则和默示许可分别加以论述。由于我国主要采用专利权用尽原则作为专利产品首次销售的侵权抗辩,因此学者更多偏重于对专利权用尽原则进行阐述。而谈及专利权用尽原则,国内的研究可谓是汗牛充栋,但学者大多从权利限制和平行进口的角度进行论述,极少对专利权用尽原则的规范属性等问题进行研究。或许,国内学者认为专利权用尽原则具有何种规范属性等问题早有定论。在 2009 年 11 月 30 日由北京市第一中级人民法院主办的专利侵权抗辩理论与实务的研讨会中,与会学者对于限制性条件能否排除专利权用尽原则适用这一问题的意见基本一致,即专利产品售出时所附带的限制性条件构成专利权的滥用。❶ 从而,学者们间接认定专利权用尽原则不得由当事人约定的限制性条件加以排除。

就本书所要研究的问题而言,根据目前收集的资料,国内与之联系最为紧密的是以下一些文献:

第一,在梁志文的《论知识产权法的合同限制》一文中,作者从以下三个方面就合同对知识产权法的限制进行了论述,即合同对知识产权限制的反限制、合同对知识产权法不保护客体的保护及合同对知识产权利益的限制。在合同对知识产权限制的反限制中,作者简要地提及了合同对首次销售原则的限

---

❶ 萧海. 专利侵权抗辩理论与实务研讨会 [J]. 中国专利与商标, 2010 (1): 96.

制，但是其并没有就相关内容继续进行深入的探讨。❶

第二，国内较为全面地论及专利产品首次销售侵权抗辩制度的是尹新天所著的《专利权的保护》一书。在该书中，作者将专利产品首次销售的侵权抗辩分为国内和国际两个部分进行论述。在国内部分，作者全面论述了各个国家的相关制度，并着重评述了美国专利产品首次销售的侵权抗辩制度。❷ 但是，由于该专著主要从判例出发对相关问题进行阐述，从而其仍然没有彻底识别美国专利权用尽原则与默示许可的区别，以及由此就相关理论问题进行进一步的论述。

第三，事实上，近年来国内对专利产品首次销售侵权抗辩关注度的提升，正是源自美国联邦最高法院关于 Quanta 案的判决。对于 Quanta 案，国内学者表现出了浓厚的兴趣，并就专利权用尽原则的规范属性等问题进行了阐述。和育东在《美国专利权穷竭原则的演变》一文中指出，美国的专利权穷竭原则可分为绝对穷竭和相对穷竭。❸ 然而，该文对绝对穷竭和相对穷竭定义得过于简单，有进一步澄清的必要。同时，该文对于何谓限制性条件存在认识上的误差，从而对某些判例作出了错误的判断。

在《美国专利使用权穷竭对我国的借鉴》和《论专利产品销售所附条件的法律效力》两篇文章中，董美根认为美国的专利权用尽原则源自默示许可理论，从而专利产品的无条件销售

---

❶ 梁志文. 论知识产权法的合同限制 [J]. 国家检察官学院学报，2008 (10)：138－140.

❷ 尹新天. 专利权的保护（第二版）[M]. 北京：知识产权出版社，2005：65－95.

❸ 和育东. 美国专利权穷竭原则的演变 [J]. 电子知识产权，2008 (9)：48－50.

才能产生专利权用尽的效果。❶ 显然，上述两篇文章忽视了美国同时存在专利权用尽原则不得由限制性条件加以排除的事实，因此有以偏概全之嫌。

（二）国外研究现状分析

就国外研究现状而言，在论述数量及研究深度方面，国外研究都要优于国内。但是总体上，国外关于专利产品首次销售侵权抗辩的研究仍缺乏理论层面的把握。在 *Parallel Imports* 一书中，沃里克·A. 罗瑟尼（Warwick A. Rothnie）对英联邦国家和美国的专利产品首次销售的侵权抗辩制度进行了较为翔实的研究，他的研究对于把握上述国家相关制度的构建具有重要意义。❷ 在 The Exhaustion of Patent Rights in the Common Market 一文中，德国学者沙茨（U. Schatz）对欧洲大陆专利产品首次销售侵权抗辩制度的演进做了较为精细的分析。❸ 但是，上述学者的研究反映了一种倾向，即研究者更多的是基于各自法系的专利产品首次销售侵权抗辩制度进行研究与把握，而较少进行跨越不同法系的比较研究。

将不同法系相关制度加以融合的做法出现在本亚米尼（Amiram Benyamini）的 *Patent Infrignement in the European Community* 一书中，作者在书中分别介绍了各国不同的专利产品首次销售的侵权抗辩制度。❹ 但是，由于受主题的限制，该书不

---

❶ 董美根. 美国专利使用权穷竭对我国的借鉴. 知识产权 [J]. 2008 (6)：94；董美根. 论专利产品销售所附条件的法律效力. 华东政法大学学报 [J] 2009 (3)：53.

❷ Warwick A. Rothnie. Parallel Imports [M]. Sweet & Maxwell, 1993：113 - 185.

❸ U. Schatz. The Exhaustion of Patent Rights in the Common Market [J]. 2 I. I. C. 1, 1971.

❹ Amiram Benyamini. Patent Infrignement in the European Community [M]. Wiley - VCH, 1993：287 - 293.

可能对专利产品首次销售侵权抗辩的相关问题进行充分展开。但是，这足以促使人们开始对不同法系的相关制度加以关注。

对于专利权用尽原则具有何种规范属性这一问题，目前美国国内主要以任意性规范属性为主流观点。理论界与实务界常以默示许可理论作为专利权用尽原则的理论基础，由于默示许可与专利权用尽原则存在本质的差别，以默示许可理论作为专利权用尽原则的理论基础值得质疑。理查德·爱波斯坦（Richard A. Epstein）在 The Disintegration of Intellectual Property 一文中以财产权转移理论来论证专利权用尽原则的任意性规范属性，❶ 但是其论证过程同样值得商榷。

总之，大致而言，国内外已有的研究文献主要偏重于制度的介绍，缺乏理论层面的剖析。即使某些文献对于相关理论问题进行了较为细致的分析，其中也仍然存在一定的问题。与此同时，一些学者对于专利产品首次销售侵权抗辩制度存在理解上的误差，由此进行的理论上的架构也就不无问题了。由于专利产品首次销售侵权抗辩制度的重要性，所以笔者认为有必要基于现有的研究基础，进一步推进该项制度的研究。

三、基本概念

（一）专利产品首次销售的侵权抗辩

1. "专利产品"的含义

什么样的产品是专利产品？对此，各国专利法没有给出明确的定义。我国现行《专利法》中共有 5 处使用了"专利产

---

❶ Richard A. Epstein. The Disintegration of Intellectual Property [J]. 62 Stan. L. Rev. 455, 2010.

品"这一措辞，即第 11 条❶2 处，第 17 条❷、第 69 条❸和第 73 条❹各 1 处。从这 5 处的规定中可知，前两处"专利产品"分别涉及发明专利、实用新型专利和外观设计专利，而后三处则没有任何形式上的限定。同时，第 11 条和第 69 条中的"专利产品"明显区别于"依照专利方法直接获得的产品"。因此，我国专利立法中的"专利产品"包含除方法专利直接获得产品之外的体现三种专利的产品。

此外，"某一产品是否属于专利产品，需要根据专利权的保护范围来判断"。❺ 我国《专利法》确定专利权保护范围的依据是第 59 条，即发明或者实用新型专利权的保护范围以其权利要求的内容为准，说明书及附图可以用于解释权利要求的内容。外观设计专利权的保护范围以表示在图片或者照片中的该产品的外观设计为准，简要说明可以用于解释图片或者照片所表示的该产品的外观设计。因此，对于发明专利或者实用新

---

❶ 第 11 条发明和实用新型专利权被授予后，除本法另有规定的以外，任何单位或者个人未经专利权人许可，都不得实施其专利，即不得为生产经营目的制造、使用、许诺销售、销售、进口其专利产品，或者使用其专利方法以及使用、许诺销售、销售、进口依照该专利方法直接获得的产品。外观设计专利权被授予后，任何单位或者个人未经专利权人许可，都不得实施其专利，即不得为生产经营目的制造、许诺销售、销售、进口其外观设计专利产品。

❷ 第 17 条发明人或者设计人有权在专利文件中写明自己是发明人或者设计人。专利权人有权在其专利产品或者该产品的包装上标明专利标识。

❸ 第 69 条有下列情形之一的，不视为侵犯专利权：（1）专利产品或者依照专利方法直接获得的产品，由专利权人或者经其许可的单位、个人售出后，使用、许诺销售、销售、进口该产品的……

❹ 第 73 条管理专利工作的部门不得参与向社会推荐专利产品等经营活动。

❺ 国家知识产权局条法司．新专利法详解［M］．北京：知识产权出版社，2001：65.

型专利而言，专利产品是指具有一项产品专利的某项权利要求所记载的全部技术特征的产品；对于外观设计专利而言，专利产品是指含有一项外观设计专利的产品。

虽然笔者依据我国《专利法》将专利产品限于前述认定的范畴，但是由于专利权用尽原则同样适用于依照专利方法直接获得的产品，因而本书对于专利产品首次销售侵权抗辩的探讨同样适用于依照专利方法直接获得的产品。

此外，随着专利权用尽原则适用范围的扩展，非生产方法专利会因为相关产品的销售而用尽，❶ 而体现专利实质技术特征的未完成产品的销售也可以产生专利权用尽的效果。❷ 因此，本书相关的结论对于上述两种情形也同样适用。对于专利权用尽原则适用范围的扩展，笔者将另行阐述。

2. "专利产品首次销售的侵权抗辩" 的含义

（1）关于"侵权抗辩"。

侵权抗辩，又称侵权抗辩事由，是指侵权诉讼中的被告针对原告的指控和请求而提出的一切有关责任不成立、减轻责任或者免除责任的事实。在大多数国家的侵权行为法中，经常采用的侵权抗辩主要包括正当防卫、职务授权行为、紧急避险、自助行为、受害人同意、受害人过错、不可抗力、意外事件等。

在侵权行为法中，人们需要注意"抗辩事由""免责事由"和"违法阻却事由"之间的区别。有学者认为，抗辩事

---

❶　Ethyl Gasoline Corp. v. United States, 309 U. S. 436, 446, 457（1940）.

❷　United States v. Univis Lens Co., 316 U. S. 241, 251（1942）.

由又称为免责事由，由此认为抗辩事由等同于免责事由。❶ 显然，这种观点是值得商榷的。免责的前提在于侵权责任成立，而由于某些抗辩事由——如不可抗力——妨碍了某些侵权责任构成要件的成立，因此侵权责任并不成立。可见，抗辩事由的范围大于免责事由。对于抗辩事由与违法阻却事由的关系，由于违法阻却事由也仅体现了对侵权责任构成要件之一的违法性的阻却，因此其也只属于抗辩事由的一个类别。

（2）关于"专利产品首次销售的侵权抗辩"。

根据以上关于侵权抗辩的定义，广义的专利产品首次销售的侵权抗辩是指基于专利产品的首次销售，被告针对原告的指控和请求而提出的一切有关责任不成立、减轻责任或者免除责任的事实。狭义的专利产品首次销售的侵权抗辩主要包括专利权用尽原则和默示许可，本书主要就狭义的专利产品首次销售的侵权抗辩（以下简称"专利产品销售抗辩"）进行研究。

对于专利产品销售抗辩所指向的对象，我国学者之间存在不同的认识。就专利权用尽原则而言，我国对其主要有以下几种不同的表述方式：

第一，专利产品使用权的用尽。经专利权人同意而投放市场的产品在销售之后，专利权人无权控制该产品的使用方式。❷

第二，专利产品使用权与转售权的用尽。当专利权人自己制造或者许可他人制造的专利产品经过首次销售之后，专利权人对该产品不再享有任何意义上的支配权，即购买者对产品的

---

❶ 王利明，杨立新. 侵权行为法 ［M］. 北京：法律出版社，1997：76.
❷ 郑成思. 知识产权论 ［M］. 北京：社会科学文献出版社，2007：243.

使用或者转售与专利权人无关。❶

就专利权而言，专利权人行使权利的方式主要包括制造、使用、许诺销售、销售、进口专利产品。由此，专利产品销售抗辩所指向的对象理应包括除制造以外的使用、许诺销售、销售、进口专利产品的各个权项。

然而，为了阐述的方便，笔者主要将讨论的范围限于售出专利产品的使用与转售，理由如下：首先，由于专利产品销售抗辩的问题最先产生于售出专利产品的使用与转售，相关的理论与实践最为丰富，因此上述讨论范围的限定更有助于对相关问题进行深入的研究。其次，由于售出专利产品的使用与转售涉及的问题最为基础，其相关结论完全可以推及许诺销售、进口等情形。再次，在专利产品的跨国贸易中，专利产品销售抗辩也往往成为产品购买者对抗专利权人进口权的手段，此时涉及专利产品的平行进口问题。但是，由于平行进口问题除了关涉知识产权法律问题之外，其还涉及经济、贸易等复杂的政策问题。因此，笔者进一步将讨论的范围主要限于专利产品的国内贸易之中。

（二）限制性条件

限制性条件是指，在专利产品销售之际，专利权人为了继续对售出产品加以控制而对产品的使用、转售所施加的限制，其具体表现为区域限制、转售价格维持、搭售等。限制性条件与专利产品销售抗辩的关系将是本书讨论的重点之一。

法律规范依效力强度可以分为强行性规范和任意性规范。

---

❶ 刘春田. 知识产权法（第二版）［M］. 北京：高等教育出版社、北京大学出版社，2003：221－222.

前者不能由当事人约定排除或者变更，后者唯有在当事人无相反约定时才适用。以限制性条件能否排除专利产品销售抗辩的适用为基准，专利产品销售抗辩可以分为任意性专利产品销售抗辩和强行性专利产品销售抗辩。

（三）财产权转移

本书以财产权转移理论为研究进路，对专利产品销售抗辩加以分析。在私法领域，民事权利被区分为财产权和人身权。其中，大陆法系上的财产权具有较为宽广的范畴，包括物权、债权、知识产权等。而在英美法系，合同权利由合同法单独调整，因此理论上财产权并不包括合同权利。据此，在财产权的外延上，两大法系存在一定的差异，即英美财产权并不包括类似大陆法系中债权的权利。因此，本书财产权主要限于绝对性财产权，而其他相关内容亦主要围绕绝对性财产权展开论述。

财产权转移通常包括以下几种情形：（1）基于法律行为而产生的财产权转移；（2）基于法律行为以外的其他原因而产生的财产权转移；（3）基于某些公法上的原因而产生的财产权转移。本书主题与专利产品的销售有关，因此笔者主要关注基于法律行为而产生的财产权转移，进而与此相关的两个概念是许可和转让。

通常，许可与转让的区别在于：就权利的主体而言，许可发生时权利主体不变，而在转让的情形下权利主体发生变更；就权利的内容而言，许可涉及财产权中部分利益的有限转移，转让则是整个财产权的转移；就转移的效力而言，许可是财产权暂时的转移，而转让是财产权永久的转移。

对于专利技术来说，郑成思教授认为，人们从来没有把"转移"这个词使用于技术贸易领域，"一般说起'技术转让'

实际指的是技术转移，即包括所有权的转移与使用权的转移两项内容"。❶ 实质上，郑教授所提及"使用权的转移"和"所有权的转移"分别对应着许可和转让。可见，在知识产权领域，许可与转让是财产权转移的两种基本方式。

特别需要指出的是，在第三章、第四章关于默示许可和专利权用尽原则的理论基础部分，本书提及的"财产权转移"特指英美财产法上的地产权部分转让规则，即在转让土地权益时，如果地产权人没有就创设较小地产权或附带可撤销条件进行明确规定的话，那么权利人将转让其所拥有的所有土地权益。由于该财产权转移规则属于任意性规范，当事人之间关于财产权转移的限制性条件需优先考虑。

四、研究方法

专利权属于财产权，因此笔者尝试以财产权转移理论为研究进路对不同的专利产品销售抗辩制度加以审视，以此辨析各种专利产品销售抗辩具有何种理论基础。此外，笔者试图对我国的知识产权研究提供一种新的思路，即将知识产权研究与英美财产法制度相勾连。在我国先前的知识产权研究中，"人们安于知识产权的特殊性，民法学者依旧关注所谓的传统民事权利，知识产权学者忽视民法学的一般原理，从而形成了民法学与知识产权法学彼此孤立的研究格局"。❷ 近年来，我国学界将大陆法系民法制度（尤其是物权制度）与知识产权法制度相联系的观念正在逐步形

---

❶ 郑成思. 知识产权法（第二版）[M]. 北京：法律出版社，2003：41.
❷ 李琛. 论知识产权的体系化 [M]. 北京：北京大学出版社，2005：78.

成，❶ 但是将知识产权法与英美财产法相关联的局面却难得一见。由于英美法系遵循历史的传统，作为较晚发展的法律部门，英美知识产权法的相关制度与英美财产法具有紧密的联系。因此，笔者认为，对英美知识产权相关制度进行比较研究时，人们应当注重对英美财产法的关注。

与此同时，本书主要采用了如下具体的研究方法：

（1）比较方法。比较方法可以分为功能比较方法和概念比较方法。❷ "任何法律概念、原则以及与之相关的法律实践说到底是与人们的生产生活状态相联系的，其作用完全是功能性的，而不是概念本身固有的"。❸ 由于缺乏相应的文化背景和实践经验，人们常常对一些概念产生误解。对此，比较方法的一项重要工作就是将法律概念还原至其本身的环境中，从而对该概念加以理解、认识。因此，笔者努力将功能比较方法和概念比较方法结合起来，对两大法系的专利产品销售抗辩制度进行深层次的比较，并就存在的差异作出合理的解释，从而为我国的相关制度建设提供较为准确的依据。

（2）历史方法。法学研究离不开历史方法的支撑。通常，历史方法的基本研究目标包括以下两个方面：第一，研究需要按照时间脉络，清晰地展示法律制度的基本框架；第二，更为重要的是，研究需要揭示法律制度变迁的深层次原因。就第一方面而言，历史是一张没有缝隙的网。由于整个历史的一体性，试图了解历史每个片段的人都必须意识到，他的第一个阐述就撕裂了一张没

---

❶ 尹田. 论物权和知识产权的关系 [J]. 法商研究, 2002 (5).

❷ 沈宗灵. 比较法研究 [M]. 北京：北京大学出版社, 1998：30 – 32.

❸ 苏力. 制度是如何形成的（增订版）[M]. 北京：北京大学出版社, 2007：78.

有接缝的网。❶ 因此，笔者试图进一步挖掘专利产品销售抗辩的演进过程，寻找专利权用尽原则与默示许可理论确立之前的制度选择进路，"将今天的现象、问题赋予其历史层面上的意义"。❷ 就第二方面而言，笔者通过对相应时期社会、经济发展的分析，透过历史事实去发现其背后的精神、思想、文化、传统等因素，从而解释今天的制度为何是这般模样。

（3）价值分析方法。在法学研究领域，价值问题是核心问题。因此，价值分析方法应当是法学研究的基本方法。通过该方法的运用，研究者可以对某一原则、规则的正当性和合理性进行评判。通过对两大法系不同专利产品销售抗辩制度的伦理哲学分析，笔者认为专利产品销售抗辩的制度构建当以公平优先的道义论为伦理哲学基础，并适当考虑效益因素。

（4）案例分析方法。案例是生活的一部分，与抽象的法律理论和坚硬的法律条文相比，案例更为真实、鲜活、生动。通过案例学习法律，是其他方式所不能奏效的。❸ 目前，国内涉及专利产品销售抗辩的规范属性等问题的案例并不多见，而国外则有着丰富的司法实践。因此，对于专利产品销售抗辩的研究而言，案例分析方法是不容回避的。正是一个个鲜活、生动的案例使得各方争议焦点得以汇聚，由此推进了专利产品销售抗辩制度的演进。通过案例分析方法的运用，人们不仅可以把握专利产品销售抗辩制度的基本脉络，还可以对其进行更为贴近现实的思考。

---

❶ ［美］哈罗德·J. 伯尔曼. 法律与革命［M］. 贺卫芳，等，译，北京：中国大百科全书出版社，1993：57.

❷ 陈瑞华. 论法学研究方法［M］. 北京：北京大学出版社，2009：248.

❸ 刘春田. 知识产权判解研究（2008 年第一卷第一期）［M］. 北京：法律出版社，2008：2.

第二章 财产权转移的基本理论

第一节 两大法系财产法的基本差异

"权利为法律之创造",❶ 故财产权产生于财产法。严格说来，就私法领域而言，两大法系财产法的外延并不一致。大陆法系财产法的外延较为宽泛，涉及物权法、债权法、知识产权法等与人身法相对的法律范畴。在英美法系，财产法是指与契约法、侵权行为法等相并列，规制财产归属与利用关系的法律范畴。可见，两大法系的财产法都是包罗万象的"大杂烩"。大体上，大陆法系的财产法剔除债权法之后，剩余的若干法律部门与英美法系财产法相当。

两大法系财产法包含的内容较为庞杂，两者很难直接进行全方位的比较。因此，笔者试图选取两大法系财产法中处于核心地位的法律制度，通过对这一法律制度的比较，以便获得对两大法系财产法基本差异的认识。

历史上，无论哪个国家或地区，土地都是最为重要的财产。因此，各个国家的财产法都与土地具有天然的联系。作为大陆法系财产法的基石，物权法以土地上的各种权利构建物权体系。而对于赋予财产广泛含义的英美法系，其财产法同样主

---

❶ 史尚宽. 民法总论 [M]. 北京：中国政法大学出版社，2000：19.

要以传统土地制度为核心内容。❶ 因此，英美财产法可以从广义和狭义两个层面加以认识。广义的英美财产法是指前述与契约法、侵权行为法等相并列的法律范畴，而狭义的英美财产法是指以土地制度为内容的不动产法。

据此，笔者基于土地制度这一平台，以物权法与狭义的英美财产法为比较对象，❷ 通过分析两者权利体系的不同，来比较、认识两大法系财产法的基本差异。对此基本差异的理解，有助于人们对财产权转移基本理论的把握。

一、大陆法系物权法的物权体系

通常，大陆法系物权法注重物的归属关系，较为忽视物的利用关系。由此，大陆法系形成了以所有权为中心构建物权法的立法模式，即以所有权为基础产生他物权从而形成物权体系。

（一）罗马法上的所有权

马克思曾指出："在每个历史时代中所有权以各种不同的方式、在完全不同的关系下面发展着。"❸ 换言之，所有权的理论基础取决于一定时期的社会政治和经济条件，因此所有权

---

❶ 冉昊．比较财产法论纲：从契约到关系，从自治到信赖 [R]．北京：北京大学，2005：30.

❷ 由于土地制度在财产法中的基础性地位，规范土地的物权法和狭义的英美财产法成了两大法系财产法的核心。因此，笔者以物权法与狭义的英美财产法进行比较，以期能认识两大法系财产法的基本差异。为了讨论的方便，下文直接以"英美（法系）财产法"替代"狭义的英美财产法"。因此，下文主要在狭义的层面上使用"英美（法系）财产法"这一概念。

❸ ［德］马克思，恩格斯．马克思恩格斯全集（第一版第四卷）［M］．北京：人民出版社，1958：180.

属于历史范畴。

早期罗马社会属于氏族社会。就土地的归属而言，罗马早期的土地属于部落共有，这种共有土地即罗马土地。❶ 虽然当时部分动产可以由家庭占有，但是彻底的私有观念上的财产权并不存在。

土地的分裂使得古罗马真正意义上的私有财产得以萌发。财产分裂使得早期罗马社会发生巨变，因为财产关系替代了宗法关系成为维系人们关系的主要纽带，并由此构建社会、政治和经济关系。虽然土地财产已充分分裂，但是由于古罗马社会的基本构成元素是宗法家庭，个人未能脱离家庭而显现出来。因此古罗马并未出现彻底的个人财产和自由，其财产制度并非建立在近代民法所认为的个人本位或权利本位之上。据此，"在整个真正的罗马时代，罗马私法就是'家父'或家长的法"。❷ 直到罗马帝国后期，随着个人与家庭财产的分离和万民法规则的扩展，罗马法上的个人所有权制度才得以确立。❸

罗马法出现的类似于近代所有权的语词是"dominium"和"proprietas"。"dominium"出现得较早，但它并不那么具有技术性，而且它也被用来指"家父"的一般权力或对于任何主体权利的拥有。而作为对物的最高权利的技术性术语，"proprie-

---

❶ [美] 路易斯·亨利·摩尔根. 古代社会 [M]. 杨东莼，等，译，北京：商务印书馆，1997：548.

❷ [意] 彼得罗·彭梵得. 罗马法教科书 [M]. 黄风，译，北京：中国政法大学出版社，1992：115.

❸ 梅夏英. 财产权构造的基础分析 [M]. 北京：人民法院出版社，2002：9 - 12.

tas"在帝国晚期开始出现。❶但是，一直到注释法学时期，二者的区分并不十分清楚。然而，可以肯定的是，罗马法的所有权是完全的、绝对的支配物的权利。❷

那么，人们是否可以认为罗马法上的所有权已经处于物权体系的中心地位了呢？答案是否定的。事实上，罗马法上的所有权并未获得一个非常明确的法律上的意义。因为，罗马法中并不存在物权的概念，罗马法没有抽象出基于对物的支配和利用而形成的物权体系。

从役权和所有权的相互作用的过程可以更好地理解罗马法中所有权的概念。罗马法最早产生的役权是耕作地役，它由土地公有制的土地使用规则演变而来。其中，各个土地使用者为了耕种的便利和其他需要，在使用土地时对已分割的土地仍保留未分割前的状态。当时尚未形成地役权的概念，而认为役权即为所有权，如某人对供役地享有通行权，即可认为通行者对其通行的土地与他人享有共有权。❸可见，早期罗马法中地役权与所有权处于混沌状态。在役权独立之后，其也并未被视为一项独立的权利，而是作为无体物纳入物的范畴，与有体物共同成为所有人拥有的对象。可见，在罗马法中，他物权虽强化了所有人的地位，但却始终未取得独立的地位，而一直以所有权对象的形式存在。

据此，上述现象必然导致下列结果：一是既然他物权并非属于权利范畴而与所有权相区别，物权这一更为上位的概念自

❶　［意］彼得罗·彭梵得.罗马法教科书［M］.黄风，译，北京：中国政法大学出版社，1992：196.

❷　王利明.物权法论［M］.北京：中国政法大学出版社，1998：210.

❸　周枏.罗马法原论［M］.北京：商务印书馆，2001：390.

然无法抽象出来。二是由于所有权对象的模糊导致其内涵的模糊，从而很难形成一个确定的定义，所有权的含义大致相当于"某人拥有什么"，仅此而已。可见，在罗马法中，所有权和物权仍未体现出近代意义上的清晰表述。❶因此，所有权中心主义并未在罗马法中得到确立。

（二）近代大陆法系的所有权

1. 物权的起源

"'物权'一词，由中世纪的注释法学派首先提出"，❷他们在对物之诉的基础上，初步建立了物权（jus in rem）学说。1811 年制定的《奥地利普通民法典》正式在法律中提出并使用了"物权"（sachenrecht）这一概念，但是该物权实质上包含了大陆法系一般意义上的债权，因此该法典所提及的"物权"也不具备近代物权的含义。❸同样，《法国民法典》仍未提出近代意义上的物权概念，该法典未将所有权、债权和物作明确区分，而是沿袭了罗马法广义的物的概念。

直到《德国民法典》，近代意义上的物权概念才最终产生，物权制度得到了系统化，民法物权编在形式上得以建立。而这一切，是与物的界定分不开的。《德国民法典》将物限于有体物，使得物权成为一种对有体物的完全支配权。《德国民法典》这一对物权的科学定位，使得物权终于与物、其他权利（特别是债权）等区分开来。

---

❶ 梅夏英. 财产权构造的基础分析 [M]. 北京：人民法院出版社，2002：14.

❷ 王利明等. 民法新论（下）[M]. 北京：中国政法大学出版社，1988：1.

❸ 孙宪忠. 德国当代物权法 [M]. 北京：法律出版社，1997：39 – 40.

2. 所有权中心主义的确立

在经历了中世纪黑暗统治之后，绝对所有权的理念再次率先在《法国民法典》中得以确立。在法国大革命之前，法律无论从形式到内容都是典型的封建法。其中，封建社会的土地关系极为复杂，全部土地被封建领主以身份等级的方式进行分割、让与，从而形成了间接、重叠、多级的土地占有支配关系，因此实质意义上绝对所有权已不存在。中世纪的法学家试图以罗马法的绝对所有权概念来解释中世纪封建土地占有制度上的双重所有权结构，但这只能是徒劳。为此，克里斯琴·沃尔夫（Christian Wolff）发展了所谓的分割所有权学说（die Lehre vom geteilten Eigentum），即使用所有权（nutzeigentum）由农民享有，该使用所有权可以继承但不得处分；处分所有权（proprietas）属于地主。❶

然而，由于土地对于法国社会的重要性，当人们对等级国家制度提出异议时，铲除上述封建性质的土地所有权制度成为资产阶级革命成功的关键。分割所有权的概念受到了质疑，而罗马法上绝对所有权的概念与自由资本主义时期的个人主义精神是一致的，因此该理念得到了政治家和法学家的极力推崇。

所有权的学说历来包括神授说、先占说、劳力说、法定说、自然权说等，❷ 其中影响深远的当推自然权说。法国将格劳秀斯、洛克、卢梭等人的自然法思想作为制定《法国民法典》的理论基础，进而上述自然法思想成了《法国民法典》中绝对所有权的理论渊源。《法国民法典》第544条将所有权

---

❶　王洪亮. 分割所有权论［J］. 华东政法学院学报，2006（4）：111.

❷　谢在全. 民法物权论［M］. 北京：中国政法大学出版社，1999：115–116.

表述为："所有权是指，以完全绝对的方式，享有与处分物的权利，但法律或条例禁止的使用除外。"❶ 由此，在大革命彻底废除封建所有权的一切身份性因素的基础上，《法国民法典》确立了绝对的所有权制度。

如前所述，《法国民法典》直接沿袭罗马法广义的物的概念，所有权、债权和物仍未明确区分开来。因此，该法典体现的绝对所有权还存在理论构建上的不足，或者可以说《法国民法典》的绝对所有权更具政治层面的意义。但是，正是绝对所有权的再次确立为所有权中心主义的建立起到了关键作用。如果没有绝对所有权的存在，那么其中心地位也将无法确立。

随着《德国民法典》的出台，物被限于有体物，所有权和他物权之间的差异得以明确区分。在他物权被纳入无体物的情形下，理论上所有权和他物权并不处于对等的地位。只有将物限于有体物，由于以往作为无体物的他物权和债权真正获得了权利的地位，所有权才成为一种近代意义上的完全物权。于是，在物权被界定为主体对有体物支配关系的情形下，人们不得不面对如下的问题，即所有权和他物权的关系。

近代大陆法系确立了所有权权能分离理论来解释所有权与他物权的关系。"他物权的设定是所有权权能分离的结果，所有权的存在是他物权设定的前提"。❷ 依据所有权权能分离理论，大陆法系将所有权定义为唯一的完全物权，其支配是全面的；他物权均为有限物权，是权利人基于当事人的合意或法律规定而获得了对物进行直接控制的某些权能。通过设定他物

---

❶ 罗结珍. 法国民法典 [M]. 北京：中国法制出版社，1999：172.

❷ 王利明. 论他物权设定 [J]. 法学研究，2005 (6)：79.

权，所有权的部分权能同所有权相分离。这时的所有权缺少若干权能，呈现出一种"虚化"的状态。❶

所有权权能分离理论是大陆法系物权制度特有的理论。英美法系沿袭日耳曼法的精神，没有统一的至高无上的绝对所有权理论，只有各种基于财产实际利用形态而形成的财产权。同一财产上，甲享有使用权，乙享有处分权，彼此独立。英美法系的理论与实践有时也提及所有权，但其含义并不是人们通常理解的所有权，其只不过是指某一财产权益而已。

所有权权能分离理论以权利与权能的关系作为出发点。事实上，权利与权能的关系是抽象与具体的关系。权利只是一般抽象的存在，只有主体实施了特定的行为，权利方能成为具体的实在，而权能正是"权利的具体表现样态，或者权利的内容要素"。❷ 因此权利是抽象的，权能是具体的。"所有权之权能是所有人为利用所有物以实现对所有物的独占利益，而于法律规定的范围内可以采取的各种措施与手段。所有权的不同权能，表现了所有权的不同作用形式，是构成所有权内容的有机组成部分"。❸

虽然，权能的分离使得所有权"虚化"，所有权的行使受到了限制。但是，这并没有改变所有人拥有所有权的事实。其一，由于所有权具有弹性，在他物权因期限等原因而终止时，分离的权能并非随他物权一起"烟消云散"，而是再次回归所

---

❶ 崔建远. 论他物权的母权 [J]. 河南省政法管理干部学院学报，2006（1）：11.

❷ 张俊浩. 民法学原理（修订第三版）[M]. 北京：中国政法大学出版社，2000：67.

❸ 陈华彬. 物权法原理 [M]. 北京：国家行政学院出版社，1998：213.

有人，回复所有权的圆满状态。可见，在创设他物权的场合，所有权权能的分离只是暂时的、有条件的分离，"这种分离不会造成所有人资格的改变"。❶ 其二，在所有物遭受第三人非法侵占时，所有人并非因转移占有权能而无法主张权利。在积极权能分离的同时，所有人仍保有消极权能。

在所有权与权能分离的场合，分离的权能形成了由非所有人行使的他物权。通过所有人的自由处分，他人可以占有所有物，并获得对抗包括所有人在内的任何人的权利。因此，如果没有所有权这个前提，他物权是无法产生的。据此，人们可以认为他物权系所有权的派生，所有权在大陆法系物权体系的中心地位得以确立。

二、英美法系财产法的财产权体系

事实上，对于由历史点滴形成的、散乱的英美财产法而言，本质上其并不适于体系化的理解方式。因此，笔者试图遵循历史的脉络，就相关制度进行介绍，以期大致阐述一种区别于大陆法系物权体系的英美财产法模式。因此，这种体系只是一种解释性结构，并非英美财产法的唯一结构。

（一）日耳曼法的财产权制度

日耳曼法可以被视为是英美财产法的源流。就财产权制度而言，日耳曼法与罗马法并不相同，两者主要的差别表现为以下几个方面：（1）罗马法上的所有权是抽象的、绝对的支配性权利，而日耳曼法以物的具体利用为中心建立财产权体系；

---

❶ 张俊浩. 民法学原理（修订第三版）[M]. 北京：中国政法大学出版社，2000：425.

（2）罗马法坚持一物一权原则，而日耳曼法根据对物的各种利用形态确定权利，由此在不动产上形成一物多权原则；（3）日耳曼法中各种建立于物上的权利均为独立的权利，本质上并无不同，因此未形成所有权和他物权的分离模式；（4）罗马法所有权属于个体的权利，日耳曼法中不动产由公社等团体享有所有权，团体成员获得使用收益的权利；（5）罗马法上的所有权分割是一种量的分割，而日耳曼法表现为一种质的分割；（6）罗马法所有权是纯粹的私法上的支配权，日耳曼法的财产权则反映了社会身份关系；（7）罗马法严格区分所有和占有，日耳曼法中所有与占有不如罗马法那样界限分明，其中占有和权利是统一的。❶

（二）英美财产法的保有制度

公元 5 世纪，日耳曼部落的盎格鲁—撒克逊人侵入不列颠，随后原有的氏族习惯逐渐演变为法律。而 1066 年的诺曼征服深刻地影响了英国法律的发展，决定了英国法律的整个前途。❷ 为了能有效地获得民众的认同，诺曼底公爵威廉一世尽力以英国王位合法继承人的身份出现，并宣布盎格鲁—撒克逊习惯法继续有效。由于盎格鲁—撒克逊习惯法并没有受到罗马法深刻的影响，直到今天，英美法仍保持着纯粹的日耳曼法传统。

诺曼征服以后，英王成为全国土地唯一的所有人，土地分封成了维护英王统治的有利工具。征服者威廉一世将所有盎格

❶　王利明. 物权法论 [M]. 北京：中国政法大学出版社，1998：212 - 217.

❷　L. B. Curzon. English Legal History [M]. 2nd ed. Macdonald and Evans, 1979：16.

鲁—撒克逊人的土地收归己有，而以保有（tenure）的形式将土地分封给诺曼人的贵族，并以此换取贵族对国王的服务和效忠。获得分封的领主因为受封土地而需要向国王承担各种义务，同时他自己也需要各种服务。于是，他将受封的土地进一步分封给比他地位小的领主，以获取他所需要的各种服务。这种分封叫采邑分租，且可以不断地进行。由此，采邑分租形成了英国普通法中的保有制度，土地权益在不同主体之间形成了分割的状态。

在英国的保有结构中，直接从国王那里分得土地的人被称为土地的第一持有人（tenants in chief），保有结构的最底层即直接占有土地的人被称为直接持有人（tenant in demesne），位于第一持有人和直接持有人之间的人都被称为中间领主（mesne lord）。在这一结构中，国王是最大的领主，他不是任何人的附庸。此外，英国保有制度最突出的特点可能在于保有制度的普遍适用。在欧洲大陆，保有制度只适用于以提供军事服务为条件的土地持有。但是在英国，无论土地持有人承担什么性质的服务，都适用保有制度。于是，中间领主的数量激增，最终出现了难以计数的小领主。

虽然威廉一世确立的以分封为特征的土地制度具有明显的封建特性，但是正是该土地制度为英国私法的形成奠定了基础，近代以前英国的财产法、契约法、侵权行为法及信托法、婚姻家庭法与继承法等的形成都深受这一土地制度的影响。"这些相对独立的法律领域的产生奠定了英美法系私法的发展模式，它们的具体制度对英美法系许多国家的私法产生了渊源

性的影响"。❶

在边沁实证主义法学思想的影响下，英国逐步加快了立法进程。在 1925 年的财产立法之后，英国财产法中只剩下了一种保有，即农役保有，而且其具有封建色彩的名称也由"自由保有"所替代。此外，除了少数情况，自主持有人不用再向领主承担任何义务，领主也丧失了所有的特权。由此，1925 年的立法已经使土地的持有人成为土地事实上的所有人，土地持有人对土地的权利与动产所有人的权利并没有什么不同。由于确定领主和持有人之间的权利义务是保有制度的关键，因此从实际情况来看，保有制度对于土地纠纷的解决已无任何意义了。随着时间的推移，前述如"金字塔"般的土地保有制度逐步发展成了英国的地产权制度。随着保有制度退出历史舞台，地产权制度成为英国不动产法的唯一基础。

美国自始至终不存在封建土地制度，早期的土地虽然名义上属于英王，但是实际上由殖民地移民所掌控。独立革命以后，各州取代了英王的地位，但是州与土地持有人的关系也仅具理论上的意义。对于是否继承英国封建土地制度这一问题，尽管主流的思想是反对英国王室的，然而在短期之内，各州迫于现实需要，仍然继续沿用了相对熟悉的英国普通法。因此，在去除一些复杂的封建元素之后，英国土地制度被美国所继承。

（三）当代英美财产法的财产权体系

就土地而言，当代英美财产法的财产权体系大致可以体现

---

❶ 何勤华，李秀清. 外国民商法导论（第二版）［M］. 上海：复旦大学出版社，2005：4.

为占有性土地权益和非占有性土地权益。其中，占有性土地权益包括各种地产权制度，而非占有性土地权益包括地役权、获益权、随地而走的约据以及部分许可。由于非占有性土地权益只是英美财产法的辅助性制度，因此笔者主要从地产权制度来理解当代英美财产法的财产权体系。

1. 地产权的概念及体系

与罗马法不同的是，类似"dominium"这样表示绝对所有权概念的术语并没有出现在 11 世纪英国法律开始形成的时期。梅因认为，封建时期土地所有权概念的主要特点是承认一个双重所有权，即封建主所有的高级所有权以及同时存在的佃农的低级所有权。❶ 显然，梅因所提及的所有权与近代大陆法系上的所有权明显不同。"英美法上的所有权并非是一种对有形物的完全占有和支配，以及对其最终归属予以确认，而是对具体的权利的享有者予以确认，并且这种具体权利是独立的，可自由支配的"。❷

在英美财产法中，对于上述具体的权利，财产权等概念也常常使用，但是一旦需要更为精确时，人们往往会使用"产权"（title）这个术语。❸ 根据《布莱克词典》的解释，产权是那些处分或控制财产的法律权利的所有要素的集合。❹ 与英美

---

❶ ［英］亨利·梅因. 古代法［M］. 沈景一，译，北京：商务印书馆，1996：167.

❷ 梅夏英. 财产权构造的基础分析［M］. 北京：人民法院出版社，2002：38.

❸ W. T. Murphy & Simon Roberts. Understanding Property Law［M］. 3rd ed. Sweet & Maxwell, 1998：53.

❹ Bryan A. Garner. Black's Law Dictionary［M］. 8th ed. West, 2004：1522.

财产法一样，产权概念也来自不动产法，通常其与地产权具有相同的含义。由于土地制度逐渐类推适用于其他财产法律关系，于是地产权这一概念的适用范围得到了扩展，从而具有类似财产权的含义。

所谓地产权（estate），是指依时段由地产权人享有的土地权益。换言之，地产权是时间与土地权益的结合，地产权人占有土地时间上的差别构成了不同地产权的基础。在词源上，"estate"源自"status"，意为身份、地位或状态。❶ 显然，该术语与封建土地的人身依附性是关联的。由于每一个人在保有制度的"金字塔"中均占有适当的地位（status），随着封建制度的衰落，人们开始使用与"status"有关的"estate"来指称权利人所拥有的权益。可见，地产权的概念与保有制度有着密切的联系。历史上，保有制度也曾有按照享有土地的不同时段来划分土地权益的传统。例如，当土地以个人服役为条件而授予他人时，土地授予的时间一般与承租人的寿命一样长。一旦承租人死亡，土地即回复授予人之手。上述情形中，承租人的权益即类似于下文所述的终生地产权。

目前，英美财产法将地产权分为两大类，即自由保有地产权（freehold estate）和非自由保有地产权（nonfreehold estate）。该分类是英国封建时期的产物，其中拥有自由保有地产权的是权贵阶层，地产权通过封地占有权（seisin）交付仪式进行，权贵阶层在享有一定地位的同时也需对上一阶层负有封建义务。而拥有非自由保有地产权的是一般的普通民众，其不

---

❶ 高富平，吴一鸣. 英美不动产法：兼与大陆法比较［M］. 北京：清华大学出版社，2007：14.

享有封地占有权，也不负有封建义务。❶ 现今，人们视自由保有地产权为"拥有"土地的形式，而非自由保有地产权只是"租赁"土地的形式。

自由保有地产权包括非限嗣继承地产权（fee simple）、限嗣继承地产权（fee tail）和终生地产权（life estate）。非限嗣继承地产权是存续时间最长的地产权，理论上可以无限期存在，相当于大陆法系的土地所有权。只要地产权人及其任何继承人存在，该地产权就可以一直存续；只有当地产权人死亡，且没有任何继承人时，非限嗣继承地产权才会终止。限嗣继承地产权也是可以继承的地产权，理论上也是无限期的。但是，法律对继承人的条件加以限制，即只有地产权人的直系卑亲属才可继承地产权。否则，限嗣继承地产权将会自动终止。终生地产权一般以地产权人的生命为限，当地产权人死亡时，终生地产权即终止。❷

非自由保有地产权指的就是租赁地产权（leasehold estate），具体包括定期租赁地产权（term of years）、续期租赁地产权（periodic tenancy）、任期租赁地产权（tenancy at will）和逾期租赁地产权（tenancy at sufferance）。定期租赁地产权的主要特征是事前规定了租赁地产权的存续期限。通常，几乎所有的商业性租约都采用定期租赁地产权这一类型。续期租赁地产权没有一个确定的、完整的期限，通常该租赁地产权的第一个期限是固定的，而后可以再自动延续一个相同的期限，直至租

---

❶ ［美］约翰·G. 斯普兰克林. 美国财产法精解（第二版）［M］. 钟书峰，译，北京：北京大学出版社，2009：99 – 100.

❷ 同上，101 – 107.

赁的任何一方提出终止。任期租赁地产权和逾期租赁地产权虽然也被称为租赁地产权，但是它们与前述两种地产权存在很大的差别，即其都可基于当事人的意愿而随时终止。❶

2. 地产权的功能

由于受历史传统的影响，在英美财产法中，同一土地上可以存在多个平行的权利主体。为使每一个权利主体均拥有相对应的客体，英美财产法创造了上述抽象的地产权概念，以此表示土地权益。通常，英美法也有具体物和抽象物的划分。但更为重要的是，英美法常常给予抽象物以更多的关注，而且法律倾向于像对待抽象物那样对待具体物。❷给予抽象物比具体物更多关注的主要原因是，它们是人的意识的创造物，可以根据用途任意选择其类型，其功能也可以相互结合。这些类型和结合可以被转换为一种用数学来微分的客体，这正好为法律家提供了适当的研究主题。❸由于抽象物更具制度上的灵活性，因此其备受英美法学者的推崇，而地产权正属于上述这种抽象物。

地产权概念的创立完全符合英美财产法以财产利用为中心的特点，基于财产的实际利益而设定各种地产权，进而平等对待各项具体的地产权。此外，地产权概念的创立还意味着抽象的土地权益取代了实物性质的土地，使其成为所有权指向的对象。据此，地产权的出现将所有权与土地本身分离开来，并将

---

❶　［美］约翰·G. 斯普兰克林. 美国财产法精解》（第二版）［M］. 钟书峰，译，北京：北京大学出版社，2009：211－218.

❷　［英］F. H. 劳森，B. 拉登. 财产法［M］. 施天涛，等，译，北京：中国大百科全书出版社，1998：15.

❸　同上，15－16.

所有权附着于一个想象出来的东西之上。[1] 在这个意义上，英美财产法中所有权的对象均是抽象的权益。[2]

具言之，由于地产权的抽象性，同一土地上可以存在多个不同且相互独立的权利。通过事先的约定，不同的权利主体可以在不同的时段内相继享有土地权益。例如，A 为非限嗣继承地产权人，其给予 B 终生地产权，给予 C 于 B 死亡后获得限嗣继承地产权，那么在英美财产法上认为 A、B、C 同时分别拥有相应的地产权，并分别就此享有所有权。此外，该事例也阐明了英美财产法上地产权的分割制度。由于英美财产法以可抽象分割的地产权作为所有权的对象，因此英美国家对土地的利用非常灵活，当事人可以通过契据等方式设置丰富多样的地产权。

而在大陆法系，所有权是对物的直接支配权，因此一物之上只能存在一个所有权，即"一物一权"原则。对于土地而言，在所有人与土地之间，大陆法系并没有创制一个抽象的地产权概念。当然，在大陆法系也存在所有权权能分离的现象。但是，根据绝对所有权的理念，在设定他物权的情形下，土地始终为所有人所有。

可见，英美财产法上的所有权不同于大陆法系所有权的地方在于，它只是为了说明对抽象权益的拥有，而并非是对有体物的支配。英美财产法中所有权的对象是抽象的权益，从而多个权利主体可以同时拥有所有权，因此英美财产法并不存在类

[1] E. H. Burn. Cheshire and Burn's Modern Law of Real Property [M]. 16th ed. Butterworths, 2000：29.

[2] 高富平，吴一鸣. 英美不动产法：兼与大陆法比较 [M]. 北京：清华大学出版社，2007：14.

似大陆法系的绝对所有权的概念。因此，不同于大陆法系所有权中心主义的物权体系，所有权在英美法系中"丧失了它在大陆法系中那般荣宠的地位"。❶

三、两大法系财产权体系的比较

通过以上分析可知，两大法系财产法存在如下的基本差异，即英美法系以地产权构建财产权体系，而大陆法系以所有权为中心构建物权体系。

具体而言，英美财产法以土地的利用为重心，基于土地的实际权益而设定各种地产权。地产权的分割制度使得原先的地产权分割为不同时段的权益。由于地产权的抽象性，同一土地上的不同地产权具有平等性，即地产权都是对特定土地权益的支配，只不过支配的内容、时间等方面存在差异。"为维护这种多种权利并存的制度的运行，英美法从一开始就倾向于把实物土地与土地权利分离开来，强调土地上的种种权益可以单独地分封、转让，所以从一开始在观念上就没有'一物一权'的桎梏"。❷ 因此，英美财产法并不存在大陆法系的绝对所有权和以所有权为中心建构的物权体系。

而在大陆法系，所有权中心主义为物权体系的显著特点。传统理论认为他物权是所有权的派生，是所有人将自己的部分权能让渡给他人的产物。有学者认为，所有权与他物权之间应

---

❶ 冉昊. 论英美财产法中的产权概念及其制度功能 [J]. 法律科学，2006 (5)：37.

❷ 冉昊. 英美财产法基本构造分析：从身份到契约，从契约到关系 [D]. 北京：中国社会科学院，2003：9.

当是平等的。❶ 笔者认为，为了维护他物权人的利益和正确处理他物权在物权体系中的地位，人们应当坚持所有权与他物权具有平等性的观点。但是，这并不能改变他物权是以所有权为基础的事实，以所有权为中心构建物权体系仍是大陆法系物权法的基本特征。

不同财产权制度的形成，受到了不同历史传统的影响。综上所述，基于不同的历史发展脉络，两大法系财产权体系的基本差异在于是否存在绝对所有权。英美法系由于一直延续日耳曼法的传统，根本不存在绝对所有权的观念，其以具体的权利为基准，各权利之间平等保护，不存在大陆法系所有权和他物权的划分；而近代大陆法系民法制度发轫于罗马法，绝对所有权的观念是物权法乃至整个民法的基石。由此，物权体系以所有权为中心加以构造，各种他物权以所有权为中心得以创设。

第二节　财产权转移类型之一：许可

许可（license）即准许、允许、同意，是指一方允许另一方从事某种活动，非经允许不得为之，否则即属违法。在法律上，许可十分常见，公私法领域均随处可见其踪影。但是，在不同的法律部门中，许可的含义不尽相同。作为一项法律制度，通常许可主要表现为民事许可和行政许可。

在私法领域，作为财产权转移类型之一，许可是权利人就

---

❶ 孟勤国. 物权二元结构论（第二版）[M]. 北京：人民法院出版社，2004：53.

其享有的财产权允许他人行使的法律行为。❶ 在强调财产权利用的今天，许可制度的应用领域十分广泛，其在财产法中的表现形态亦丰富多彩。

一、大陆法系财产法上许可的性质

"性质是一种事物区别于其他事物的根本属性"❷。然而，许可究竟具有何种性质？通常，就许可的性质而言，人们往往将其定性为授权，即权利人授予他人行使其财产权的权利。以大陆法系为例，就财产权而言，许可主要表现如下：

第一，许可较为直接地出现在了知识产权领域。在知识产权法中，许可是指知识产权人允许他人行使其知识产权的法律行为。通过知识产权许可，被许可人获得了使用相关知识产权的权利。在独占许可的情形下，被许可人甚至拥有起诉侵权人的权利。

第二，在实质意义上，许可制度也体现在了其他法律关系中。例如，在物权法中，作为处分权能的具体表现，许可可以指所有人允许他人就所有权相关权能加以利用的法律行为。就土地而言，通过土地所有人允许他人行使土地所有权的相关权能，被许可人获得地上权等用益物权，并以此限制土地所有人行使土地所有权的自由。

因此，许可可以被视为一种具有设定权利意图的表意行

---

❶　本书所指的许可可以分为形式意义上的许可和实质意义上的许可，形式意义上的许可是指直接使用"许可"这一法律术语的相关制度，而实质意义上的许可包含权利人将其财产权允许他人行使的各种形式。

❷　中国社会科学院语言研究所词典编辑室. 现代汉语词典（第5版）［M］. 北京：商务印书馆，2005：1528.

为，依当事人的意思表示内容而发生效力。❶ 换言之，许可可以视为授权。对此，我国台湾地区直接使用"授权"这一法律术语来表示许可的概念。

通过上述涉及财产权的许可，被许可人获得了一定的财产性权利，即许可使用权。许可使用权派生于财产权，因此其应当具有财产权属性。根据大陆法系物权和债权二分法，许可使用权亦可区分为物权性许可使用权和债权性许可使用权。其中，用益物权是物权性许可使用权的典型，而借用权则是债权性许可使用权的代表。

二、英美法系财产法上许可的性质*

由于本书将要论述的默示许可最先出现于英美法系，❷ 因此笔者认为有必要从英美法的角度对默示许可加以理解。而在此之前，人们需要了解在英美法中究竟什么是许可？

在《布莱克词典》中，"license"具有两个意思：（1）（名）做本属于违法之事的允许，该允许通常是可撤销的，尤其是指被许可人合法进入许可人的土地，进行本来应当属于违法的行为，例如打猎；（2）（名）证明该项允许的证书或文

---

❶ 吴汉东. 知识产权基本问题研究（总论）（第二版）［M］. 北京：中国人民大学出版社，2009：51.

* 本部分英美法系财产法上的许可主要涉及形式意义上的许可，即英美财产法中直接使用"许可"这一法律术语的制度。

❷ 谈及默示许可理论在德国的应用，有学者认为该理论可以追溯至英国1871年（Betts v. Willmott）案的判决。随后，默示许可理论才由（Josef Kohler）教授介绍至德国。See David T. Keeling. Intellectual Property Rights in EU Law ［M］. Oxford University Press，2004：77.

件。相应地，许可还可以表示为与上述允许相关的行为。❶ 在《牛津法律大辞典》中，"licence"被译为"许可、许可证、执照"，是指允许做本来被限制、禁止或属非法的事。因此，许可即是一种进入他人土地，并在该土地上活动的权限。而在无许可时，此种行为属于非法侵入行为，或应被禁止。此外，该词也指表示许可的文件。❷

从上述英美法系关于许可的定义可知，首先在财产权范畴谈及许可时，有时指的是法律关系本身，有时指的是证明存在某种法律关系的文件。其次，这些定义都特别涉及了土地许可问题。可以认为，这是由土地在财产法中重要的地位决定的。因此，要很好地理解英美法中许可的概念，人们必须从英美财产法的许可制度入手。

（一）英美财产法上的许可

在英美财产法中，许可被认为是某人为特定目的进入他人土地的允许。❸ 其中，许可是一种允许（permission），并与允诺（promise）相区别。一般来说，许可的价值在于为那些对土地不拥有任何土地权益但又合法进入或占有土地的人提供一项有效的抗辩。因此，英美财产法上许可的性质是抗辩。

1. 许可的产生方式

通常，许可的产生方式可以分为三种：（1）通过合同的方式设定许可。该许可又称为纯粹许可（bare license），是最为

❶ Bryan A. Garner. Black's Law Dictionary ［M］. 8th ed. West, 2004：938.

❷ ［英］戴维·M. 沃克. 牛津法律大辞典 ［M］. 李双元，等，译，北京：法律出版社，2003：700.

❸ E. H. Burn. Cheshire and Burn's Modern Law of Real Property ［M］. 16th ed. Butterworths, 2000：638.

正式的一种许可类型。（2）转让土地权益的行为因未符合法定的形式要件而产生许可的后果。例如，甲将房屋出租给乙，租期到后甲将房屋连同土地一起卖给了乙，乙支付了价款。但是因为甲乙没有采用契据的形式，因此他们之间转让房屋和土地的行为不发生效力，但是由此却产生了甲许可乙占有房屋和土地的效果。（3）除上述两种情形外，结合实际情况，如基于其他合同或行为，法律推定当事人之间存在许可的法律关系。例如甲邀请乙到自己的家中做客，由此法律认为基于甲的邀请，乙获得了进入甲的房屋的许可。❶

2. 许可的效力

对于英美财产法上的许可，通常其具有以下效力：

第一，许可可以随意撤销。在英美财产法上，许可不是允诺，而只是一项允许。通常，"允诺是指以特定方式向他人表明自己将要为或不为某事的打算，且该表达的方式使对方可合理地理解为其做出了许诺"。❷ 由此，作出允诺的一方不得随意撤销允诺以解除自己的义务。而允许与允诺则完全不同，做出允许的一方可以随时撤销允许，而许可的此种特性成为了许可最为关键的一项效力。

第二，由于许可不属于土地权益范畴，因此许可可因被许可土地的权利主体的变更而终止。例如许可人死亡或者将地产权转让与他人，许可自动终止。❸

3. 许可的法律意义

从上文对许可产生方式和效力的分析可以看出，英美财产

---

❶ 高富平，吴一鸣. 英美不动产法：兼与大陆法比较 [M]. 北京：清华大学出版社，2007：757.

❷ 薛波. 元照英美法词典 [M]. 北京：法律出版社，2003：1105.

❸ Mosher v. Cook United, Inc., 405 N. E. 2d 720, 720–722 (Ohio 1980).

法中被许可人所拥有的是一项效力非常弱小的权利。

在英美财产法的许可类别中，纯粹许可可以被认为是最为人们所熟悉的许可类型。但是，该许可类型在英美财产法的许可体系中并不占有重要地位。由于许可可以随时被撤销，因而许可多是暂时性的，并且给土地造成的负担也很小，纠纷不容易产生。如果想长期稳定地使用他人的土地，其他法律制度可以达到这一目的，因此人们通常不会采用许可这种随意性较大的法律制度。

除了通过合同产生纯粹许可外，其他的许可类别也同样可以随时被撤销。在双方当事人没有就许可终止的法律后果作出明确约定的情形下，许可人可以随意撤销许可而无须对此承担责任。虽然在基于其他合同产生许可的情形中，许可人因撤销许可而承担责任。但是，这种责任并不直接因撤销许可而产生，而是基于许可被撤销而导致相关合同义务无法履行而产生的。

那么，许可这一制度在英美财产法上意义究竟何在？通常，这些许可存在的法律意义在于，它们弥补了英美财产法内在逻辑和形式主义的缺陷，使被许可人在侵权之诉中获得了有效的抗辩。❶

首先，对于包含于其他合同或行为中的许可，履行合同或完成某种行为的必要条件在于使用他人土地。但是，在英美财产法中，合同权利并不是当事人使用他人土地的基础。因为，合同权利并不具备转移土地权益的形式要件。然而，履行合同

---

❶　高富平，吴一鸣. 英美不动产法：兼与大陆法比较 [M]. 北京：清华大学出版社，2007：759.

或完成某种行为所必需的条件是使用他人土地，如受邀参加会议必须进入他人的土地和房屋，游览公园必须进入公园。为了弥补法律内在逻辑和形式主义的缺陷，在上述情形下，法律只有推定当事人之间存在许可，从而在权利人对土地使用人提起侵权之诉时，使用人可以对之进行有效的抗辩。

其次，对于因土地权益转让不符合法定要件而产生的许可，上述情形同样存在。由于英美财产法中土地权益的转让强调形式主义的理念，这使得转让过程中极易产生无效的法律行为。为了避免这种尴尬，法律推定占有或使用土地的受让人获得了权利人的许可。

可见，就英美财产法而言，除了纯粹许可外，其他许可类别的主要功能在于弥补英美财产法中内在逻辑和形式主义的缺陷，是法律为了在特定情形下赋予使用他人土地的行为以合法性而做出的制度安排。纯粹许可在英美财产法的许可制度中并不占有重要地位，因此许可制度的主要目的在于阻却上述行为的违法性，为当事人提供一种有效的抗辩。因此，就功能意义而言，英美财产法上许可主要表现为一种抗辩。

（二）英美财产法上的许可与许可的性质

如上所述，在英美财产法中，许可主要被视为一种抗辩。笔者认为，这与英美法系重视程序救济的传统有关，即英美法系"以司法救济为出发点设计运行一套法律体系，只有在权利义务关系打破时法律才出面干预、救济，而在此前法律并不关心权利和义务的具体分配"。❶ 与之不同的是，大陆法系则通过立法明确人们的权利和义务。在英美国家的法官看来，只要

---

❶ 钱弘道. 英美法讲座［M］. 北京：清华大学出版社，2004：187.

有良好的法官存在，且能实际提供救济就可以了，根本不需要一种体系化的权利结构。由此，普通法不是权利法而是救济法。

据此，似乎英美财产法关于许可性质的理解与前述大陆法系许可的性质相抵触。但是，过分地夸大两大法系之间的差异不利于对相关法律制度的理解。为了促进两大法系之间"同情的理解"，❶ 笔者认为即使在英美财产法上，授权仍然是许可的根本属性。首先，获得权利本身即可视为一种事实抗辩，因此授权和抗辩可以视为许可制度同一属性的不同表象。英美财产法将许可视为抗辩，正是因为被许可人获得了授权。因此，两大法系对于许可的认识并无根本性的区别。但是，由于抗辩制度可以包括实体法上的抗辩和程序法上的抗辩，并且其可以在此分类上进一步细分。❷ 显然，单单指出许可是抗辩难以确定许可的本质。与此相反，授权的含义较为单一，因此授权属性比抗辩属性更能反映许可的本质特征。其次，虽然英美财产法上的许可可以随意撤销，但是这只表明权利效力的强弱，而并不能改变其授权的本质。因此，英美财产法上许可的性质仍应当是授权。

英美财产法中许可的性质是授权，从效力来看，许可使用权应当属于债权性质。在英美财产法中，许可使用权不是土地权益，只是缘于特定目的临时使用他人土地的权利。❸ 其中，

---

❶ 苏力. 送法下乡：中国基层司法制度研究 [M]. 北京：中国政法大学出版社，2000：20.

❷ 尹腊梅. 民事抗辩权研究 [M]. 北京：知识产权出版社，2008：51.

❸ 何勤华，李秀清. 外国民商法导论（第二版）[M]. 上海：复旦大学出版社，2005：30.

土地权益属于对物权，具有绝对效力。而许可使用权不属于土地权益，其属于对人权，因此仅具有相对效力。❶ 而且，正是由于许可是因特定目的而临时使用他人土地的法律制度，该项法律制度类似于大陆法系合同法中不定期租赁，因此许可人具有随时撤销许可的权利。也许，人们应当从这层意义上来理解前述"允许"和"允诺"的差别。

综上，究其本质而言，英美财产法上的许可仍应当是授权。通常，"一个民族的生活创造了它的法制，而法学家创造的仅仅是关于法制的理论"。❷ 在面对类同的社会实践时，不同民族法律制度的创设应当具有更多的相似性。虽然可能受文化传统的影响，人们基于相似的现实而创建的法律制度在形式上会有所不同，但就实质内容而言，这些制度应该具有趋同性。❸

三、专利许可的性质

（一）英美财产法上的许可对专利许可的影响

如前所述，大陆法系将专利许可视为授权。而英美财产法中关于许可属于抗辩的理解影响了英美法系国家对专利许可的认识，尽管两者在各方面都存在着差异。在美国，专利权使专利权人得以禁止他人实施其已获得专利的发明。通过授予许

---

❶ 冉昊. 比较财产法论纲：从契约到关系，从自治到信赖 [R]. 北京：北京大学，2005：27.

❷ 苏力. 制度是如何形成的（增订版）[M]. 北京：北京大学出版社，2007：68.

❸ 冉昊. "相对"的所有权——双重所有权的英美法系视角与大陆法系绝对所有权的结构 [J]. 环球法律评论，2004（冬季号）：452.

可，专利权人以获得对方专利许可费的方式，同意不对被许可人提起专利侵权诉讼。❶ 换言之，对于专利侵权诉讼，制造、使用或销售专利产品的许可是合法有效的抗辩。❷ 因此，许可为专利侵权诉讼的被告提供了一种积极有效的抗辩，而这正是美国专利许可的一大特色。❸

对于美国将专利许可视为抗辩，笔者认为形成上述情形的一个原因在于英美财产法中许可制度对专利许可产生了重大影响。英美财产法由封建土地制度演变而来，最初主要体现为不动产法，并调整由土地转让、继承等行为导致的土地上复杂的法律关系。此后，英美法系国家进一步将这些制度类推适用于新型动产，对包括证券、金融契据、专利等在内的新型财产进行法律调整。因此，英美财产法许可制度的相关理念也影响了包括专利许可在内的其他许可制度。此外，英美财产法的许可制度能够有效弥补法律自身的缺陷，为那些合法使用他人土地但不拥有土地权益的当事人提供一种有效的抗辩。显然，许可制度的这一合理性同样适用于包括专利在内的其他财产制度。据此，强调历史传承的英美法系将财产法上的许可制度移植到了专利法中。

（二）专利许可性质的认识

那么，专利许可应当具有怎样的性质？笔者认为，由于许

❶ Spindelfabrik Suessen-Cchurr Gmb H v. Schubert & Salzer Maschinenfabrik AG, 829 F. 2d 1075, 1081, 4 U. S. P. Q. 2d 1044, 1048（Fed. Cir. 1987）.

❷ Anthony Co. v. Perfection Steel Body Co., 315 F. 2d 138, 141, 137 U. S. P. Q. 186, 188（6th Cir. 1963）.

❸ Carborundum Co. v. Molten Metal Equipment Innovations, Inc., 72 F. 3d 872, 878, 37 U. S. P. Q. 2d 1169, 1172（Fed. Cir. 1995）.

可的性质是授权，对专利许可性质的认识也应当从授权的角度加以理解。

在美国，这种认识上的转变已经出现在了司法实践中。例如，在独占许可的情形下，独占被许可人获得如下承诺，即只有独占被许可人能够在指定的区域内排他地制造、使用、销售、许诺销售或者进口已获得专利的发明。目前，美国法院已逐渐将这样的独占许可类同于专利权转让。❶ 由此，独占被许可人拥有了直接提起专利侵权诉讼的权利，但需要将专利权人添加至诉讼中来。如果专利权人不愿意加入，那么根据《美国联邦民事诉讼规则》的相关规定，允许独占被许可人强迫专利权人作为非自愿原告加入。❷ 即使这违背专利权人的意愿，或者法院对该专利权人没有管辖权，这样的诉讼模式也是准许的。因此，无论怎样的判决结果都将约束专利权人。❸

与此同时，有些英美学者也认为许可是在不转让财产所有权的条件下转移财产中权利的行为。由此，"许可协议是一种在未转让所有权的情况下转移知识产权中的财产权的合同"。❹ 这种将专利许可看做专利使用权授予的观点，正是大陆法系学者通常对许可性质的理解。

---

❶ Rite-Hite Corp. v. Kelley Co. , 56 F. 3d 1538, 1552, 35 U. S. P. Q. 2d 1065, 1074 (Fed. Cir. 1995).

❷ 孟庆法，冯义高. 美国专利及商标保护 [M]. 北京：专利文献出版社，1992：46.

❸ Intellectual Property Development, Inc. v. TCI Cablevision of California, Inc. , 248 F. 3d 1333, 1347, 58 U. S. P. Q. 2d 1681, 1691 (Fed. Cir. 2001).

❹ [美] 德雷特勒. 知识产权许可（上）[M]. 王春燕，等，译，北京：清华大学出版社，2003：1.

第三节 财产权转移类型之二：转让

一般而言，财产权转让是指权利的让与，具体形式包括买卖、赠与等。遵循财产权自由原则，财产权转让成为了社会资源合理配置的有效手段。通常，财产权转让意味着财产权全部的转移，但是英美财产法中却存在例外。为了后文研究的必要，本部分主要以英美财产法上的地产权部分转让规则为对象，对财产权转让问题加以探讨。

一、地产权部分转让规则

英美财产法认为，在转让土地上的权益时，如果地产权人没有就创设较小地产权（lesser estate）或附带可撤销条件（defeasible conditions）进行明确规定的话，那么他将转让其所拥有的所有地产权益（estate interest）。[1] 换言之，地产权人具有对其财产绝对的处分权，因此地产权人可以在转让财产时附加一些限制。如果在转让契据等法律文件中缺乏任何明示的限制，那么法院将认为地产权人已经转让了全部的地产权。对于该项规则，笔者称之为地产权部分转让规则。

（一）英美财产权转让的意思中心主义

"在价值取向方面，英美法系财产权转移制度明确以维护当事人意思为中心，对外观形式的要求相对较低。整体而言，无论英国法还是美国法，动产转移还是不动产转移，都以尊重

---

[1] Joseph William Singer. Introduction to Property ［M］. Aspen Publishers, 2001：294.

当事人意思为中心，如何忠实于合同双方的意志是英美法系财产权转移制度的核心问题"。❶ 就不动产财产权的转让而言，英美法系体现了意思中心主义的特点。相对于动产买卖合同的订立就可以转让动产财产权来说，不动产财产权的转让理应更为慎重。因此，英美法系采用了买卖合同订立外加契据交付的方式来实现不动产财产权的转让。

契据（deed）是地产权人用于转让不动产上的产权或者其他权益的基本法律文件。作为地产权转让的主要方式，契据不是合同。契据体现了让与人转让财产权的意志，契据交付足以产生财产权转让的效力。在大陆法系，登记足以影响不动产物权的成立。而在英美法系，登记不影响不动产财产权转让的效力，其仅仅涉及转让财产权的优先效力，即对抗第三人的效力。

虽然英美财产权转让主要以当事人的意思为要件，但是，由于当事人很少能明确表示出财产权变动的意图，因此法律设立了许多推定规则，用以确定当事人之间是否存在上述意图。由此，对于地产权部分转让规则而言，如果地产权人没有就创设较小地产权或附带可撤销条件进行明确规定的话，那么权利人将转移其所拥有的所有土地权益。但是，如果存在相反的意思，则上述推定规则即不再适用。

（二）较小地产权的创设

由于存在地产权这一抽象概念，同一土地上是可以存在多个地产权的。通过地产权的契据让与传统，转让人可以对所转

---

❶ 冯桂. 美国财产法——经典判例与理论探究 [M]. 北京：人民法院出版社，2010：252.

让的财产进行分割。以非限嗣继承地产权为例，相对于该存续时间最长的地产权而言，较小的地产权包括限嗣继承地产权、终生地产权。如前所述，按照时段将土地权益进行分割，地产权人可以从非限嗣继承地产权中分割出数个较小的地产权，并将其分配给多个受让人。由此，对于同一土地，不同权利人可以同时拥有不同的地产权。

通常，在大陆法系物权法中，以继受取得方法的不同为标准，继受取得可分为移转的继受取得和创设的继受取得。移转的继受取得是指就他人的物权依其原状而取得，如依据买卖而取得所有权；创设的继受取得是指在他人的所有物上设定他物权的取得方式。❶可见，在大陆法系，创设取得仅针对他物权产生的场合，在物权转让的情形下绝无创设取得的可能。然而，在前述情形中，英美财产法中土地权益的继受取得可以是转让人创设的结果，部分土地权益转让本身就包括了创设权利的意图。显然，这与大陆法系存在着明显的区别。

（三）可撤销地产权

还是以非限嗣继承地产权为例。虽然该地产权大致相当于大陆法系的土地所有权，但是根据英美财产法的规定，在非限嗣继承地产权转让之时，地产权人可以附加可撤销条件而保有未来权益。据此，产生了英美财产法上特有的可撤销地产权制度，由此出现了即使是非限嗣继承地产权也并非完全绝对的情形。

通常，可撤销非限嗣继承地产权（defeasible fee simple）包括以下三类：

---

❶ 陈华彬. 民法物权论 [M]. 北京：中国法制出版社，2010：104.

第一，附终止条件非限嗣继承地产权（fee simple termina-ble）。附终止条件非限嗣继承地产权是受限制的地产权，当特定条件成就时，地产权自动终止，转让人再次获得该地产权。对此，转让人保留了土地的或然回复权（possibility of rever-ter）。在转让契据中，附终止条件非限嗣继承地产权使用时间措辞，例如"只在土地用于教育期间给 B"。

第二，附后决条件非限嗣继承地产权（fee simple subject to a condition subsequent）。对于附后决条件非限嗣继承地产权，当特定条件成就时，地产权并不自动终止，而是由转让人选择缩短期限或剥夺该地产权。如果转让人没有行使上述选择权，那么这种地产权将继续存在。与附终止条件非限嗣继承地产权不同，附后决条件非限嗣继承地产权使得转让人保留了进入权（right of entry）。在转让契据中，附后决条件非限嗣继承地产权使用条件措辞，例如"给 B 的条件是土地用于教育，否则 O（转让人）可以重新进入而取回该土地"。

第三，附执行条件非限嗣继承地产权（fee simple subject to ex-ecutory limitation）。附执行条件非限嗣继承地产权与附终止条件非限嗣继承地产权相似，只是自动终止的地产权由第三人获得而已。❶

可见，在可撤销地产权中，事实上转让人只转让了部分土地权益。当受让人违反了可撤销条件时，转让人仍然可以主张权利。在 19 世纪，可撤销地产权广泛用于慈善事业，有时也用于保障一定的经济目的或控制家族成员的行为。可撤销地产权体现了英美财产法灵活的一面，非限嗣继承地产权人可以通

---

❶ ［美］约翰·G. 斯普兰克林. 美国财产法精解（第二版）［M］. 钟书峰，译，北京：北京大学出版社，2009：112 - 114.

过这种方法控制受让人使用土地的方式和途径。由此，权利人的意图受到了法律的尊重。

综上，在英美不动产转让过程中，当事人的意思得以充分体现。通过在契据中设定限制性术语，较少地产权或者可撤销地产权得以创设，因此地产权人可以将部分权益进行转让。

二、地产权部分转让规则与专利权转让

如上所述，英美财产法的地产权部分转让规则使得部分土地权益发生了转移。然而，上述规则能否适用于专利权转让？

第一，就基于创设较少地产权的部分转让而言，地产权基于时段进行分割、转让。对此，专利权能否按照时段进行分割？如果专利权可以按照时段进行分割，那么人们能否将分割后的权益进行部分转让？

首先，需要明确的是，基于创设较少地产权的部分转让规则是土地财产上的特有制度，由于土地与动产的不同特性，该规则并无直接适用动产的必然性。对于所有权的分离而言，权利的对象应该是能够在相当长的时间内产生一种收益，并可以随时确定其所在。土地在相当程度上可以满足上述两项条件，它具有事实上的不可破坏性和不可移动性。❶ 但对于动产而言，除了船舶、珠宝等昂贵的财产外，其很难保存，并且极易产生变动。因此，法律不应将适用于不动产的转让规则适用于动产。动产所有人要么拥有完整的权利，要么就不拥有，而不存

---

❶ [英] F. H. 劳森，B. 拉登. 财产法 [M]. 施天涛，等，译，北京：中国大百科全书出版社，1998：74. 根据该文献上下文的理解，劳森和拉登所称的"所有权的分离"，即为本书的由非限嗣继承地产权创设较少地产权所形成地产权分割的状态。

在类似不动产上同时存在前后相继的权利的情形。

事实上，法学家们总强烈地希望将地产权的分割理论一般化。的确，"法律不可能对一切具体问题都预先提供周详的解决办法，因而，必须建立一套能够适用于不同程度不同范围的原则和方法"。❶ 但是，在考虑不同事物共性的同时，人们往往忽略了其固有的差异。对于动产和不动产的差异而言，这种差异是如此之大，使得法律一般化的努力通常只能无功而返。

目前，美国等国家专利法已将专利视为动产。❷ 对于"相当长的时间内产生一种收益"和"随时确定所在"的要求而言，专利权的对象与之存在一定的距离。出于平衡公共利益的考虑，各国专利法针对专利权都规定了有限的期限。同时，随着科学技术发展的日新月异，获得专利权的发明创造往往会被迅速淘汰。由于不再具有商业价值，事实上专利权的有效期限将更为短暂。此外，由于无效宣告请求制度的存在，专利权本身就是一项不确定的权利。由此，在专利权自身难以长期稳定存在并产生收益的情形下，其对象自然也难以获得长期收益。而由于专利权对象的非物质性，❸ 随时确定所在只能是不切实际的幻想。由此，将源于不动产的财产权转移理论不假思索地适用于专利权，这本身就是存在问题的。

---

❶ ［英］F. H. 劳森，B. 拉登. 财产法［M］. 施天涛等译，北京：中国大百科全书出版社，1998：75.

❷ 35 U. S. C. § 261. "Subject to the provisions of this title, patents shall have the attributes of personal property."

❸ 刘春田. 知识产权法（第二版）［M］. 北京：高等教育出版社、北京大学出版社，2003：13.

其次，即使认为专利权的转让可以适用上述地产权部分转让规则，其中依旧存在问题。由于权利对象的非物质性，专利权还可以按照地域范围进行区分。在理论上，分割专利权并将分割部分单独转让并非不能实现。通过相应的限定，只要分离出来的部分专利权具有经济上的独立性和可让与性，其即可进行交易。

在美国，无论是理论界还是司法界，都在一定程度上承认基于地域范围的专利权部分转让。根据《美国专利法》第 261 条的规定，专利申请、专利或者其中的任何权益可以书面文件的形式转让。申请人、专利权人、受让人或法律代表人可以同样的方式，向美国全部或者任何特定区域授予和转移基于专利申请或专利的排他权。❶ 威廉·巴克斯特（William F. Baxter）认为，该法条表明其中提及的"排他权"是通过转让而不是许可所产生的权利，因为许可仅仅使得被许可人获得了一项侵权抗辩。❷ 事实上，巴克斯特对于专利许可的认识与前述英美财产法关于许可的认识是完全一致的。由此，巴克斯特不仅对许可和转让进行了明确的区分，同时他也认同了专利权可以部分转让的观点。

在美国司法界，基于地域范围的专利权部分转让获得了美国法院的支持。美国联邦最高法院在 United States v. General E-

---

❶ 35 U. S. C. § 261. "Applications for patent, patents, or any interest therein, shall be assignable in law by an instrument in writing. The applicant, patentee, or his assigns or legal representatives may in like manner grant and convey an exclusive right under his application for patent, or patents, to the whole or any specified part of the United States."

❷ William F. Baxter. Legal Restrictions on Exploitation of the Patent Monopoly: An Economic Analysis [J]. 76 Yale L. J. 267, 1966: 347 – 352.

lectric Co. 案❶中认为，专利权人可以转让在整个美国制造、使用和销售发明的独占权，或者上述独占权不可分割的部分或份额，或者基于专利在美国特定地区的独占权。但是，任何少于上述权益的转移都将构成许可。此外，如果专利权人没有向被许可人转让任何专利上的权利，那么专利权人也没有给予与被许可人独立提起诉讼的权利。❷

然而，不同的观点出现在了世界知识产权组织制定的《发展中国家保护发明模范法》（以下简称《模范法》）中。根据《模范法》第六章的规定，专利申请权和专利权可以转让。在对该规定进行阐释的评注部分，《模范法》明确指出专利申请权和专利权应当作为一个整体进行转让；或者说，它们是不可分割的。❸ 因为，在理论上，类似于物权法中的"一物一权"原则，一项发明只能涉及一个专利权。❹

虽然专利权部分转让的观点已经获得了一定的支持，但是"任何话语都需要一套非话语机制的支撑才能得以运转"。❺ 对于专利权的部分转让而言，其最大的问题在于专利权登记。由于专利权对象的非物质性，现代专利权登记制度起着专利管理和确定权利范围的双重作用。据此，各国都要求专利权的转让需要进行登记。为了避免权利状态的不明确，部分专利权的转

---

❶ United States v. General Electric Co. , 272 U. S. 476 （1926）.

❷ Ibid. , at 489.

❸ http：//www. chnlaw. net/inter/HTML/inter_ 17699_ 3. htm，最后访问日期 2010 年 12 月 21 日。

❹ 汤宗舜. 专利法教程（第三版）[M]. 北京：法律出版社，2002：178.

❺ 苏力. 制度是如何形成的（增订版） [M]. 北京：北京大学出版社，2007：71.

让也应当进行登记。但是果真如此，那么登记成本将会急速上升，并可能造成专利权登记的混乱，产权无法明晰。历史上，专利权登记制度的混乱正是 19 世纪 60 年代若干西方国家废除专利制度的重要原因之一。

第二，就基于附带可撤销条件的转让而言，虽然其体现了英美财产法灵活性的一面，但是可撤销地产权也存在影响土地自由流转和利用的弊端。不仅可撤销地产权人无法随心所欲地利用土地，而且土地上的限制将始终跟随土地一起流转，之后的可撤销地产权受让人也将受到相应的限制。同时，按照商品交易的要求，财产应当尽量没有限制和隐患，否则交易难以进行。由于存在失去权益的可能，可撤销地产权难以进行有效的交易。此外，可撤销地产权还增加了产权交易过程中的调查成本。由于美国的不动产登记采取契据登记制，其只要求将当事人提交的契据副本进行存档，并没有使用登记簿制度，因此发生法律纠纷的可能性极高。如果购买者没能进行足够仔细的权利查询，那么他很容易对交易土地的权属状况作出错误判断。据此，在对撤销条件效力进行严格审查的同时，流行于 19 世纪的可撤销地产权制度正处于逐渐消亡的过程中。

在专利权转让的过程中，附带可撤销条件的专利权转让也同样存在上述流弊。事实上，对专利权的转让附带可撤销条件并不利于专利权的开发与利用。因为，可撤销地产权的功能在于限制土地的使用方式。显然，对专利权的转让也附带可撤销条件，反而限制了专利权的利用空间。

综上，由于地产权部分转让规则固有的适用范围和弊端，其并无适用于专利权的合理性与必要性。事实上，如果专利权人想获得类似地产权部分转让规则所产生的效果，他完全可以通过专利许可这一制度加以实现。由此，虽然专利权同样属于财产权的范畴，但是其欲适用相关财产权理论，便需要有所甄别和选择，而不能全盘照搬。❶

本 章 小 结

基于不同的历史传统，两大法系的土地制度存在本质的不同，由此形成两大法系财产法的基本差异，即英美法系以地产权构建财产权体系，而大陆法系以所有权为中心构建物权体系。地产权是法律纯粹抽象的产物，由此多个主体可以同时对同一土地享有不同的权利。由于地产权的抽象性，在形式上同一土地上的不同地产权具有平等性。因此，英美法系并不存在绝对所有权的理念。大陆法系则坚持绝对所有权的观念，物权体系以所有权为中心加以构建。他物权由所有权派生，所有权是他物权产生的基础，以所有权为中心构建物权体系是大陆法系物权法的基本特征。

作为财产权转移的基本类型，英美财产法中的许可和转让都具有自身的特色。英美财产法将许可视为抗辩，其功能在于弥补英美财产法内在逻辑和形式主义的缺陷。但是，本质上英美财产法上的许可仍应是授权，并具有债权性质。由此，专利许可也应当被视为授权。

由于英美财产法特有的地产权制度，地产权人可以将地产权进行部分转让，即地产权部分转让规则。这一特殊的转让规

---

❶ 饶明辉. 当代西方知识产权理论的哲学反思 [M]. 北京：科学出版社，2008：119.

则体现了两大法系关于历史、经济、文化等各方面的差异。由于地产权部分转让规则固有的适用范围和弊端，其并无适用于专利权的可能与必要。

专利权属于财产权范畴，那么财产权转移理论是否会对专利产品销售抗辩产生影响，以及产生何种影响呢？

第三章　专利产品销售抗辩之一：默示许可

第一节　默示许可的基本理论

一、默示许可的含义

（一）默示许可的一般含义

许可是权利人就其享有的财产权允许他人行使的法律行为，而意思表示又是法律行为的本质要素。通常，意思表示可分为明示与默示两种方式。"明示的意思表示，指以言语或其他社会习用的表意方式进行表达的情形。观念上认为这是一种直接宣示，他人可直接了解表达的外观意思。默示的意思表示（Stillschweigende Erklaerung），又称'意思证明'（Willenbetaetigung），指以社会的非习用方法为表达，他人根据具体情况才可推知表达外观意思的情形"。❶ 通常，明示、默示仅存在表示力强弱的区别，一旦被视为意思表示，除法律有特别规定外，两者效力并无任何差别。

默示的意思表示有客观说和主观说，前者以客观的个案情

---

❶ 龙卫球. 民法总论（第二版）[M]. 北京：中国法制出版社，2002：451 - 452.

况作为推知前提，后者以宣示的目的作为推知前提。通说多采客观说。❶ "默示意思表示的非习用方式，可以是行动，也可以是沉默，但皆应可以间接推知其外观意思。其中依行动的默示，学理称为'意思实现'"。❷ 如以将物扔于垃圾堆的默示行为作为所有权抛弃的意思实现。

可见，并非所有许可都须采用明示的方式，许可也可能是默示的。由于默示的意思表示通常采客观说，因此默示许可可以表述为根据当事人的行为、书面文件中的条款或者当时境况等情形而产生的许可。

（二）专利法上的默示许可

在知识产权领域，有关默示许可的大部分案件涉及专利。通常，专利法上的默示许可是指在一定情形下，专利权人（某些情形下包括其被许可人）的某些言语或者行为，使得相对方产生了使用其专利的合理信赖，从而成立专利许可的形态。在1927 年的 De Forest Radio Telephone Co. v. United States 案❸中，美国联邦最高法院对默示许可进行了如下阐述：

　　并非必须正式授予许可才能达到使用专利的目的。专利权人使用任何言语或向他人实施任何行为，如果他人可以由此正当推定专利权人已同意其使用专利，并且他人据此将实施一定的行为，那么该情形可以构成一种许可，并作为侵权诉讼中的一种抗辩。至于所构成的许可是免费

---

❶ 黄立. 民法总则 [M]. 北京：中国政法大学出版社，2002：224.

❷ 龙卫球. 民法总论（第二版）[M]. 北京：中国法制出版社，2002：452.

❸ De Forest Radio Telephone Co. v. United States，273 U. S. 236（1927）.

的，还是应当支付合理的费用，则取决于当时的情形。但此后当事人之间的关系，都必须被认定为是契约关系而非侵权关系。❶

但是，对于何时可以产生默示许可并没有简单的公式，因此只有依据具体情况作出判断。从当时情形中判断默示许可的基本标准，就是为人们所熟知的理性人标准。"与其他的默示合同一样，默示许可产生于当事人的客观行为，而一个理性的人可以将此作为一种暗示，认为已经达成了一项协议"。❷ 据此，默示许可是依据各种情况而得出的，包括当事人的行为、可适用的书面协议或信件中的条款或内容、当事人的合理期待、公正与平等的指示以及知识产权制度赖以建立的各种政策。❸

由于产生默示许可的情形很多，因此人们常常对该理论难以把握。但是，默示许可的这一特性也使得该理论的适用范围极其广泛。就专利领域而言，至少下列情形都曾被认定存在默示许可：（1）基于产品的销售而认定的默示许可；（2）基于委托代理而认定的默示许可；（3）基于事后取得的专利而认定的默示许可；（4）基于专利权人的违约行为而认定的默示许可；（5）基于技术标准而产生的默示许可；（6）基于授权改进而产生的默示许可。

---

❶ De Forest Radio Telephone Co. v. United States，at 241.

❷ Medeco Security Locks，Inc. v. Lock Technology Corp.，199 U. S. P. Q. 519，524（S. D. N. Y. 1976）.

❸ ［美］德雷特勒. 知识产权许可（上）［M］. 王春燕，等，译，北京：清华大学出版社，2003：185.

1. 基于产品的销售而认定的默示许可

基于产品销售而认定默示许可的情形比较普遍，通常包括以下情形：

（1）基于专利产品的销售而认定的默示许可。在此情形下，当专利权人售出专利产品之后，法律推定专利权人在销售产品时授予购买者不受任何限制地使用或者转售该产品的许可。在专利权与所有权冲突问题的解决过程中，默示许可最先为各国所使用。时至今日，多数英联邦国家仍采用该项制度。此种情形下产生的默示许可与专利权用尽原则极为相近，因此其成了本书所要阐述的重点。

（2）基于专用于实施方法专利的产品的销售而认定的默示许可。如果专利权人销售的产品只能用于实施其方法专利，那么无论专利权人对该产品是否享有专利权，仅仅从该专用产品销售行为本身，即可推断购买者获得了实施专利权人的方法专利的默示许可。

（3）基于专用于专利产品制造的非专利组件产品的销售而认定的默示许可。虽然专利权人没有销售专利产品本身，而是销售了该专利产品的非专利组件，但是上述非专利组件产品的销售同样会对产品专利产生影响。即在该非专利组件产品除了用于制造专利产品之外并无其他非侵权用途，而且专利权人在销售该非专利组件产品时没有明确提出限制性条件的情形下，组件产品的购买者获得了利用这些组件制造专利产品的默示许可。

在 Bandag, Inc. v. Al Bolser's Tire Stores, Inc. 案❶的判决

---

❶ Bandag, Inc. v. Al Bolser's Tire Stores, Inc., 750 F. 2d 903（Fed. Cir. 1984）.

中，美国联邦巡回上诉法院（以下简称"CAFC"）确定了用于实施方法专利的产品的销售和非专利组件产品的销售能否产生默示许可的基本法律框架。该判决部分地依据衡平法上的禁止反言原则，提出了二步检验法。根据该检验法，如果侵权人符合以下两个条件，那么其可以基于相关产品的销售，获得实施方法专利或产品专利的默示许可：

第一，被售产品除了实施方法专利或产品专利外不存在其他非侵权用途；

第二，产品销售的情形可以明显地推断出授予了一项许可。❶

在本案中，Bandag 公司拥有一项轮胎胎面翻新的方法专利，Al Bolser's Tire Stores 公司从 Bandag 公司的经销商那里购买了实施上述方法专利的机器，并由此认为已经获得使用上述方法专利的许可。地区法院认为通过购买机器的行为，Al Bolser's Tire Stores 公司已经获得了实施方法专利的默示许可。但是，CAFC 不同意地区法院的见解，认为 Al Bolser's Tire Stores 公司并没有尽到证明该产品不存在其他非侵权用途的举证责任。CAFC 进一步认为，该机器可以卖给其他经销商，或部分地出售以作为组件使用，或改装以避免实施方法专利。CAFC 承认上述选择明显与 Al Bolser's Tire Stores 公司的计划不一致，但是其认为默示许可并不会只因为单方的期待而产生。况且，本案销售机器时的情形和环境也无法合理推断出上述许可是被允许的。因此，CAFC 推翻了地区法院的判决。

---

❶ Bandag, Inc. v. Al Bolser's Tire Stores, Inc., 750 F. 2d 903 (Fed. Cir. 1984), at 924 – 925.

2. 基于委托代理而认定的默示许可

在美国，通常人们认为被许可人获得制造专利产品的权利，并不意味着必须由被许可人自己来进行上述制造行为，他也可以委托、指使其他人为其制造专利产品。如果一项专利许可合同明示或者默示被许可人可以委托他人为其制造专利产品，可以认为被许可人获得了指使制造权（have made right）。由此，如果未经许可制造专利产品的人能够证明其制造的专利产品是基于被许可人的委托，则他可以主张免除或部分免除其侵权责任。这就是基于委托代理而认定默示许可的情形。

在实践中，指使制造权常常容易与分许可混淆。但是，两者区别明显：根据分许可而制造的专利产品是分许可的被许可人为其自己制造的，制造后可以按其意愿自由销售或使用；而根据指使制造权制造的专利产品是为原许可的被许可人制造的。因此，原专利许可合同即便明确禁止被许可人发放分许可，也并不意味着排除了被许可人的指使制造权。❶

虽然行使指使制造权并不构成对原许可合同中禁止分许可规定的违反，但是在被控侵权人基于委托代理主张默示许可抗辩的案件中，如果涉案的原许可合同中禁止被许可人发放分许可，控辩双方争议的焦点往往在于被控侵权人是为自己制造专利产品，还是为被许可人制造专利产品。一旦被控侵权人不能证明其制造的专利产品是为被许可人制造的，则其主张的基于委托代理获得了默示许可的抗辩很难得到法院的支持，因此需

---

❶ 尹新天．专利权的保护（第二版）　[M]．北京：知识产权出版社，2005：82．

要承担相应的侵权责任。❶ 对此，1985 年美国特拉华州最高法院对 E. I. du Pont de Nemours and Co.，Inc. v. Shell Oil Co. 案❷的判决提供了一个很好的例证。

在本案中，du Pont 公司许可 Shell Oil 公司采用其拥有的方法专利生产一种化合物。Union Carbide 公司在向 du Pont 公司申请该专利许可失败后，转而向 Shell Oil 公司购买这种化合物。但 Shell Oil 公司的生产能力也只能满自己的需求，而且也无权向其他公司发放分许可。于是 Shell Oil 公司与 Union Carbide 公司订立了委托制造协议，协议约定由 Union Carbide 公司根据 Shell Oil 公司的委托生产产品，Shell Oil 公司收购 Union Carbide 公司生产的全部产品后再将这些产品返售给 Union Carbide 公司。

仅仅从协议的字面含义出发，初审法院认定 Shell Oil 公司的委托行为是在行使指使制造权，从而没有侵犯 du Pont 公司的专利权。但本案上诉至特拉华州最高法院后，最高法院否定了初审法院的判决。特拉华州最高法院在判决中指出，基于本案的实际情况，Shell Oil 公司本身并没有委托他人制造化合物产品的需求。相反，未经许可的 Union Carbide 公司根据自己的需求向 Shell Oil 公司发出订单，再根据 Shell Oil 公司的委托为自己生产化合物产品。因此，Shell Oil 公司在本案中不过充当了一个中间人的角色。Union Carbide 公司实际上是为自己，而不是为 Shell Oil 公司生产化合物产品。基于上述事实，特拉华

---

❶ 闫宏. 专利默示许可规则探析 [D]. 北京：清华大学，2007：27 – 28.

❷ E. I. du Pont de Nemours and Co.，Inc. v. Shell Oil Co.，498 A. 2d 1108，227 U. S. P. Q. 233（Del. 1985）.

州最高法院认定 Shell Oil 公司的所作所为实际上是试图通过精心设计的文字来绕过原许可合同关于禁止发放分许可的规定，这样的虚假交易行为是不能被接受的。

3. 基于事后取得的专利而认定的默示许可

发生默示许可争议的常见原因还包括事后取得专利这一情形，具体包括：

第一，基于原许可协议而产生的默示许可。有时，专利权人在许可他人实施其专利制造特定产品之后，又取得了覆盖同一产品的一项或者多项专利。在这种情形下，专利权人有可能基于在后取得的专利而提出主张，意图限制被许可人的行为或者要求其支付额外的对价。在美国，大多数法院都否认专利权人享有这些权利，理由在于每一个被许可人对于事后取得的专利享有默示许可。当然，这一理由的成立还取决于其他事实，如对事后取得专利的可预见性、对许可对象的确切说明等。❶

上述基于原许可协议而产生默示许可的情形体现在了 AMP, Inc. v. United States 案❷中。1950 年，AMP 公司与美国政府签订了一份研发合同，约定由 AMP 公司为美国军方研发一种电线剪接工具。1952 年 8 月，AMP 公司针对该电线剪接工具申请了专利（以下简称"Byrem 专利"）。根据合同条款的约定，合同双方同意基于本合同授予美国政府一个不可撤销的、非独占的、不可转让的免费许可。随后，美国政府开始发

---

❶ ［美］德雷特勒. 知识产权许可（上）［M］. 王春燕，等，译，北京：清华大学出版社，2003：204.

❷ AMP, Inc. v. United States, 389 F. 2d 448（Ct. Cl. 1968）.

出生产 AMP 公司发明的电线剪接工具的招标邀请。通过招标，美国政府从 AMP 公司以外的生产商那里获得了 26 000 多件落入 Byrem 专利保护范围的电线剪接工具。在 AMP 公司与美国政府的合同即将履行完毕之际，AMP 公司发现一个于 1946 年申请并于 1952 年获得授权的专利（以下简称"Vinson 专利"）覆盖了 AMP 公司的 Byrem 专利。AMP 公司于合同履行完毕后受让了 Vinson 专利，并开始起诉美国政府侵犯了这份早先存在的专利。美国政府认为如果 AMP 公司没有受让 Vinson 专利，即这份专利应然属于第三方所有，那么美国政府的行为的确可能构成了专利侵权。但是，由于与 AMP 公司此前签订的协议，美国政府认为其获得了实施 Vinson 专利的默示许可。

对此，美国索赔法院（United States Court of Claims）支持了美国政府的抗辩。法院认为，一个权利的授予人不能以其后来的行为减损其已授予的权利。根据合同协议，AMP 公司实际授予了美国政府实施 Byrem 专利的许可。依据法律上的禁止反言理论，美国政府获得了实施 AMP 公司后来受让的 Vinson 专利的默示许可。

第二，基于先前使用而产生的默示许可。如果专利权人先前允许他人使用其技术，那么他人就有可能主张获得了事后取得的专利的默示许可。Wang Laboratories, Inc. v. Mitsubishi Electronics America, Inc. 案❶涉及一种内存模块 SIMMs 的专利，该专利于 1983 年 9 月申请，并被转让给原告 Wang Laboratories 公司所有。1983 年 12 月，Wang Laboratories 公司向 Mitsubishi

---

❶ Wang Laboratories, Inc. v. Mitsubishi Electronics America, Inc. , 103 F. 3d 1571, 41 U. S. P. Q. 2d 1263（Fed. Cir. 1997）.

公司提供产品图纸以及其他细节资料，要求 Mitsubishi 公司制造 SIMMs。随后，Wang Laboratories 公司成功地让联合电子设备工程委员会（Joint Electron Device Engineering Council）将 SIMMs 接受为内存模块的标准。由于 SIMMs 的大获成功，Wang Laboratories 公司向 Mitsubishi 公司提起专利侵权诉讼。

对于本案，CAFC 维持了地区法院的判决，即 Mitsubishi 公司已经获得了 Wang Laboratories 公司授予的无须支付使用费的默示许可。其原因在于，Wang Laboratories 公司向 Mitsubishi 公司提供产品图纸以及其他细节资料并要求 Mitsubishi 公司制造 SIMMs 的行为，使得 Mitsubishi 公司合理地相信 Wang Laboratories 公司同意其制造销售专利产品。

上述两个案件都对事后取得的专利适用了默示许可。事实上，如果当事人易于受到事后取得的专利的攻击，那么这将不可避免地增加交易成本和风险。

4. 基于专利权人的违约行为而认定的默示许可

基于专利权人的违约行为而认定默示许可的典型案例是 CAFC 裁决的 McCoy v. Mitsuboshi Cutlery, Inc. 案。❶

在本案中，专利权人 McCoy 公司在美国获得了涉及一种虾刀的专利。1991 年，本案的被控侵权人 Mitsuboshi 公司根据专利权人的附属公司 ATD 公司所发出的订单在日本生产了 15 万把虾刀。但虾刀生产完成后，ATD 公司拒绝付款，从而导致 Mitsuboshi 公司生产的虾刀大量积压。在后续的诉讼中，没有任何证据能够表明 ATD 公司拒绝付款是因为 Mitsuboshi 公司生产的虾刀存在质量问题。

---

❶　McCoy v. Mitsuboshi Cutlery, Inc., 67 F. 3d 917 (Fed. Cir. 1995).

此后，虽然 McCoy 公司表示愿意承担 ATD 公司的违约责任，但其仅愿意接收 20 000 把虾刀。在与 McCoy 公司进一步交涉未果的情况下，Mitsuboshi 公司向一家以邮寄方式进行产品销售的公司出售了约 7 000 把虾刀，而该销售公司又将其中的 900 多把虾刀以邮寄的方式发售给了美国的餐馆和商店。

在地区法院的审理中，关于 McCoy 公司的违约行为双方当事人没有争议。但地区法院在认定 McCoy 公司的行为构成违约的同时，也认定 Mitsuboshi 公司将虾刀销售到美国的行为构成了专利侵权。对此，CAFC 否定了地区法院关于专利侵权的结论，认为由于 McCoy 公司的违约行为，Mitsuboshi 公司有权不经 McCoy 公司的同意而出售其制造的虾刀以补偿所受到的损失。为了使 McCoy 公司履行支付虾刀费用的合同义务，Mitsuboshi 公司在解决这一问题的商业努力中合理地获得了出售虾刀的默示许可。❶ 换言之，在上述情形中，被控侵权人因为专利权人的违约行为获得了出售专利产品的默示许可。

5. 基于技术标准而产生的默示许可

专利进入技术标准已经成为不可逆转的趋势，这让标准化组织不得不正视这种事实，并主动完善自身政策以平衡各方利益，从而减少因专利许可问题而阻碍技术标准的制定和实施。由此，基本上所有的标准化组织都明示或默示地规定，其成员有义务披露他们的知识产权。

但是，如果在参与标准制定时，专利权人并未向标准化组织充分披露其专利，而该专利又被纳入标准化组织发布的技术

---

❶ McCoy v. Mitsuboshi Cutlery, Inc., at 922.

标准之中，此时应当如何处理？一方面，专利权人参加技术标准而不披露专利信息，至少在美国有可能涉嫌利用技术标准获取垄断地位，而应承担反垄断的法律责任。❶ 另一方面，技术标准中专利权人未能充分披露的专利很可能受到默示许可的限制。❷ 换言之，从专利权人参与标准制定或同意专利进入标准的行为本身，人们即可推断出默示许可的存在。❸

6. 基于授权改进而产生的默示许可

可能产生默示许可的另一种常见情形是对设备的改进，而该设备本身具有专利或者可用于实施某种专利方法。如果专利权人或者经由专利权人授权的人改进由非许可合同当事人——诸如专利产品首次销售后的购买者——占有的设备，意在使该机器能够实施由另一独立产品专利的权利要求所覆盖的功能，或者意在实施另一独立方法专利，那么涉及另一独立产品专利或者方法专利的默示许可可能会产生。❹ 当然，这种默示许可要求专利权人直接参与改进或者授权他人改进。❺

（三）作为专利产品销售抗辩的默示许可

英国是世界上最早建立专利制度的国家，基于专利产品首次销售的默示许可理论也首先产生于英国。一直以来，英国法

---

❶ 孙南申，徐曾沧. 美国对技术标准中专利信息不披露行为的反垄断措施 [J]. 华东政法大学学报，2009（1）：55 – 63.

❷ Mark A. Lemley. Intellectual Property Rights and Standard – Setting Organizations [J]. 90 Cal. L. Rev. 1889, 2002：1889 – 1904.

❸ 袁真富. 基于侵权抗辩之专利默示许可探究 [J]. 法学，2010（12）：110.

❹ St. Joseph Iron Works v. Farmers Manufacturing Co. , 106 F. 2d 294, 296 – 298 (4th Cir. 1939).

❺ [美] 德雷特勒. 知识产权许可（上）[M]. 王春燕，等，译. 北京：清华大学出版社，2003：203 – 204.

院正是根据默示许可而非专利权用尽原则来解决专利产品售后的一系列问题。在欧共体国家中，至少在《欧共体条约》通过之前，英国和爱尔兰是唯一在专利法中不承认专利权用尽原则的国家。英国学界通常认为，理论上专利权人所拥有的控制权不限于专利产品的首次销售，其可以一直延伸至该专利产品首次售出后的任何使用和转售行为。即使是由专利权人售出的专利产品，产品购买者对该产品的使用或转售也需获得专利权人的许可。❶ 但是，如果专利权人没有对售出的专利产品明确提出限制性条件，那么这意味着购买者获得了任意使用或转售该产品的默示许可。

基于本书所探讨的内容，默示许可（implied licence）的含义可以表述为：一旦专利产品由专利权人或经其同意之人未附限制性条件地首次销售，产品购买者由此就获得了使用或转售该产品的许可。如前所述，专利法上的默示许可具有多种情形，因此笔者将之前定义的默示许可称为狭义的默示许可，而广义的默示许可进一步包括其他专利法上的默示许可。如未加特别说明，本书所指称的"默示许可"即为狭义的默示许可。

二、默示许可的制度源流

（一）英联邦国家

如前所述，英国的专利制度并不存在专利权用尽原则的观念，通常人们采用默示许可来处理专利权与所有权的冲突问题，这一理念也影响了以英国为首的其他英联邦国家。

---

❶ William Cornish & David Llewelyn. Intellectual Property：Patents，Copyright，Trade Marks and Allied Rights［M］. 5th ed. Sweet & Maxwell，2003：42.

1. Crane v. Price 案：默示许可还是专利权用尽原则

关于默示许可的起源，英国学者认为，这一制度至少可以追溯至 1842 年。❶ 在 Crane v. Price 案❷中，韦伯斯特（Webster）法官作出了如下评述：

假定一种产品（如淀粉）涉及一项专利，并且在这个国家里所有的淀粉均为专利淀粉，则该产品的制造和销售受到专利权的控制。但是，从专利权人那里购买了产品的购买者有权将该产品转售，以及按照自己的意愿使用。与被售产品的相关专利权归于终结，专利权人无法通过该产品的使用或者存在继续控制该产品。否则在专利权的有效期内，淀粉的每位购买者都不得不与专利权人签订书面的许可合同，显然这是荒谬的。因此，如果任何人通过许可或者购买的方式，合法地获得了受专利保护的产品，那么他就可以以自己喜欢的方式予以使用，而这种使用方式与其他类型财产的使用方式并无不同。❸

那么，该判例是否属于默示许可案件？对此，笔者持怀疑态度。如前所述，专利权用尽原则与默示许可的区别之一在于对专利权界限的认定。专利权用尽原则使专利权止于专利产品的首次销售，而默示许可产生的前提在于专利权人理论上可对首次合法售出的专利产品的任何使用或转售行为加以控制。在

❶ Naomi Gross. Trade Mark Exhaustion: The U. K. Perspective [J]. 23（5）E. I. P. R. 224，2001：226.

❷ Crane v. Price，[1842] 1 Webster's Patent Cases 377.

❸ Ibid. ，at 413.

本案中，韦伯斯特法官认为"与被售产品的相关专利权归于终结，……如果任何人通过许可或者购买的方式，合法地获得了受专利保护的产品，那么他就可以以自己喜欢的方式予以使用，而这种使用方式与其他类型财产的使用方式并无不同"。可见，基于对普通产品销售的理解，韦伯斯特法官认为当专利产品合法售出之后，专利权人对该产品的控制权已经终止。

根据韦伯斯特法官的分析以及后文的论述，笔者认为该案的阐述方式更为接近专利权用尽原则的分析进路。当然，从另一个角度来看，由于默示许可与专利权用尽原则极为相似，一些英国学者并没有对两者进行明确的区分。

2. 托马斯诉亨特（Thomas v. Hunt）案：选择默示许可

当人们思考如何限制专利权人对售出专利产品进行控制的时候，有许多问题需要作出回应。其中首要的问题在于，哪种理论可以作为限制专利权的理论基础。对此，托马斯诉亨特案❶作出了回答。

在该案中，专利权人托马斯拥有一项改进肥皂制造工艺的英国专利。托马斯许可一家公司使用该专利，即允许被许可人制造肥皂，并基于自身使用和获利的目的占有、使用、销售上述肥皂。在支付专利许可费并制造肥皂后，被许可人向亨特销售肥皂，而亨特转售了这些肥皂。随后，托马斯对亨特提起专利侵权诉讼。

在该案的判决中，威廉斯（Williams）法官认为被告显然有权对此进行异议，因为购买专利产品的购买者与其他普通产品的购买者一样，拥有转售上述产品的权利。如果不是这样的

---

❶ Thomas v. Hunt, ［1864］17 CB（NS）183.

话，许可制度的真正目的将无法实现。虽然上述许可包含"自身使用和获利"的声明，但事实上被许可人的专利许可并未受到限制。之后，专利权人与被许可人也没有对亨特施以任何限制。因此，与普通产品的购买者一样，亨特可以以任意的方式自由处置这些产品。❶

本案中，亨特的律师提出了如下辩解意见：

（1）在专利许可费已经支付的情形下，依据专利权人许可而制造的产品可以在全世界范围内自由销售或者转售；

（2）否则，专利权人将会就同一件产品多次获利；

（3）产品价格因为被许可人支付的专利许可费而上涨，被告已经支付了上述上涨的费用，因此事实上他已经支付了涉及该专利产品的相关费用；

（4）授予被许可人制造、使用、销售的许可包含授予被许可人的购买者转售产品的许可。❷

有意思的是，被告律师的前三项意见与第四项意见并不一致。通过分析多个当事人之间的协议，第四项意见认为存在一个推定，即基于商业便利（commercial convenience）和产品自由流通的考虑，专利产品的购买者获得了转售该产品的许可。随后，人们只需审视当事人之间的约定是否推翻了上述推定。显然，这一意见与法院所采取的分析进路相吻合。在随后的 Betts v. Willmott 案❸中，法院同样将本案的分析方式扩展适用于专利产品的平行进口领域。

---

❶ Thomas v. Hunt,［1864］17 CB（NS），at 187 – 188.

❷ Ibid.，at 185.

❸ Betts v. Willmott,［1871］LR 6 Ch. 239.

与第四项意见相反，前三项意见几乎完全依据针对专利权人的经济分析。被告律师认为，专利法的目的在于确保专利权人对于专利产品首次销售的权利。然而，一旦专利权人将专利产品投放市场，专利权人就不能继续针对同一产品获取垄断利益。事实上，这种分析方式属于下文专利权用尽原则的分析进路。

就本案而言，有两个特别重要的方面需要提及。首先，被告律师试图在1864年即提出上述关于专利权用尽原则的设想。其次，更为重要的是，至少在英国加入欧共体之前，英国法院拒绝采用专利权用尽原则的推理方式对案件进行分析。由此，本案判决的一个重要意义在于，对于究竟选择何种类型的专利产品销售抗辩而言，英国法院拒绝采用强调经济分析的专利权用尽原则，而坚持采用对当事人意图加以关注的默示许可制度。

3. National Phonograph Company of Australia Limited v. Menck案：再次选择默示许可

在英联邦国家，专利权人试图限制专利产品贸易的著名案例是 National Phonograph Company of Australia Limited v. Menck案。❶ 本案的原告是留声机等电气产品和唱片的制造商及经销商，其在澳大利亚拥有涉及留声机、唱片和空白唱片的三项专利，并建立了一个双层的产品经销系统，即专利权人向批发商销售产品，随后批发商向零售商销售产品。原告与批发商签订合同，约定批发商只向原告指定的零售商销售产品。虽然只能从批发商那里获得产品，但被指定的零售商也与原告直接签订

---

❶ National Phonograph Company of Australia Limited v. Menck, [1911] AC 336.

了合同。这些合同针对零售商可能进行的商业活动设置了多项限制，特别是限定零售商销售产品的最低价格。同时，零售商被禁止经营原告竞争对手的产品。

在本案中，原告认为门克违反了上述限制性条件，声称将其从指定零售商的列表中剔除。对此，门克继续以不为合同允许的方式处置原告的产品。最终，原告就门克的行为提起了专利侵权诉讼。

澳大利亚高等法院（High Court of Australia）驳回了原告基于专利侵权的赔偿请求。对此，枢密院（Privy Council）予以否定，并认为门克的行为已经侵犯了原告的专利权。

关于专利侵权的争议，原告认为作为专利权人，其应当可以根据限制性条件销售其专利产品，从而只转移有限的处置该专利产品的权利。与此相反，在澳大利亚高等法院获得胜诉的门克认为专利权人只能对专利产品的首次销售施加限制，一旦产品已经销售，之后的限制性条件就不再具有约束力。自此，购买者可以自由处置该产品。

在枢密院中，肖（Shaw）法官首先肯定了以下普通原则：

> 首先，适用于普通产品销售的基本原则不是这里讨论的问题。在普通产品销售的情形中，所有人可以自由使用和处置产品。当然他也可以与销售者订立合同，并遵守该合同。但是，作为产品所有人，他不受任何使用或转售产品限制的约束，不能认为限制性条件将会伴随该产品。……如果任何其他规则可以在此适用的话，那么这将

违背公共利益和贸易安全，并且与所有权相关的权能相抵触。❶

　　然而，在争议产品是专利产品的情形下，上述原则便需要进行一定的修正，使得其不与国家授予的专利权相冲突。根据枢密院的观点，上述冲突可以进行如下协调：

　　　　毫无疑问，如果我们认可上诉人争取的并由下级法院持反对意见的法官所认定的主张，即专利权人施加的限制性条件将伴随产品，那么这似乎将引起财产法领域巨大的变化。虽然该观点有些激进，但如果将专利权人对产品施加的限制视为是源自以下事实的限制，即购买者已经知晓其销售产品的权利受到了限制，那么无论如何这都不会引起财产法领域巨大的变化。可以肯定的是，在专利产品的情形下，绝对自由地处置普通产品的原则将受到上述限制的影响，从而购买专利产品并知晓专利权人施加限制的购买者将会受到约束，只要其在购买产品时知道上述限制。本案的限制性条件涉及专利产品的销售，而专利法恰恰给予了专利权人对产品施加这种限制的权利。❷

　　门克通过合同已经知晓了上述限制性条件，因此其应当受该条件的约束，从而肖法官认为门克侵犯了原告的专利权。

---

❶　National Phonograph Company of Australia Limited v. Menck, at 347.

❷　Ibid., at 348 – 349.

对于门克案的判决，有几点需要加以明确：

第一，枢密院再次明确拒绝适用专利权用尽原则。在该案中，肖法官同样根据默示许可解决了专利权与所有权冲突的问题，类似的处理方式较早地出现在托马斯诉亨特案和 Betts v. Willmott 案中。

第二，门克案表明，正是专利权使得专利产品无须遵循适用于一般产品的普通原则，即限制不可伴随产品的原则。专利权的授予使得专利权人获得了垄断地位，因此当专利权人明确表示反对时，上述普通原则不再适用。由此，在英联邦国家，"限制不可伴随产品"仍然是一般产品销售的普通原则，除非该产品上体现了专利权。

第三，门克案明确规定，除非在专利产品销售完成之前购买者知悉关于产品使用或者转售的限制性条件，否则专利产品的购买者不受该限制性条件的约束。

（二）德国

对于专利权与所有权冲突的问题，19 世纪的德国也是采用默示许可理论来加以解决的。即当专利权人售出专利产品之后，法律推定专利权人在销售产品时授予购买者不受任何限制地使用或者处置该产品的许可。需要指出的是，谈及默示许可理论在德国的应用，有学者认为该理论首先产生于英国，随后默示许可理论才由德国法学家约瑟夫·科勒（Joseph Kohler）教授介绍至德国。❶

在德国，默示许可理论的出现与 19 世纪的私法自治理念

---

❶　David T. Keeling. Intellectual Property Rights in EU Law ［M］. Oxford University Press，2004：77.

有着密不可分的联系。如前所述，默示许可理论试图以当事人的意图作为权利冲突解决的依据。正如科勒教授在其1878年出版的教科书中所指出的，在转让专利产品的过程中，专利权人意识到购买者具有使用其发明专利的意图。如果专利权人基于这种认识而销售专利产品，那么他也就同意购买者使用其发明专利，由此购买者获得了一项默示许可。❶

但是，在适用默示许可之后，人们很快发现该理论并非那么令人满意。首先，在涉及后续产品购买者时，该基于合同理念的理论就不甚理想了。因为，默示许可未能就后续购买者为何也能获得使用该专利产品的许可这一问题作出合理的解释。其次，对于从先用权人那里获得专利产品的人，默示许可同样无法就他所获得的权利提供合理的解释。更为重要的是，默示许可的适用会导致一些不利的后果。如果专利产品使用权的授予仅仅来源于法律推定的同意，那么专利权人可以随意地对该同意予以限制，从而他可以任意地阻碍市场竞争和自由贸易。因此，科勒教授认为应当确立一个能真正影响专利权界限的解决方案。

（三）美国

一直以来，美国采用专利权用尽原则作为其主要的专利产品销售抗辩制度，与专利权用尽原则联系最为紧密的广义默示许可涉及前述两种情形：（1）基于专用于实施方法专利的产品的销售而认定的默示许可；（2）基于专用于专利产品制造的非专利组件产品的销售而认定的默示许可。

---

❶ U. Schatz. The Exhaustion of Patent Rights in the Common Market [J]. 2 I. I. C. 1, 1971：3.

然而，由于各种原因，美国的专利权用尽原则与默示许可又有某种程度的关联。事实上，支持专利权用尽原则的理论基础在于默示许可的观点并不在少数。❶从根植于英国法的事实出发，美国完全可以直接采用默示许可处理专利权与所有权之间的冲突问题。但是，历史同样表明，美国法又并非完全等同于英国法。正如笔者下文所要指出的，不同制度的适用所导致的专利权范围的不同，专利权用尽原则与默示许可具有本质的差异，因此默示许可无法成为专利权用尽原则的理论基础。正因如此，美国专利权用尽原则的复杂性模糊了专利权用尽原则和默示许可之间原本清晰的界限。

三、默示许可的理论基础

默示许可以权利人的内心意思为中心，从权利人是否许可的角度来分析问题。除了利益平衡理论外，默示许可主要涉及以下理论基础。

（一）禁止反言原则

通常，专利权人的行为可以基于以下理论产生默示许可，即默许理论（acquiescence）、行为理论（conduct）、衡平法上的禁止反言原则（equitable estoppel）或者普通法上的禁止反

---

❶　至少在以下几个案件中，法院同时适用专利权用尽原则和默示许可处理专利产品售出之后的专利侵权纠纷：United States v. Univis Lens Co. , 316 U. S. 241（1942）；Anton/Bauer, Inc. v. Pag, Ltd. , 329 F. 3d 1343（Fed. Cir. 2003）；LifeScan, Inc. v. Polymer Technology Int'l Corp. , 35 U. S. P. Q. 2d 1225（W. D. Wash, 1995）.

言原则（legal estoppel）等。❶ 这些理论分别适用于不同的情形。但可以肯定的是，不论依据哪种理论，默示许可的根本目的都是保护信赖利益，由此维护禁止反言这一重要原则。

所谓禁止反言原则，是指基于行为人先前的主张，排除行为人之后对同一事实作出相反主张的法律原则。该原则在默示许可上的应用是，当专利权人销售专利产品时，如果该产品的性质以及销售该产品的情形表明产品的购买者将获得一定的权利，那么专利权人就不得禁止购买者行使其所获得的权利。显然，这一结论是合理的。因为在这种情况下可以认为购买者作为理性人，信赖自己将获得所期望的权利，并开始为专利产品的使用做好准备。基于信赖利益的保护，法律不能允许专利权人采取一种出尔反尔的做法，侵害产品购买者的利益。可见，默示许可理论与禁止反言原则的基本理念是一致的，其根本目的在于维持正常的社会经济秩序。

（二）财产权转移理论

默示许可另一项理论基础是财产权转移理论。如前所述，在英美财产法中，地产权人可以对购买者获得的土地权益进行限制。即在转让土地上的权益时，如果地产权人没有就创设较小地产权或附带可撤销条件进行明确规定的话，那么权利人将转让其所拥有的所有地产权益。许可也属于财产权转移的类型之一，因此英美国家认为，涉及地产权部分转让的财产权转移理论同样可类推适用于默示许可。

相对于近代欧洲大陆的法典编纂运动而言，英美法发轫较

---

❶ Wang Laboratories, Inc. v. Mitsubishi Electronics America, Inc., 103 F. 3d 1571, 1580, 41 U. S. P. Q. 2d 1263, 1271 (Fed. Cir. 1997).

早，11 世纪的英国人还不习惯于基于权利概念对法律进行抽象的演绎，由此最终形成类似大陆法系的法典化秩序。不仅如此，由于英国与欧洲大陆相分离，罗马法复兴对其影响较小。而在"现代之前，有意识地创制新法是很难想象的，没有什么可以凭空很快地制造出来"。❶ 由此，英国法官主要依靠拟制的方式，类推过去的法律关系来解决眼前的纠纷。❷

因此，在类推适用地产权部分转让规则的情形下，如果专利权人未能就售出的专利产品施加限制性条件，那么产品购买者将获得使用或转售该产品的许可。否则，产品购买者将仅仅获得有限的许可。

在前述门克案中，法院正是基于财产权转移理论认定是否存在默示许可，而这一理念也扩展到了涉及其他知识产权的案件中。在 1999 年涉及商标的 Zino Davidoff S. A. v. A&G 案❸中，伦敦高等法院的莱蒂（Laddie）法官引用了上述关于财产权转移理论的基本理念，从而适用默示许可对案件进行了处理。

其实，财产权转移理论作为默示许可的理论基础具有以下优点：（1）对地产权和知识产权的转移适用相同的财产权转移规则；（2）使得产品购买者能立即注意到关于处置产品的任何限制；（3）由产品销售者承担告知上述限制性条件的举证责任。❹

---

❶　[美] 罗斯科·庞德. 普通法的精神 [M]. 唐前宏，等，译，北京：法律出版社，2001：11.

❷　冉昊. 两大法系法律实施系统比较——财产法律的视角 [J]. 中国社会科学，2006（1）：60.

❸　Zino Davidoff S. A. v. A&G，[1999] ALL ER（D）502.

❹　Christopher Heath. Parallel Imports in Asia [M]. Kluwer Law International，2004：14.

第二节　默示许可使用权的效力

许可的性质是授权，因此默示许可也应当被视为授权。如前所述，德国学者将默示许可看做基于合同理念而产生的理论，是与明示许可相对应的概念。虽然，表面上并不存在明示的意思表示一致，但是通过双方的交易行为，法律推定存在默示的合意。基于当事人之间存在的默示许可，被许可人获得了专利许可使用权。然而，默示许可使用权究竟应当具有债权效力还是准物权效力？❶

此外，从英美财产法的视角加以审视，默示许可与英美财产法上的许可极为相似。第一，从功能上来看，作为一项法律推定，默示许可的功能正是为了在特定情形下，专利产品的购买者具有合理使用专利权的基础，由此弥补专利法制度设计的缺陷，而这与英美财产法关于许可的认识是一致的。第二，从类型上来看，本书所讨论的默示许可是基于专利权人销售专利

---

❶　对于准物权的概念，学者之间各执一词。有学者认为准物权是某些性质和要件相似于物权，准用物权法规定的财产权，包括渔业权、狩猎权、先买权等。参见张俊浩. 民法学原理（修订第三版）[M]. 北京：中国政法大学出版社，2000：397. 其他学者认为准物权是一组权利的总称，包括矿业权、水权、渔业权等。参见崔建远. 准物权研究 [M]. 北京：法律出版社，2003：20. 显然，上述两种定义都不是在严格意义上使用准物权这一概念，并且第一种定义的外延更为宽泛。笔者认为，作为一项财产权，准物权应当从绝对权的角度加以理解和把握。

对于本书所讨论的专利许可使用权的效力而言，登记的独占专利许可使用权具有类似专利权的效力，其性质相似于物权。基于人们习惯将财产权的效力区分为债权效力和物权效力，为了讨论的方便，笔者将登记的独占专利许可使用权指称为准物权，以此区别于普通专利许可使用权。由此，本书进一步探讨默示许可使用权的效力。

产品的行为而产生的，类似于第二章所述的包含于其他合同或行为中的许可类型。但是，根据英美财产法的规定，许可人可随时撤销许可。据此，默示许可制度似乎并不能保证专利产品购买者有效行使涉及专利产品的权利，从而可能使该制度的设计目的落空。

因此，本节以下部分主要就默示许可使用权的效力进行讨论。

一、默示许可使用权的效力：基于大陆法系物权效力和债权效力的讨论

通常，专利许可可以分为独占许可和普通许可。依据不同的许可类型，人们关于专利许可使用权的效力存在很大的分歧。目前，关于专利许可使用权的效力，各国主要持有如下几种观点。

（一）德国

有德国学者认为，无论是独占许可使用权还是普通许可使用权，与专利许可使用权类似的著作权许可使用权都应当具有准物权的效力：

第一，对于普通许可使用权，作者授予被许可人的仅是积极的权利，而不包括排他权，即不能禁止作者本人使用作品以及许可他人使用作品。普通许可使用权是一种准物权，这种权利对著作权设定了某种负担，限制了作者本人及其权利继受人的排他性权利，同时也可以对抗那些后来取得独占许可使用权的人。

第二，独占许可使用权不仅获得了作品的使用权，而且获得了相应的排他权，甚至可以对抗作者本人。与普通许可使用权一样，独占许可使用权也是一种准物权。❶

---

❶ ［德］M. 雷炳德. 著作权法［M］. 张恩民，译，北京：法律出版社，2005：369 - 371.

（二）法国

《法国知识产权法典》第 L. 613 - 9 条规定："所有系于专利申请或专利权转让或变动的行为，非经在国家工业产权局设立的全国专利注册簿上登记，不得对抗第三人。但是，该行为在登记前可用以对抗在取得该权利之前即已知悉该行为并在该行为之后取得权利的第三人。"❶ 该条中的"变动行为"与"转让"并列，因此"变动行为"应当包含专利许可行为。与《法国民法典》所确立的意思主义物权变动模式相对应，法国的专利权变动也采意思主义。据此，专利许可使用权可以具有对抗效力，但是需要通过登记后才能对抗第三人。

《法国知识产权法典》第 L. 615 - 2 条规定："独占被许可人在合同无相反约定且专利权人在催告后未提起诉讼的，可提起诉讼；……所有被许可人可以参加专利权人提起的侵权诉讼，以获得应有的损害赔偿。"❷ 根据该规定，在满足一定条件的基础上，法国的独占专利许可使用权具有排他效力，但是普通专利许可使用权并不具有类似的效力。

由此可以推知，在登记的情形下，法国的独占专利许可使用权具有准物权的效力，而普通专利许可使用权则无此效力。

（三）日本

《日本专利法》第 98 条规定："1）下列事项，未经注册不发生效力。……二、独占实施权的设定、转移（依继承及其他一般继受者除外）、变更、消灭（依混同或者专利权的消灭而消灭者除外）或者处分的限制；……"《日本专利法》第 99

---

❶ 黄晖. 法国知识产权法典 [M]. 北京：商务印书馆，1999：95.

❷ 同上，112 - 113.

条规定："1）普通实施权已经注册时，对在其后取得该专利权或独占实施权或者对于该专利权的独占实施权者，亦发生效力。……3）普通实施权的转移、变更、消灭或处分的限制，或者以普通实施权为标的的质权的设定、移转、变更、消灭或处分的限制，未经注册，不得对抗第三人。"❶ 可见，日本对于独占专利许可使用权采取登记生效主义，即不登记不产生独占专利许可使用权；而对于普通专利许可使用权则采取登记对抗主义。

此外，日本的独占被许可人具有独立提起诉讼的权利。根据《日本专利法》第 100 条规定："1）专利权人或者独占实施权人对于侵害自己专利权或者独占实施权者、或有侵害之虞者，得请求停止或预防侵害。……"❷

据此，日本通说认为独占专利许可使用权具有准物权的效力，相当于土地制度中的地上权，而普通专利许可使用权仅具有债权效力。

综上所述，各国对于经登记的独占专利许可使用权具有准物权效力并无多大争议。对于普通专利许可使用权而言，法国、日本等国认为在登记的情形下，这种许可使用权具有对抗第三人的效力。在德国，部分学者主张普通许可使用权也应当具有准物权的效力。因此，国内有些学者亦认为普通专利许可使用权也应当同样具有准物权的效力。❸

但是，笔者认为与独占专利许可使用权相比，普通专利许

---

❶ 杜颖，易继明．日本专利法［M］．北京：法律出版社，2001：42.

❷ 同上书，43.

❸ 林广海，邱永清．专利权、专利许可使用权与专利许可合同——以物权法原理借鉴为视点［J］．法律适用，2008（6）：18.

可使用权无排他性，普通被许可人并没有获得独立提起诉讼的权利，从而普通专利许可使用权不具有绝对性。● 由于普通专利许可使用权不具备绝对性，因此其不应当属于准物权。

虽然，在登记的情形下，普通专利许可使用权获得了一定的对抗效力。对此，笔者也赞同应当赋予普通专利许可使用权一定的对抗效力。因为，如果普通专利许可使用权不能获得对抗效力，那么这将使得许可法律关系陷于不安定的状态。此不安定状态将会使被许可人不愿就专利技术的开发投入大量的人力、时间、资金，进而社会公众不愿寻求许可授权，从而阻碍专利技术的传播，妨碍社会整体福利的提升。显然，这与专利制度的设计初衷是相违背的。

然而，仅仅因为取得了对抗效力就认定普通专利许可使用权具有准物权效力是不妥当的，因为对抗效力仅是（准）物权若干效力之一。● 除了上述对抗效力之外，普通专利许可使用权的其他特征均与债权相符，许可人与被许可人之间仍是一种相对的法律关系。因此，笔者认为，未登记的普通专利许可权仅具有债权效力；为了保护被许可人的利益及交易安全，法律赋予登记的普通专利许可使用权对抗效力，此时的普通专利许可使用权成了区别于债权和（准）物权的"中间型权利"。●

● 绝对性是判断一项权利是否为物权或准物权的标准之一。关于绝对性的详细论述，见：金可可. 基于债务关系之支配权［J］. 法学研究，2009（2）：23.

● 对于物权的效力而言，通常包括排他效力、优先效力、追及效力及物上请求权。见王泽鉴. 民法物权——通则·所有权（第一册）［M］. 北京：中国政法大学出版社，2001：60-63. 其中，优先效力大致相当于本书的对抗效力。

● 所谓中间型权利，是指存在于物权与债权之间的权利。见冉昊. 论"中间型权利"与财产法二元架构——兼论分类的方法论意义［J］. 中国法学，2005（6）：68.

对于默示许可而言，其应当属于普通许可这一类型。如前所述，如在登记的情形下，默示许可使用权应当可以获得一定的对抗效力。但是，为了获得对抗效力，产品购买者必须进行专利许可使用权登记，显然这种交易方式有违产品交易的一般理念。由此，依据大陆法系的相关理论，默示许可只能成为纯粹债权性的许可，因而产品购买者很难获得相应的对抗效力。

二、默示许可使用权的效力：对英美财产法许可理论的借鉴

依据大陆法系物权、债权二分法，默示许可使用权仅具债权效力，因此其不能为被许可人提供完善的保护。由于默示许可理论最先产生于英美法系，其相关理论也最为丰富。因此本书从英美财产法的角度切入，借鉴英美财产法的许可理论，对默示许可使用权的效力继续加以探讨。

（一）英美财产法中不可撤销（irrevocable）的许可

在讨论默示许可使用权的效力之前，笔者认为有必要再次回到英美财产法关于土地许可的问题上来，审视一下英美财产法关于土地许可的特殊规定是否有助于人们对默示许可使用权效力的理解。

如前所述，在英美财产法中，可以随时被撤销是许可制度最为突出的特点。显然，这一特性往往使得许可人过于随意地侵害被许可人的利益。然而，在某些场合，许可已经成为实现其他权利不可或缺的条件。因此，在一些特定的情形中，法律规定许可人不得随意撤销许可。通常，不可撤销的许可具有如下两种类型。

1. 与土地权益相伴的许可（licence coupled with an interest）

如果享有某种土地权益的必要条件或前提是获得进入他人

土地的许可，那么这种许可就是与土地权益相伴的许可。例如 A 授予 B 在自己土地上采矿的获益权，其中就内含了允许 B 进入 A 土地的许可。为了不使上述获益权等土地权益形同虚设，这种许可是不可撤销的。

通常，与土地权益相伴的许可是可以转让的。但是该许可不能单独转让，其必须和土地权益一并转让。究其原因在于，与土地权益相伴的许可只是土地权益的附属部分，其不具有独立的法律地位。同时，这种许可可以和土地权益一样对抗地产权的继受人。❶

当然，上述与土地权益相伴的许可同样可以适用于动产的场合。举例而言，如果 A 购买了 B 的卡车，A 就享有进入 B 的不动产取得卡车的不可撤销许可。在 A 没有取回自己的财产之前，该许可是不可撤销的。如果 A 将上述卡车转让给 C，那么该许可将随着卡车一同转让给 C。

2. 根据禁止反言原则产生的许可（licence by estoppel）

如果被许可人因信赖其有权对地产权人的土地进行长期使用而花费了大量的金钱或者劳动对自己的土地加以利用，并且地产权人应当合理预见到了上述信赖，那么这样的许可是不可撤销的。这就是根据禁止反言原则而产生的许可。

在司法实践中，由于禁止反言原则被广泛采纳，因此根据禁止反言原则限制许可人随意撤销许可的这一举措获得了广泛的运用。此外，在通常情形下，根据禁止反言原则产生的许可也可以对抗地产权的继受人。同时，只要该许可不具有人身属

---

❶ 高富平，吴一鸣. 英美不动产法：兼与大陆法比较 [M]. 北京：清华大学出版社，2007：761.

性，其亦可以随相关土地权益的转让而转让。

综上，与土地权益相伴的许可和根据禁止反言原则产生的许可可以对抗地产权的继受人，并可以随土地权益一同转让，而这两点正是英美财产法土地权益的根本属性。❶ 因此，不可撤销的许可实际上已经具有了土地权益的性质。"由于这个原因，很多英美法的学者将不可撤销的许可视为地役权（easement）"。❷

当然，需要指出的是，不可撤销的许可只是英美财产法许可制度的特例，大部分许可仍旧不具有土地权益的性质，其仍可由许可人随意地撤销。

（二）默示许可使用权效力的理论评析

上述关于英美财产法不可撤销许可的分析，对于人们理解默示许可使用权的效力具有重大启示。笔者认为，默示许可应当同样属于不可撤销的许可：（1）默示许可和与土地权益相伴的许可相似。在专利产品销售的情形下，使用、转售专利产品的权利同样是享有产品利益的必要条件或前提。既然专利产品购买者已经获得该产品所有权，那么他就应当获得使用、转售该产品的许可。（2）默示许可同样可以理解为根据禁止反

---

❶ 在广义的英美财产法中，财产权益与合同权益相对，其中财产权益的标的物可以是任何形式的财产。财产权益有如下特点：（1）可以被转让；（2）如果它的标的物毁灭或消失，这个权益就消亡了；（3）具有对无数人主张的权利（对世权）；（4）在破产清偿中享有对于一般债权的优先权。与财产权益相对的是合同权益，其包括未经合同的对方当事人同意不可转让、只能向对方当事人主张权利、在破产清偿中没有优先权等特点。见 [英] F. H. 劳森，伯纳德·冉得. 英国财产法导论 [M]. 曹培，译，北京：法律出版社，2009：15.

❷ 高富平，吴一鸣. 英美不动产法：兼与大陆法比较 [M]. 北京：清华大学出版社，2007：762.

言原则产生的许可。因为,在支持默示许可的理论基础中,禁止反言原则即是其中之一。

因此,借鉴英美财产法上不可撤销许可的规定,由于默示许可类似于前述不可撤销的许可,默示许可可以具有与该类型许可相似的效力,即不得随意撤销、对抗专利权的继受人并可随专利产品一同转让。基于被许可人利益和产品自由流通等公共利益的考量,法律应当给予默示许可使用权以准物权的效力。据此,对于默示许可使用权的效力而言,英美财产法的许可理论应当更为值得借鉴。

第三节 默示许可与限制性条件的关系

根据前文关于默示许可的分析,默示许可属于法律的推定。因此,在存在限制性条件的情形下,若该条件能证明专利权人存在相反的意思表示,则上述推定不再成立。因此,专利产品销售之际的限制性条件可以排除默示许可的适用,而默示许可则属于任意性专利产品销售抗辩。

一、限制性条件的要求

由于限制性条件本质上属于当事人之间的约定,因此就限制性条件的要求而言,其应当满足合同法上关于要约的规定。具体而言,以下规则可以作为认定限制性条件排除默示许可适用的依据:

(1) 限制性条件必须是明示的,而不能是暗示或默许的;

(2) 限制性条件必须至迟在专利产品销售的同时提出,而不能事后补充或者追加;

（3）限制性条件必须是明确的，而不能仅仅是一种建议或者劝告。

上述第一项规则表明，产品购买者应当能够明确知晓限制性条件的存在。在 Incandescent Gas Light Company Limited v. Cantelo 案❶中，虽然原告通过标贴的方式将限制性条件标示于产品上，但是该条件仍然无法产生任何法律效力。因为购买者在支付产品价款并在柜台完成产品交付时，该产品始终处于包装的状态。由于上述限制性条件被产品包装所遮盖，因此在交易时购买者无法获知限制性条件的存在。

显然，这一规则将利益平衡的天平倾向了社会公众。因为，如果购买者欲针对侵犯专利权的指控进行抗辩，其可以依赖于由专利权人或者被许可人有关行为产生的默示许可。而专利权人或者被许可人若想排除默示许可的适用，他只能依据明示的限制性条件。

第二项规则要求限制性条件必须至迟在专利产品销售时提出。对于默示许可而言，由于默示许可应当属于不可撤销的许可，因此该许可不允许专利权人对售出的专利产品补充或者追加任何限制，而只能在专利产品销售的同时加以限制。

对此，格林（Greene）法官在 Gillette v. Bernstein 案❷简易判决中的观点特别值得关注。首先，格林法官明确表示，具有争议的限制性条件必须通知到被告：

对我而言，专利权人若想成功主张上述限制，他必须

---

❶ Incandescent Gas Light Company Limited v. Cantelo，[1895] 12 RPC 262 (QBD).

❷ Gillette v. Bernstein，[1942] Ch. 45 (CA).

承担以下证明责任，即除了其他事实外，专利权人必须证明被告在购买产品时已经知晓相关限制性条件。如果专利权人仅能证明被告在获得产品后至处理产品之间获知了上述限制性条件，那么他就没能完成举证责任。对我来说，这种清晰的法律表述不仅来自于枢密院肖法官关于门克案的判决，而且也来自于门克案所提及的早期判决。❶

其次，更为重要的是，Gillette 案中根本没有证据可以证明被告在何时、何地购买了附带限制性条件的产品。对此，格林法官并不表示关注，他只是强调问题的关键在于被告是否知晓了该限制性条件，即在相关时间点上被告是否知晓该限制是许多案件亟待解决的问题。当然，该问题的解决并非必须依据直接证据，其大体上也可以依据由相关证据得出的推论。❷ 通过审查购买产品时被告获知限制性条件的相关证据，格林法官认为本案存在获知限制性条件的必备条件，因此法院向被告发出了禁令。

关于第三项规则，CAFC 于 1997 年对 Hewlett – Packard Co. v. Repeat – O – Type Stencil Mfg. Corp. , Inc. 案❸的判决提供了一个实例。在该案中，HP 公司在其出售的打印机墨盒上拥有多项专利。HP 公司在墨盒的使用说明书上写有"请立刻丢弃旧墨盒"的字样。被告 Repeat – O – Type Stencil 公司获得用过的 HP 公司墨盒，将其填充墨水后再行出售。在认定被告

---

❶ Gillette v. Bernstein, [1942] Ch. 45 (CA), at 47.

❷ Ibid. , at 48.

❸ Hewlett – Packard Co. v. Repeat – O – Type Stencil Mfg. Corp. , Inc. , 123 F. 3d 1445 (Fed. Cir. 1997).

Repeat－O－Type Stencil 公司并没有侵害 HP 公司专利权的基础上，法院认为 HP 公司并未在销售墨盒时附有任何限制。因为说明书上的字样仅具有建议性质，并不具备纳入合同的意思，从而不具有排除适用默示许可的效力。

二、默示许可与限制性条件的若干问题

谈及默示许可与限制性条件的关系，国外的司法实践中主要存在如下几个问题：

（一）"任何人不能给予其所未有者"（nemo dat quod non habet）原则的例外

英美法中"nemo dat quod non habet"原则的英文意思是"no one gives what he does not have"，直译是"任何人不能给予其所未有者"，❶ 核心意思就是人们处分其财产权时，不能给予他人比自己所拥有的财产权更大的权利。作为罗马法中的一项古老原则，"任何人不能给予其所未有者"原则的目的在于保护财产所有人的利益。但是，当受限制的被许可人销售专利产品时，基于"任何人不能给予其所未有者"原则，是否专利产品购买者即使未获知限制性条件，他也应当受到被许可人自身限制的约束呢？

1. Badische Anilin und Soda Fabrik v. Isler 案

在 Badische Anilin und Soda Fabrik v. Isler 案❷中，原告就其经营的印染业务拥有若干染料专利，其许可巴塞尔（Basle）的化学工业合作社（Society for Chemical Industry）使用这些专

❶ 薛波. 元照英美法词典［M］. 北京：法律出版社，2003：956.

❷ Badische Anilin und Soda Fabrik v. Isler，［1906］1 Ch. 443（CA）.

利，条件是合作社只能向消费者而不能向经销商进行专利产品的销售。随后，原告获得了涉及罗丹明 6G 染料的专利，该产品以罐装方式销售。同时，该产品包装罐具有明确的标识，以艾斯勒告知购买者只能以未打开的、含有标识的、未改变原始包装的方式转售该罐装产品。同时，该标识明确告知，代理人和经销商不能改变许可合同中的条款。多年以来，经销商艾斯勒一直从该合作社获得染料。根据许可条款，合作社的这种行为理应受到禁止。因此，艾斯勒通过一家既是经销商又是消费者的公司获得上述产品。该公司和艾斯勒都否认知悉合作社的许可受到了限制，并声称合作社已经获得一项完全自由的许可。

在初审程序中，艾斯勒被认为不用承担专利侵权的责任，因为罗丹明 6G 染料并未由上述许可所涵盖，而原告与合作社则认为罗丹明 6G 染料应归入许可中。在上诉程序中，上诉法院拒绝考虑其他问题，其只依据以下理由作出判决，即关于染料销售的唯一限制是艾斯勒已经遵守的、由包装罐的标识所表明的限制。❶

本案有意思的地方在于巴克利（Buckley）法官的观点，即如果罗丹明 6G 染料由原告与合作社之间的许可所涵盖，那么艾斯勒早已构成专利侵权，因为许可规定被许可人只能向消费者销售产品。如果这样的话，那么这与艾斯勒未获告知的情形没有任何差别。因为被许可人只享有有限的权利，依据"任何人不能给予其所未有者"的原则，被许可人无法将大于自身的权利转移给他人。

---

❶ Badische Anilin und Soda Fabrik v. Isler, [1906] 2 Ch. 443, 444.

巴克利法官对于受限制被许可人销售产品的分析，是专利权人可以控制产品交易这一思维模式的必然结果。但是，巴克利法官的观点显然不符合商业便利的政策，而该政策恰恰是门克案肖法官观点的基础所在。虽然上诉法院并不希望涉及该问题，但是巴克利法官的观点还是受到了 Lissen 案西蒙兹 (Simonds) 法官的质疑。在该案中，西蒙兹法官根据门克案的思路作出了最终判决，即限制性条件必须至少在销售产品之时告知购买者。

2. Hazeltine Corporation v. Lissen Limited 案

在 Hazeltine Corporation v. Lissen Limited 案❶中，由于被告 Lissen 公司违反了施加于被许可人的限制性条件，原告 Hazeltine 公司认为被告构成专利侵权。其中，Lissen 公司从 Hazeltine 公司的英国被许可人那里购买了本案争议的收音机。然而，由于被许可人未能支付专利许可费，而且必须粘附于收音机的含有限制性条件的标贴未能粘贴于收音机，因此 Hazeltine 公司认为该收音机是侵权产品。

西蒙兹法官认为未支付专利许可费的事实不能作为认定收音机为侵权产品的理由。❷ 随后，西蒙兹法官考虑关于标贴的主张。由于无法证明 Lissen 公司已经知晓该限制性条件，因此其可以自由处置收音机。Lissen 公司从被许可人而不是专利权人那里购买产品的事实，并不能阻止本案适用门克案所确立的规则:

---

❶ Hazeltine Corporation v. Lissen Limited, [1938] 56 RPC 62.

❷ Ibid., at 66 – 67.

由于购买专利产品时未能获知任何限制性条件，Lissen公司可以任何方式使用、销售这些产品，从而专利权人无法依据违反许可中限制性条件的理由获得赔偿。……需要明确的是，为了能对专利产品的购买者产生影响，专利权人必须使购买者在产品销售之时知悉限制性条件。否则，购买者可以自由处置该产品。❶

Lissen案并没有采纳或者考虑艾斯靳案中巴克利法官的观点，本案只是简单地适用了门克案的判决，并延续了促进商业便利的司法政策。因此，至少在英国国内贸易中，通说认为专利产品交易中的任何限制性条件必须在产品销售之前由购买者获知。

由 Lissen 案可知，在专利产品销售的情形中，基于交易安全和商业便利的考虑，英美法系国家对"任何人不能给予其所未有者"原则进行了相应的变通。事实上，这一例外也出现在了普通产品销售的场合。在普通法中，货物所有人经常雇用一些代理人来为他们销售产品，但是有时这些代理人并未获得销售展品的委托。为了保证代理市场的信任度，19 世纪的英国即通过立法，保护那些通过代理商购买产品的善意购买者，从而排除了"任何人不能给予其所未有者"原则的适用。❷

（二）独占被许可人是否可以施加限制性条件

独占被许可人是否可以施加限制性条件这一问题出现在了

---

❶ Hazeltine Corporation v. Lissen Limited，at 68.

❷ ［英］F. H. 劳森，伯纳德·冉得. 英国财产法导论［M］. 曹培，译，北京：法律出版社，2009：74.

Gillette Safety Razor Company Limited v. A. W. Gamage Limited
案❶中。

本案事实涉及专利权人授予原告制造专利剃须刀的独占许可。这些剃须刀以包装盒的形式销售，并且每个包装盒上的标识都声明授予购买者或者任何其他获得该产品的当事人一项有限的许可，即不能低于固定的价格转售上述产品。原告向某一批发商销售产品，随后该批发商又向被告销售了一部分产品。然而，被告以低于规定的最低价格转售了上述产品，就此原告提起了专利侵权诉讼。

被告声称原告作为独占被许可人，对本案的发明并未获得专利权，因此不能对专利产品的销售施加限制，上述限制只能由专利权人施加。对此，原告认为基于其与专利权人签订的许可合同，它可以作为衡平法上的专利权人，因此可以对专利产品的销售施加限制。

在原被告之间不存任何合同关系的情形下，由于原告已经获得了自由处置专利产品的权利，那么被告也应当获得这样的权利，因而沃林顿（Warrington）法官认为被告并不构成专利侵权，盒子上的标识不具有法律效力。❷ 由此可以推知，沃林顿法官认为不受拘束的独占被许可人不能对专利产品的销售施加限制性条件。

随后，沃林顿法官的观点被上诉法院推翻。然而，上诉法院并没有直接针对独占被许可人是否可以施加限制性条件这一

---

❶ Gillette Safety Razor Company Limited v. A. W. Gamage Limited，［1908］25 RPC 492.

❷ Ibid. , at 499 – 500.

问题进行阐述，相反其采取了回避的态度。由于上诉法院认为本案事实并不十分清楚，因此该案所依据的证据不足以恰当地处理当事人之间的纠纷。

就本案而言，沃林顿法官可能已经认定，独占被许可人并不享有财产权益，因为当时的法律并不允许独占被许可人提出专利侵权诉讼。但是，笔者认为，除非是专利权人，否则即使是独占被许可人也不能对专利产品的销售施加限制的观点是站不住脚的。

如前所述，在大陆法系，各国对于独占专利许可使用权的效力取得了一定的共识，即登记的独占专利许可使用权具有准物权的效力。在英美法系，至少对于独占许可而言，英国法院认为应当改变对独占被许可人法律地位的认识。❶ 而在美国，独占被许可人获得了如下承诺，即只有其能够在所许可的区域内排他地制造、使用、销售、许诺销售或者进口已获得专利的发明。目前，美国法院已经将这样的独占权等价于专利权。

可见，独占专利许可使用权已经获得了类似于物权的效力，有学者甚至认为独占专利许可使用权可归于无体物用益物权。❷ 因此，独占专利许可使用权应当属于支配权，独占被许可人可以直接实施相关权利，从而在许可范围内独占被许可人取得了相当于专利权人的地位。据此，独占被许可人可以就专利产品的销售施加限制性条件。

---

❶ 例如，上诉法院强烈希望保护独占被许可人的财产权益，以对抗其他许可人。See British Nylon Spinners v. Imperial Chemical Industries Ltd. ，［1952］69 RPC 288，294. 同时，版权的独占被许可人有权对抗第三人。See British Actors Film Company v. Glover，［1918］1 KB 299，309.

❷ 温世扬. 财产支配权论要［J］. 中国法学，2005（5）：75.

（三）限制链条问题

限制链条问题由来已久。一般来说，专利产品并不直接由专利权人或者被许可人向消费者进行销售，通常其中会存在多个流通环节，从而形成产品销售链条。所谓限制链条，是指专利产品销售所附带的限制性条件始终与产品销售相伴，使得产品销售链条上的每位经销者都知晓该限制性条件的存在，从而形成类似于产品销售链条的产品交易样态。在专利产品销售的领域，限制链条的问题在于如果限制链条断裂，即产品销售链条上至少有一位经销者未能知晓限制性条件的存在，专利权人能否继续控制售出的专利产品。

1. Roussel Uclaf S. A. v. Hockley International Ltd. 案

在门克案中，肖法官认为如果产品的购买者在产品销售时知晓专利权人对产品的使用或转售施加了限制，那么购买者关于专利产品的相关权利将受到限制。[1] 该观点似乎表明只要购买者在购买产品时知晓了限制性条件，专利权人即可继续控制售出的专利产品，限制链条是否断裂与此无关。在 British Mutoscope and Biograph Company Limited v. Homer 案[2]中，法韦尔（Farwell）法官正是依据门克案的思路来论证限制链条与专利侵权之间的关系。

在 1996 年的 Roussel Uclaf S. A. v. Hockley International Ltd. 案[3]中，雅各布（Jacob）法官对门克案确立的规则进行了质疑，并认为如果专利权人想控制售出的专利产品，那么限制性

[1]　National Phonograph Company of Australia Limited v. Menck, ［1911］AC 336, 353.

[2]　British Mutoscope and Biograph Company Limited v. Homer, ［1901］1 Ch. 671.

[3]　Roussel Uclaf S. A. v. Hockley International Ltd. , ［1996］14 RPC 441.

条件必须通知到产品销售链条上的每位经销者。

在本案中，原告 Roussel Uclaf 公司是国际上著名杀虫剂溴氰菊酯（deltamethrin，即敌杀死）的制造商，它生产的大部分溴氰菊酯由 Hoechst Schering AgrEvo 公司销售。溴氰菊酯的生产方法在多个国家获得了专利保护，其中包括英国。

溴氰菊酯通常以配方浓度约为 2.5% 的方式使用。为了降低运输成本，Roussel Uclaf 公司或者 Hoechst Schering AgrEvo 公司从法国（大部分的溴氰菊酯在这里制造）以几乎 100% 浓度的方式向多个国家出口被称为"技术级"的溴氰菊酯。然后，该技术级溴氰菊酯在当地进行配制销售。

Roussel Uclaf 公司向雅各布法官提交的证据之一是由法国出口至中国的技术级溴氰菊酯的包装桶，该包装桶上的标贴标明："仅限于中华人民共和国境内使用，禁止再次出口。" Roussel Uclaf 公司了解到 Hockley 公司通过多个中间商，从中国某个地方向英国出口技术级溴氰菊酯，并进行配制销售。Roussel Uclaf 公司在英国法院起诉 Hockley 公司专利侵权，声称 Hockley 公司经销的技术级溴氰菊酯已由 Roussel Uclaf 公司销售，并附有禁止再次从中国出口的限制性条件。

Hockley 公司对上述主张表示反对，认为由 Roussel Uclaf 公司出口至中国的技术级溴氰菊酯的包装桶上未标有含有禁止性内容的标贴，并提交了技术级溴氰菊酯包装桶的照片证据。Hockley 公司声称该溴氰菊酯在 1995 年于公开市场上购买，其包装桶上并没有 Roussel Uclaf 公司所指的标贴。

雅各布法官对 Hockley 公司的主张予以了支持，并作出简易判决。其理由在于：

（1）根据枢密院在门克案所作出的判决，原则上专利权人可以对其售出专利产品的任何可能的处置进行限制；

（2）然而，为了对违反限制性条件的行为成功提起专利侵权诉讼，上述限制"必须首先告知最先获得产品的当事人，然后再告知该产品的随后经销者"，❶ 仅仅告知被告上述限制是不够的。事实上，"限制性条件需要引起产品销售链条上所有人的注意"。❷

当然，雅各布法官对 Roussel 案的判决只是一项简易判决。在正式开庭前，本案以当事人和解的方式结案了。Hockley 公司向法院作出承诺，并向 Roussel Uclaf 公司支付了赔偿。被告决定和解的原因在于，其可能意识到雅各布法官的简易判决在法律上是存在问题的。同时，本案的和解有可能受到一些新证据的影响。这些证据表明至少在 1992 年的一次交易中，Hockley 公司的一位雇员、远东的一位中间商和中国的供应商都曾获知 Roussel Uclaf 公司并未同意产品可以向中国境外再次出口。而且，有证据表明 Hockley 公司提交的包装桶上的标贴已被他人摘除。

2. 限制链条与默示许可使用权的效力

虽然 Roussel 案最终以和解的方式结案，但是雅各布法官的判决还是试图改变英国自门克案以来一直坚持的规则，即任何限制性条件只需在专利产品销售之时告知购买者，由此购买者即应当受该限制性条件的约束。根据门克案确立的规则，只要专利权人能证明购买者在购买产品时已获知了限制性条件，那么他就完成了相应的证明责任，而无须证明产品销售链条上

---

❶ Roussel Uclaf S. A. v. Hockley International Ltd. , at 443.

❷ Ibid. , at 445.

所有经销商是否都知晓该限制性条件。显然，该观点是默示许可使用权仅具债权效力的逻辑结果。

对此，雅各布法官认为，如果想认定侵权成立，专利权人必须使得产品销售链条上的所有经销商都知悉该限制性条件，否则限制链条就断裂了。一旦限制链条断裂，则即使购买者获知了该限制性条件，那么他也不再受该限制性条件的约束。

从英美财产法关于不可撤销许可的制度设计中，人们可以体会雅各布法官判决的合理性。如前所述，不可撤销的许可不仅可以对抗地产权的继受人，而且可以转让，因此英美学者将不可撤销的许可视为地役权。基于同样的判断，笔者认为默示许可也应当属于不可撤销的许可，从而默示许可使用权具有准物权的效力。因此，在涉及限制链条的问题中，一旦限制链条断裂，不可撤销的默示许可即产生。由于默示许可可随着专利产品的销售而转让，因此该专利产品随后的购买者都将获得使用或者转售该产品的默示许可。

可见，Roussel 案表明英国开始试图转变其对待默示许可的态度。在 Roussel 案的简易判决中，英国法院开始对默示许可是否可以由专利权人排除这一问题采取了较为严格的标准，从而试图有效地保证产品购买者的利益。

但是，雅各布法官的观点也受到了其他学者的非议。大卫·威尔金森（David Wilkinson）认为本案最受质疑的地方在于，雅各布法官坚持认为限制性条件必须通知到产品销售链条上的所有经销者。可以肯定的是，雅各布法官关于这方面的观点不仅与先前的判例步调不一，而且由于存在证明产品销售链条上所有经销者都知晓限制性条件的难度，该举证责任将可能

成为专利权人未来维权的最大困难。❶

此外，为了处理限制链条的问题，对于专利产品购买者而言，其所面对的问题也十分复杂。如果赋予默示许可使用权准物权的效力并支持雅各布法官的观点，在购买者知晓限制性条件的情形下，即使产品销售链条的上游存在限制链条的断裂，若购买者未能进行必要的调查，其依旧不敢进行相关限制性行为，从而影响了专利产品的利用。如果为了避免产品侵权而进行限制性行为，购买者必须核实限制链条是否发生断裂，这又大大增加了交易成本。

事实上，在限制性条件排除默示许可适用的过程中，当事人之间的约定如何让后续产品购买者知晓一直是个难题。为了避免纠纷的发生，专利权人往往以在产品或产品包装上设置标识的方式，将各种限制性条件告知产品购买者。但是，在经销商去除标识的情形下，上述告知方式同样不能保证限制链条的完整性。

最终，由于本案以和解的方式结案，这使得限制链条这一问题并没有得到最终的解决，而门克案确立的规则有可能继续统治英国的专利产品销售抗辩制度。虽然，门克案的规则弥补了前述限制链条中举证责任难、影响产品利用和交易成本大等难题，但是其过于偏重专利权人利益的维护同样有失允妥。因此，雅各布法官限制专利权的努力才只是一个开始。

---

❶ David Wilkinson. Breaking The Chain：Parallel Imports And The Missing Link［J］. 19（6）E. I. P. R. 319, 1997：321.

本 章 小 结

作为专利产品销售抗辩之一，默示许可是指一旦专利产品由专利权人或其同意之人未附限制性条件地首次销售之后，产品购买者由此获得了使用或转售该产品的许可。默示许可制度主要由英联邦国家采纳并发展，其理论基础在于禁止反言原则和财产权转移理论。由于限制性条件可以排除默示许可的适用，因此默示许可属于任意性专利产品销售抗辩。

许可的性质是授权。对于默示许可使用权的效力而言，基于大陆法系物权效力和债权效力的分析，默示许可属于纯粹债权性许可，其难以维护被许可人的利益。而借鉴英美财产法中不可撤销许可的规定，默示许可使用权应当获得准物权的效力，从而有利于被许可人利益的保护。

限制性条件可以排除默示许可的适用，但是其应当满足一定的条件。基于产品流通和商业便利的考虑，"任何人不能给予其所未有者"的原则不再适用；独占被许可人可以独自施加限制性条件；由于限制性条件属于当事人之间的约定，限制链条问题难以解决。

总之，虽然默示许可对于保护专利权人利益、保证产品流通和维护商业便利具有一定的积极作用，但是该制度仍存在一些问题。由于上述默示许可存在的问题，一些国家放弃了对该制度的选择，转而依据专利权用尽原则解决专利权与所有权冲突的问题。

第四章 专利产品销售抗辩之二：专利权用尽原则

第一节 专利权用尽原则的基本理论

一、专利权用尽原则的含义

在知识产权领域，"权利用尽原则"这一术语被多个国家所采用。其中，英语为"exhaustion"，法语为"épuisement"，西班牙语为"esgotamiento"，葡萄牙语为"esaustão"，德语为"Erschöfung"，❶ 其大致都表示"用尽、耗尽"的意思。

在欧洲，德国法学家科勒教授首先提出了专利权用尽原则这一理论，但是最初他并没有找到合适的术语对其加以表述。在1902的一份判决中，德国帝国最高法院使用了"Konsumtion"这一术语表述专利权用尽原则理论，其意思是"消费、耗尽"。❷ 就专利权用尽原则而言，其实际意思并不是指专利权是否存在，而是指在专利产品首次销售后，法律限制专利权

---

❶ Christopher Heath. Parallel Imports in Asia [M]. Kluwer Law International, 2004：13.

❷ RGZ 50，362.

人对售出产品进行控制。❶ "被用尽的不是专利权本身,而是其权利群的子项,即权利群中某些与产品的使用或者销售有关的权利。"❷ 简言之,专利权人控制专利产品的权利可因该产品的首次销售而终结。

在美国,由于专利权用尽原则与专利产品首次销售密切相关,所以该原则又被称为"首次销售原则(doctrine of first sale)"。❸依据早期亚当斯诉伯克(Adams v. Burke)案❹的判决,美国联邦最高法院认为一旦专利权人或者其被许可人销售了专利产品,如果该产品的价值仅仅在于使用,那么专利权人就已经获得了相应的报酬,该产品从此不再受专利权的控制。

由此可知,专利权用尽原则的基本含义可以表述为:一旦专利产品由专利权人或者其同意之人首次销售,则专利权人无权就该产品的使用或者转售进行控制。也就是说,专利权的界限止于专利产品的首次销售,而这正是专利权用尽原则与默示许可之间最根本的区别。

二、专利权用尽原则的制度源流

权利用尽制度的主要价值在于平衡知识产权人与附载知识产权的商品的所有人之间的利益,促进商品的自由流通,并最

---

❶ Christopher Heath. Parallel Imports in Asia [M]. Kluwer Law International, 2004: 13.

❷ 王春燕. 平行进口法律规制的比较研究 [D]. 北京: 中国人民大学, 2003: 29.

❸ 目前,在美国专利司法判例及学术论文中,人们大多使用"专利权用尽原则"这一术语。

❹ Adams v. Burke, 84 U. S. 453(1873).

终增进知识的传播和利用。❶ 作为一项专利产品销售抗辩制度，专利权用尽原则并没有伴随专利制度的创设而产生，而是随着社会经济发展到一定程度才逐步建立起来。目前，尽管大多数国家都承认了专利权用尽原则，但是美国、德国等国家并没有在其专利法中直接规定关于专利权用尽原则的条款，而这在一定程度上导致了专利权用尽原则的复杂性。

（一）美国

通常，人们认为专利权用尽原则由德国法最先创制，科勒教授更被认为是该理论之父。❷ 然而，在德国法学家创设专利权用尽原则之前，美国法院就已经确立了与该理论相等同的规则。在美国，专利权用尽原则产生于一系列的司法判例。目前，多数观点认为 1873 年的亚当斯诉伯克案首次确立了该项制度。其实，美国专利权用尽原则制度的产生与 1836 年的《美国专利法》以及 19 世纪中叶涉及专利延长期的案件紧密相关，而该制度最终由 1895 年的 Keller v. Standard Folding – Bed Co. 案完全确立。

1. 1836 年《美国专利法》和 Bloomer v. McQuewan 案

在美国，虽然专利权用尽原则并未规定于专利法中，但是它的起源与 1836 年的《美国专利法》具有一定的联系。根据 1836 年《美国专利法》第 18 条的规定，专利期限可以在专利初始期 14 年的基础上再延长 7 年。❸ 而专利权用尽原则的产生

---

❶　冯晓青. 知识产权法利益平衡理论［M］. 北京：中国政法大学出版社，2006：558.

❷　David T. Keeling. Intellectual Property Rights in EU Law［M］. Oxford University Press，2004：75.

❸　李明德. 美国知识产权法［M］. 北京：法律出版社，2003：55.

与随后涉及专利延长期的案件具有莫大的关系。其中，Wilson v. Rousseau 案、Bloomer v. McQuewan 案和 Bloomer v. Millinger 案❶都涉及专利初始期限到期、专利期限获得延长之后，原先专利发明的使用人能否继续使用专利发明的问题。

Bloomer v. McQuewan 案涉及的刨床专利颁发于 1828 年，该专利的期限为 14 年。在 1830 年，专利权人将在宾夕法尼亚州制造、使用和销售刨床的权利转移给了柯林斯和史密斯（Collins & Smith）。在 1831 年或 1832 年，柯林斯和史密斯又将于初始期剩余期限内的、在宾夕法尼亚州的匹兹堡和阿利甘尼制造、使用不超过 50 台专利刨床的权利转移给了巴尼特（Barnet）。最终，巴尼特的权利转让给了 McQuewan 等三位被告。根据许可协议，本案被告共制造、使用了 2 台刨床。1842 年刨床专利到期，根据 1836 年《美国专利法》第 18 条的规定，该专利又获得了 7 年的延长期。在 1845 年，美国国会通过了一项特别法案，进一步将本专利期限从 1849 年延长至 1856 年。

在 1845 年，专利权人独占许可 Bloomer 于两个延长期内，在匹兹堡制造、使用刨床。1850 年 Bloomer 起诉被告，禁止被告于第二延长期内使用其在专利初始期内制造的 2 台机器。

案件最终上诉至美国联邦最高法院，法院认为授予第二延长期的国会特别法案并不能阻止被告继续使用上述 2 台机器。法院指出，本案的被告并非侵权人，因为被告的许可协议并未包含机器使用期限的限制。而且，国会特别法案并非

❶ Wilson v. Rousseau, 45 U.S. 646（1846）；Bloomer v. McQuewan, 55 U.S. 539（1852）；Bloomer v. Millinger, 68 U.S. 340（1863）.

想限制被告使用机器的权利，第二延长期应当具有与第一延长期同样的效果。许可制造、使用机器的被许可人可以继续使用该机器而不受延长期的限制，因为其已经购买了继续使用机器的权利。❶

事实上，Bloomer案并未涉及专利产品销售的情形，本案判决仅仅认为在初始期内许可制造、使用专利产品的被许可人可以在延长期内继续使用该产品。正如 Wilson v. Rousseau 案法院所阐述的，1836 年《美国专利法》第 18 条的规定表明，专利局可以将专利期限延长 7 年，从而该专利可以视为从一开始就具有了 21 年的期限，因此专利续展的利益也可以延伸至拥有使用权的被许可人。❷ 据此，本案可以看做一件普通的专利许可案件。由于许可协议未对专利产品的使用期限进行限制，同时国会特别法案也无意限制被告的使用权，从而被告获得了继续使用产品的权利。

然而，虽然与本案案情无关，但是本案法院还是论及了与专利产品购买者相关的问题，由此为美国专利权用尽原则的产生奠定了基础。法院认为：

> 但是，为了普通生活的目的而使用产品的购买者则属于另一种情形。在使用产品时，购买者并没有行使国会法律授予专利权人的权利，或者说他所拥有的财产权并非来自于专利权人的垄断权。一旦产品转让给购买者，该产品

❶ Bloomer v. McQuewan, 55 U. S. 539, 553 – 554（1852）.
❷ Wilson v. Rousseau, 45 U. S. 646, 670 – 674, 676 – 685（1846）.

便不再处于专利权的控制范围。❶

2. 亚当斯诉伯克（Adams v. Burke）案

美国专利权用尽原则正式确立于 1873 年的亚当斯诉伯克案。❷ 在本案中，Lockhart & Seelye 公司在波士顿方圆 10 英里的范围内获得了由专利权人授予的所有权益。从 Lockhart & Seelye 公司那里购得专利棺材盖后，被告在波士顿以外的某个区域使用该专利产品。据此，波士顿以外的被许可人向法院起诉被告侵权。最终，美国联邦最高法院判决原告败诉，并指出一旦专利产品售出后，购买者对该产品的使用不再受到专利权的限制。

在美国，亚当斯案被视为第一次以判例的形式确立了专利权用尽原则。但是，该案仅涉及合法售出专利产品的使用问题，并没有涉及专利产品的转售问题，而转售问题在 1895 年的 Keller v. Standard Folding – Bed Co. 案中得以解决。

3. Keller v. Standard Folding – Bed Co. 案

在 1895 年的 Keller v. Standard Folding – Bed Co. 案❸中，美国联邦最高法院阐述了如何解决售出产品转售的问题。由此，该案判决使得专利权用尽原则在美国得以最终确立。

该案争议专利涉及一种折叠床。专利权人将马塞诸塞州的权利转移给了 Standard 公司，而 Keeler 在该州从事家具生意。在知悉 Standard 公司拥有上述权利之后，Keeler 从密歇根州的

---

❶ Bloomer v. McQuewan, 55 U. S. 539, 549（1852）.

❷ Adams v. Burke, 84 U. S. 453（1873）.

❸ Keller v. Standard Folding – Bed Co., 157 U. S. 659（1895）.

Welch 公司那里购买了一车专利折叠床并在马萨诸塞州销售，而 Welch 公司在密歇根州具有与 Standard 公司相似的权利。当 Keeler 正准备开始销售之时，Standard 公司提起了侵权诉讼。对此巡回上诉法院发出了一项禁令，Keeler 随即上诉。

作为多数派法官的代表，施拉斯（Shiras）法官总结了先前判例所建立的原则：

> 从有权销售专利产品的销售者那里购买产品的购买者有权在全美国的任何地方使用、转售该产品，尽管该产品销售者仅有权在受限制的区域内销售专利产品；一旦专利权人获得了专利使用费，那么专利产品将成为购买者绝对的、不受限制的财产，从而具有转售该产品的权利。❶

最终，美国联邦最高法院在其判决中认为，合法售出的专利产品的转售行为与使用行为并没有实质性的区别，因此该法院在亚当斯案中作出的判决同样适用于合法售出专利产品的转售行为。

（二）欧洲大陆法系国家

1. 德国

在欧洲大陆，德国被认为是专利权用尽原则的发源地。❷然而，德国专利权用尽原则的确立并非如人们想象的那样理所

---

❶ Keller v. Standard Folding – Bed Co. , at 664.

❷ 为了了解德国权利用尽原则理论的发展，可参见以下文献。F. K. Beier. Industrial Property and the Free Movement of Goods in the Internal European Market [J]. 21 I. I. C. 131, 1990: 154.

当然，其产生过程凝聚了科勒教授的真知灼见。

最初，19 世纪的德国首先以默示许可理论来解决专利权与所有权之间的权利冲突问题。但是，如前所述，在适用默示许可之后，人们很快发现该理论并非那么令人满意。为此，科勒教授认为有必要对专利权本身进行限制，并提出了专利权用尽原则的理论。科勒教授认为如果专利权人可以限制产品销售之后的相关商业行为，那么这肯定是无法让人接受的。据此，对专利权进行绝对的、内在的限制是产品自由流通原则的基本要求。换言之，只有在专利法上规定绝对的限制才能为产品的自由贸易提供合理保障。

科勒教授的专利权用尽原则理论最终体现在了 1902 年德国帝国最高法院的 Guajokol – Karbonat 案❶中。该案判决基于如下两项基础，如今这两项基础广泛地被视为适用专利权用尽原则的主要理由：

（1）在不需要与第三方竞争的情形下，通过制造销售专利产品（或者许可上述行为），专利权人已经获得了基于专利权的相关报酬，从而关于该产品的专利权被用尽了。❷

（2）专利权用尽原则确保了产品自由贸易中公共利益的实现，因为该制度阻止专利权人分割国内市场和阻碍产品的自由流通。❸

---

❶ RGZ 51，139.

❷ F. K. Beier. Patent Licence Agreements Under German and European Antitrust Law [J]. 3 I. I. C. 1, 1972：19 – 21.

❸ P. Hay & D. Oldekop. EMI/CBS and the Rest of the World：Trademark Rights and the European Communities [J]. 25 Am. J. Comp. L. 120, 1977：125. 转引自 Amiram Benyamini. Patent Infringement in the European Community [M]. Wiley – VCH, 1993：288.

2. 法国

对于法国专利法而言，专利权用尽原则一直是个比较陌生的概念。根据 1844 年《法国专利法》第 40 条的规定，专利权主要限于生产专利产品或者使用专利方法的权利，这些行为被称为主要利用行为（primary acts of exploitation）。相对应地，次要利用行为（secondary acts of exploitation），如持有、销售或者进口专利产品的行为，则根据《法国专利法》第 41 条的规定来认定是否构成侵权，即仅当该产品是侵权产品（infringing products，法语 objets contrefaits）的情形下，上述次要利用行为才构成侵权。换言之，只有当主要利用行为发生侵权的情形下，次要利用行为才构成违法行为。❶ 因此，即使不适用专利权用尽原则，法国法官仍可以得出与德国法官相同的结论。

因此，至少在 20 世纪 70 年代之前，专利权用尽原则对于法国来说还是一个不太熟悉的概念。为了实现欧洲统一市场的建立，欧洲各国积极促使专利权用尽原则在欧共体内部的实施。在对专利权用尽原则进行了系统研究之后，法国才以立法形式确立了该原则。《法国知识产权法典》第 L. 613 - 6 条规定："对专利人或经其同意已投放法国或欧洲经济空间协定成员国市场的产品，专利权不得延伸到在法国领土上完成的由该专利覆盖的产品的行为。"❷

3. 欧洲其他国家

关于专利权用尽原则，欧洲其他国家要么与法国的情况相

---

❶ U. Schatz. The Exhaustion of Patent Rights in the Common Market [J]. 2 I. I. C. 1, 1971: 3.

❷ 黄晖. 法国知识产权法典 [M]. 北京：商务印书馆，1999：94.

一致，要么与德国的司法实践相同。

比利时的立法与法国一致，1854 年《比利时专利法》第 4 条的规定明确区分了主要利用行为和次要利用行为。在 1984 年制定的新专利法中，专利权用尽原则第一次以法律的形式确定下来。根据该法第 28 条第 2 款的规定，只有专利产品在比利时境内投放市场，比利时专利权才会用尽。❶

与德国相同，意大利并没有在立法中明确规定专利权用尽原则，实现利益平衡的任务交给了法院和学者。

其中，罗逊迪（Rotondi）支持默示许可理论。根据他的观点，获得专利产品本身并不包含使用该产品中发明创造的权利。因此，产品购买者必须获得专利权人的同意。然而，如果购买协议中没有包含任何相反的意图，那么由此可以推定购买者获得了相应的许可。

但是，罗逊迪的观点很少获得他人的支持。其他学者大都支持采用德国的专利权用尽原则，即当专利产品首次投放市场后，该产品不再受专利权的控制。法比亚尼（Fabiani）认为，购买者使用专利产品的权利对专利权产生了实质性的限制。当然，根据《意大利专利法实施细则》第 1 条第 2 款的规定，专利权人可以对专利产品的交易行为（例如将专利产品投放市场的行为）加以控制。依据法比亚尼的观点，该投放市场的行为是专利权人行使专利权的最终界限，涉及专利产品的专利权由于该交易行为而用尽。❷ 最终，意大利如德国一样采用了专利

❶ 余翔. 专利权、商标权耗尽及平行进口的法律经济比较研究［D］. 武汉：华中科技大学，2001：15.

❷ U. Schatz. The Exhaustion of Patent Rights in the Common Market［J］. 2 I. I. C. 1，1971：6.

权用尽原则。

（三）欧共体

1. 各国适用标准的统一

对于专利权用尽原则而言，❶德国、意大利等国家与法国、比利时等国家之间存在一定的差异，其中主要表现为专利权用尽原则适用标准的不同。依据德国等国家的法律，如果争议产品合法投放市场，那么次要利用行为不构成侵权。而依据法国等国家的法律，如果争议产品不是侵权产品，那么次要利用行为也不构成侵权。

依据德国法律，专利产品投放市场意味着专利权人将产品的控制权转移给了产品购买者。通常，买卖合同构成产品投放市场的基本要素，当然其他的交易类型也会存在适用专利权用尽原则的可能。关键的问题在于，这种交易行为能否确保专利权人获得垄断利益，尽管这与事实上是否获得了垄断利益无关。因此，只有当产品投放市场的行为具有合法性时，专利权才会用尽。该条件在于确保合法享有垄断地位的专利权人，或者合法许可使用专利权的被许可人可以获得垄断利益。

与此同时，对于法国和比利时类似于专利权用尽原则的制度设计而言，其存在的关键问题——认定产品是否为侵权产品——似乎并不难解决。一旦产品的制造满足直接侵权的条件，那么人们即可认定该产品为侵权产品。然而，这一标准并

---

❶　如前所述，法国、比利时早些时候的专利法并未出现专利权用尽原则的概念。但是在专利产品首次销售的场合，它们对于主要利用行为与次要利用行为的区分可以获得与专利权用尽原则相同的效果。为了讨论的方便，笔者将法国、比利时早期的相关制度也视为广义上的专利权用尽原则。

非总能导致公平的结果。如果在专利产品被窃，或者丢失，或者由获得制造许可但没有获得销售许可的被许可人销售给第三人的情形下，直接侵权的条件将无法满足，此时专利权人却被剥夺了其可以获得的垄断利益。这些情况表明，合法投放市场的标准比合法制造专利产品的标准更有利于对专利权人利益的保护。

为了弥补上述不足，法国、比利时司法界试图给"侵权产品"下一个较为宽泛的定义。19 世纪末，在关于比利时专利法的教科书中，安德烈（André）认为"侵权产品"不仅包括以侵权的方式制造的产品，而且也包括那些合法制造但没有经专利权人同意而投放市场的产品。❶ 该观点获得了大家的认可，因此事实上比利时法律采取了与德国等国家相同的标准，即合法投放市场的标准。

可见，对于专利权用尽原则，欧洲不同的国家经历了适用标准逐步统一的过程，这为最终在欧共体内部确立专利权用尽原则奠定了基础。

2. 欧共体专利权区域用尽原则的确立

专利权用尽原则由德国帝国最高法院在 1902 年的判决中引入之后，该限制理论为其他欧洲大陆法系国家所效仿，法官在判决中纷纷采纳这一原则。最终，欧洲法院在 1971 年 6 月 8 日的 Deutsche Grammophon v. Metro 案❷中建立了欧共体权利用尽原则制度。

---

❶ U. Schatz. The Exhaustion of Patent Rights in the Common Market ［J］. 2 I. I. C. 1，1971：8.

❷ Deutsche Grammophon v. Metro，［1971］1 CMLR 631.

虽然权利区域用尽原则理论在欧共体的司法实践中得到了确认，但是真正以立法形式确立专利权区域用尽原则的时间则相对较晚。基于实现统一市场的需要，欧共体于 1975 年制定的《欧共体专利公约》（*Community Patent Convention*）第 28 条对专利权区域用尽原则作出了明确规定：当一项欧共体专利所覆盖的产品在任何一个欧共体国家内制造，并由专利权人或者经专利权人明确同意在任何一个欧共体国家投放市场之后，该专利权的效力不能延及与该产品有关的任何行为，除非欧共体有关法律另有规定。❶

对于专利权区域用尽原则，目前欧共体成员国基本上都予以认可。而欧共体成员国国内法中对专利权用尽原则的确认，在很大程度上是受到了欧共体立法的影响。

第二节　专利权用尽原则与限制性条件的关系

就专利权用尽原则与限制性条件的关系而言，问题主要集中在限制性条件能否排除专利权用尽原则的适用。

一、各国的应对策略

（一）欧洲大陆法系国家

对于限制性条件能否排除专利权用尽原则适用这一问题，

---

❶　原文："The rights conferred by a Community patent shall not extend to acts concerning a product covered by that patent which are done within the territories of the Contracting States after that product has been put on the market in one of these States by the proprietor of the patent or with his express consent, unless there are grounds which, under Community law, would justify the extension to such acts of the rights conferred by the patent."

欧洲大陆法系国家基本上采取了否定的态度，即专利权用尽原则属于强行性规范，不能由当事人的约定加以排除。由此，强行性专利权用尽原则再次明确了专利权的界限，即专利权的效力止于专利产品的首次销售。

在德国，人们通常认为专利权人不能通过限制性条件阻止专利权用尽原则的适用，因为专利权用尽原则的目的在于排除专利权人在专利产品首次投放市场之后进一步控制售出产品的可能性。对此，意大利的法比亚尼也得出了同样的结论。法比亚尼认为，限制性条件不得排除专利权用尽原则的适用正是该制度导致的直接结果，由此当事人关于进一步利用产品的约定仅具有合同法上的效力，对此约定的违反并不构成专利侵权。❶

虽然欧洲大陆法系国家基本上采取了否定的态度，但这并不意味着不存在反对的意见。在法国，早期的国内立法对此问题并没有明确表态。马特利（Mathély）和普莱桑特（Plaisant）认为，购买者使用产品中发明创造的权利源自专利权人在产品销售时的许可，因此当事人之间的约定性限制可以具有专利法上的效力。❷ 可见，默示许可理论在法国还是获得了一定的支持。但是，事实上马特利（Mathély）和普莱桑特（Plaisant）的观点鲜有获得判决的认可。

总而言之，德国等欧洲大陆法系国家规定专利权用尽原则的意义在于，一旦专利产品由专利权人或者经他同意出售之后，专利权人不能通过行使专利权，以控制或者限制该产品随

---

❶ U. Schatz. The Exhaustion of Patent Rights in the Common Market ［J］. 2 I. I. C. 1, 1971：9.

❷ U. Schatz. The Exhaustion of Patent Rights in the Common Market ［J］. 2 I. I. C. 1, 1971：9.

后的任何使用或处置行为。因此，在欧共体成员国内，专利权用尽原则是一项"严格法"。虽然与之不同的观点出现在了法国等国家，但是这些不同的观点与其国内的立法并不协调，同时也并未获得法院的支持。

（二）美国

对于限制性条件能否排除专利权用尽原则适用这一问题，美国法院的观点不尽相同。对此，美国联邦最高法院的态度比较暧昧。近年来，CAFC 则以支持限制性条件排除专利权用尽原则适用的观点为主。

1. 美国联邦最高法院的案例

（1）Mitchell v. Hawley 案。

在前述 Bloomer 案中，美国联邦最高法院认为在初始期内许可制造、使用专利产品的被许可人可以在延长期内继续使用该产品。虽然该案案情并未直接涉及专利产品的销售，但是法院仍然对专利产品销售情形下的相关问题进行了回应，即一旦专利产品转让给了购买者，该产品就不再处于专利权的控制范围。但是，有些美国法院认为 Bloomer 案并不意味着专利权人不能进一步控制售出产品的使用。在 20 年后同样涉及专利延长期的 Mitchell v. Hawley 案[1]中，美国联邦最高法院认为专利产品的购买者并不总是可以在专利延长期内拥有使用产品的权利，如果存在明确的限制性条件，那么专利权人可以限制他人在延长期内继续使用产品。

本案专利涉及制造毡帽的机器。专利权人詹姆斯·泰勒（James Taylor）许可贝利（Bayley）于专利初始期剩余的期限

---

[1] Mitchell v. Hawley, 83 U. S. 544 (1872).

内，在马萨诸塞州和新罕布什尔州制造、使用专利机器以及许可他人使用该机器的独占权利。该许可规定，在专利获得延长的基础上，被许可人于 1867 年 5 月 3 日专利到期之后，不得以任何形式销售、处置或者许可他人使用机器。如果专利获得延长并继续支付许可费，被许可人贝利有权获得之前同样的许可。

贝利制造了 4 台机器，并将其销售给了 How 和米切尔。同时，上述销售附带了一项书面协议，即与被许可人一样，许可 How 和米切尔依据泰勒的专利，在规定的地区使用机器，并以初始专利证书所规定的期限为准。

专利到期后，根据 1836 年《美国专利法》第 18 条的规定，该专利的期限获得了延长。原先的被许可人贝利没有购买延长期的许可，因此专利权人将该许可授予了 Hawley。被告米切尔在延长期内继续使用上述机器，因此 Hawley 起诉被告专利侵权。

其实，本案贝利并未获得销售专利产品的许可，因此贝利的销售行为已经构成直接侵权，从而被告米切尔也需要承担侵权责任。但是，本案法院并没有就此问题予以关注。法院认为，正如之前案例所阐述的，在初始期获得制造、使用机器的被许可人可以在延长期继续使用上述机器。与被许可人使用机器一样，在初始期基于普通生活的目的而使用机器的购买者也可以在延长期内使用该机器。但是，只有当产品销售不受任何限制的时候，购买者才拥有这些权利。而本案的销售明显受到了限制，因为贝利给予购买者的许可明确表明，购买者使用机器权利仅限于专利的初始期。❶

---

❶ Mitchell v. Hawley. , at 548.

因此，法院认为在延长期继续使用机器的行为超出了购买者的使用权限，从而构成专利侵权。与 Bloomer 案相反，本案被许可人销售产品的行为并没有使机器置于专利权之外，机器的购买者并没有获得在延长期内使用机器的权利。

法院作出上述判决的原因之一在于，本案专利在初始期内具有一定价值，在延长期又具有其他的价值，而专利权人也想就此分别进行许可。总之，美国联邦最高法院将专利权用尽原则视为任意性规范，认为当事人应当具有行使权利的自由，即使法律已经在当事人没有任何约定的情形下作出了制度安排。

如果说 Bloomer 案导致了专利权用尽原则的产生，那么米切尔案则开了当事人约定的限制性条件排除专利权用尽原则适用的先河。由此，在销售专利产品的同时，专利权人可以许可产品购买者以限制的方式对专利产品加以使用或转售，例如有限的区域、有限的数量、有限的目的等。因此，美国部分法院认为专利权用尽原则只能适用于专利产品未受限制销售的情形。

（2）Henry v. A. B. Dick Co. 案。

在 Henry v. A. B. Dick Co. 案[1]中，专利权人要求专利产品只能与从他或他指定的供应商那里购买的非专利产品一同使用。通常，该限制性条件又被称为搭售，而 A. B. Dick 案认为搭售性限制是合法的。

在 A. B. Dick 案中，专利权人 A. B. Dick 公司拥有 2 项被称为"旋转油印机"的蜡纸油印机专利。A. B. Dick 公司制造并销售该油印机，其中每台机器上附有如下告知：本机器由 A. B. Dick 公司销售，并附带如下许可限制，即该机器只能使

---

[1]　Henry v. A. B. Dick Co., 224 U. S. 1 (1912).

用由 A. B. Dick 公司生产的蜡纸、墨油和其他耗材。

被告悉尼·亨利（Sidney Henry）向专利油印机的所有人斯科（Skou）小姐销售了一罐墨油，该墨油可以用于该机器。其中，亨利知晓上述告知，并希望销售的墨油能用于 A. B. Dick 公司的机器。随后，A. B. Dick 公司以帮助侵权为由起诉亨利。法院的多数意见认为，斯科小姐在购买机器之后，并没有获得任意使用机器的权利。因此，亨利销售墨油的行为构成帮助侵权。

该案争议的焦点在于，如果专利权人销售了产品，那么他是否仍可以对该产品进行上述限制。法院指出，一直以来在专利权人销售产品并未附加限制性条件的情形下，购买者可以任意的方式使用和处置该产品。但是，如果销售附带了限制性条件，专利权人和购买者可能达成了如下意向，即虽然购买者获得了专利产品的所有权，但是他只获得了专利权中的部分权利。

随后，对于该案的限制性条件是否合法这一问题，法院认为该限制性条件是合法的，因为其属于专利权人的权利范围。

虽然该案对于限制性条件排除专利权用尽原则作出了肯定的回答，但是该案判决最终被 Motion Picture Patents Co. v. Universal Film Mfg. Co. 案❶所推翻。Motion Picture Patents 案和 A. B. Dick 案案情基本一致，其都涉及专利产品的搭售性限制，但是 Motion Picture Patents 案法院作出了与 A. B. Dick 案截然相反的判决。

---

❶ Motion Picture Patents Co. v. Universal Film Mfg. Co. , 243 U. S. 502（1917）. 具体案情详见第六章。

（3）Ethyl Gasoline Corp. v. United States 案。

随后的 Ethyl Gasoline Corp. v. United States 案❶阐述了另一种限制类型，即转售价格维持。在该案中，美国联邦最高法院认定，限制性条件无法排除专利权用尽原则的适用。

该案专利涉及提高汽油、柴油等发动机燃料辛烷值的发明。通常，具有较高辛烷值的燃料能更好地提升引擎的动力，而本案的发明依赖于化学物质四乙铅的使用。专利权人 Ethyl 公司拥有 2 项含有四乙铅的液体专利。此外，Ethyl 公司还拥有含有汽油与四乙铅液体的燃料专利和在燃烧的发动机中使用含有四乙铅燃料的方法专利。

Ethyl 公司向被许可的炼油商销售四乙铅专利液体，许可他们生产含有四乙铅液体的燃料，并将该燃料分销给其他批发商、零售商和顾客。根据四乙铅液体使用量的不同，炼油商可以生产两种不同的燃料，即普通燃料和优质燃料。其中，普通燃料比优质燃料含有较少的四乙铅液体。在炼油许可中，Ethyl 公司要求炼油商以高于普通燃料的价格销售优质燃料，而对于普通燃料，炼油商则可以自行设定价格。对于上述价格限定，美国政府并未认定违法。

此外，Ethyl 公司也对批发商销售普通燃料和优质燃料进行了许可，其要求批发商在规定的区域销售燃料，但并没有直接规定批发商销售燃料的价格。批发商可以通过炼油商申请批发许可，同时批发许可规定批发商只能销售从特定炼油商那里获得的燃料。与此同时，Ethyl 公司对获得批发许可的批发商施加了其他一些限制。

---

❶ Ethyl Gasoline Corp. v. United States，309 U. S. 436（1940）.

随后，美国政府起诉 Ethyl 公司，声称 Ethyl 公司应用其许可体系限制了批发商销售燃料的价格。美国政府认为，Ethyl公司的行为构成了转售价格维持，因为批发商从被许可的炼油商那里购买了燃料，并事实上以受限制的价格进行产品销售。

对此，美国联邦最高法院认为，虽然 Ethyl 公司没有通过协议直接限制批发商的销售价格，但是 Ethyl 公司通过决定哪个批发商可以获得销售许可，并监控被许可批发商制定产品价格的行为，其实实在在地控制了批发商的销售价格。在此基础上，美国联邦最高法院进一步认为 Ethyl 公司根本无法控制批发商转售燃料的价格，因为当专利权人或者其被许可人售出专利产品之后，涉及专利产品的专利权已被用尽，批发商后续的转售行为已不受专利权的控制。

2. CAFC 的案例

如前所述，关于限制性条件能否排除专利权用尽原则适用这一问题，美国联邦最高法院的态度并不明确。然而，CAFC在 1992 年的 Mallinckrodt, Inc. v. Medipart, Inc. 案❶中对此作出了明确的回答。

在 Mallinckrodt 案中，CAFC 根据美国联邦最高法院 General Talking Pictures Corp. v. Western Electric Co. 案❷的判决，认定由于专利产品的购买者违反了关于产品使用的限制性条件，从而侵犯了专利权。❸ 该案原告 Mallinckrodt 公司拥有一种诊治肺

---

❶ Mallinckrodt, Inc. v. Medipart, Inc., 976 F. 2d 700 (Fed. Cir. 1992).

❷ General Talking Pictures Corp. v. Western Electric Co., 304 U. S. 175 (1937), rehearing granted 304 U. S. 587, aff'd on rehearing 305 U. S. 124 (1938). 具体案情详见第六章。

❸ Mallinckrodt, Inc. v. Medipart, Inc., 976 F. 2d 700, 701 (Fed. Cir. 1992).

病的医疗装置专利。该装置具有一个塑胶盒，其中的过滤器能过滤患者呼出的气体，以免污染空气。由于该产品的重复使用具有传染疾病的可能性，因此原告在专利产品上注明"仅限一次性使用"，并要求使用者将使用过的产品送至危险品处理中心。然而，一家医院违反了上述限制性条件，将用过的产品交由 Medipart 公司处理并再次使用。随后，原告以引诱侵权起诉 Medipart 公司。

在诉讼中，Medipart 公司以专利权用尽原则作为抗辩。地区法院同意了被告的观点，认为医院对"仅限一次性使用"限制性条件的违反并不构成专利侵权。因为，依据 Adams 案确立的规则，经专利权人同意的专利产品销售将用尽涉及该产品的专利权。由于产品售出之后专利权人已经获得了相应的报偿，那么他不应再享有控制产品使用的权利。因此，Medipart 公司的行为不构成侵权。

但是，CAFC 随即否定了地区法院的判决。CAFC 认为，如果按照有关法律涉及专利产品的限制性条件是有效的，而且禁止再次使用产品的限制属于专利权范围之内，那么对该限制性条件的违反可以通过专利侵权诉讼获得救济。CAFC 指出，专利权用尽原则不能使附条件的销售转变为未附条件的销售。只有在产品销售未附限制性条件时，专利权用尽原则这一任意性规范才能得以适用。

CAFC 进一步指出，事实上地区法院并不能从先例中得出专利权人不可对专利产品的销售进行限制的结论。其实，Adams 案及其类似案件并没有表明，专利产品的销售不能附加限制性条件。除非该条件违反了其他法律或政策，否则当事人应当保有制定限制性销售协议的自由。该案的地区法院引用了转售价格维持和搭售案件作为其判决的理由，然而本案既不存在转售价格维持也不存在搭售，在 Ethyl 案和 Motion Picture Patents 案中违反反垄断法和权利滥用的情形并没有出现在该案中。

在随后的 B. Braun Medical, Inc. v. Abbott Laboratories 案❶中，CAFC 再次肯定了 Mallinckrodt 案确立的规则。在该案中，专利权人试图限制某个系统中专利产品的使用。法院认为，伴随专利产品销售的限制性条件应当可以获得支持，而专利权用尽原则不能适用于带有明示限制性条件的销售。法院进一步认为得出上述结论的原因在于，当事人商谈的价格只反映了专利权人转让部分专利权益的价值。❷

对于限制性条件能否排除专利权用尽原则适用这一问题，由于美国联邦最高法院态度的不确定，以及近年来 CAFC 在美国专利司法界的权威地位，Mallinckrodt 案的判决确立了美国在此问题上的基本态度，即专利权用尽原则为任意性规范，合法、明确的限制性条件可以排除专利权用尽原则的适用。

二、专利权用尽原则与限制性条件关系的争论

对于限制性条件是否可以排除专利权用尽原则适用这一问题，长期以来欧洲大陆法系国家的观点较为一致，而美国国内的态度则摇摆不定。到目前为止，美国国内对此问题的争论仍未停歇。

---

❶ B. Braun Medical, Inc. v. Abbott Laboratories, 124 F. 3d 1419, 43 U. S. P. Q. 2d 1896 (Fed. Cir. 1997).

❷ Ibid., 124 F. 3d at 1426, 43 U. S. P. Q. 2d at 1901.

虽然，限制性条件不可排除专利权用尽原则适用这一观点已为部分学者所认同。然而，施利克（Schlicher）表达了不同的意见。首先，他认为在专利权人与购买者单独进行专利许可的情形下，专利产品的转让并不能使购买者自由地使用或转售该产品。专利权与所有权是两个独立的权利，通常两者可以分别进行交易。因此，在转让专利产品的同时，专利权人也可以对涉及产品的专利权进行许可。

其次，从法经济学的角度来看，施利克认为许可有助于提高专利的使用效率，由此增加专利的收益率；许可使得专利的价值由市场决定，而不是由政府或者法院定夺。因此，一直以来，法律都允许专利权人对许可进行控制。而在专利产品销售的情形下，"销售＋许可"的营销模式有助于刺激创新，提升社会整体福利。❶

关于上述问题的争论也体现了美国联邦最高法院的判决中。在将 A. B. Dick 案判决推翻的 Motion Picture Patents 案中，专利权人告知购买含有专利胶片输送器的放映机的购买者只能使用指定的胶片。美国联邦最高法院认为，由于专利权已经用尽，因此放映机的购买者使用其他胶片的行为不构成专利侵权。作为法庭多数意见的代表，克拉克（Clarke）法官认为：

> 专利权人的独占权在于以任何合适的胶片使用机器并进行放映，但是与机器一同使用的胶片并不是专利机器的

---

❶ John W. Schlicher. The New Patent Exhaustion Doctrine of Quanta v. LG：What It Means for Patent Owners，Licensees，and Product Customers［J］. 90 J. Pat. & Trademark Off. Soc'y 758，2008：765 - 766.

一部分。……以下两项权利之间的区别是明显的，同样也是重要的，即法律授予发明人使用机器的独占权和只能与指定胶片一同使用该机器的独占权。❶

对此，美国著名的霍姆斯（Holmes）法官持反对意见：

> 对于专利产品，我认为专利权人并不具有少于其他财产所有人所拥有的权利。除了持有该机器外，专利权人拥有禁止他人制造相同机器的权利。总之，基于任何目的，专利权人可以完全废弃而不使用其机器。……因此，我就无法理解为何专利权人就不能禁止他人使用其机器，除非被许可人或者购买者必须与该机器一起使用一些非专利产品。❷

霍姆斯（Holmes）法官的观点在于，既然专利权人可以将专利产品搁置不用，那么法律就应当允许专利权人按照限制性条件来控制售出专利产品的使用。其实，霍姆斯（Holmes）法官并非拒绝承认可以对专利权的效力范围施加一定的限制，但是本案并不属于这种情形：

> 与专利茶壶一样，对于禁止不让公众使用专利胶片输送器而言，其中并不存在什么重要的公共利益。正如我曾

---

❶ Motion Picture Patents Co. v. Universal Film Mfg. Co., 243 U. S. 502, 512 (1917).

❷ Idid., at 519.

经指出的，只要专利权继续存在，专利权人就可以将它们与其他产品捆绑搭售。同样，作为使用专利产品的条件，专利权人限制购买茶叶或者胶片的行为也不存在任何违背公共利益的地方。……如果专利权人愿意保留使用茶壶或者胶片输送器的权利，除非人们购买他的茶叶或者胶片，那么我认为允许他这么做并不违背财产法的任何规定。❶

第三节　专利权用尽原则的理论基础

限制性条件是否可以排除专利权用尽原则适用与另一问题是一致的，即专利权用尽原则具有何种规范属性。❷ 法律规范依效力强度可以分为强行性规范和任意性规范。前者不能由当

---

❶　Motion Picture Patents Co. v. Universal Film Mfg. Co. , at 502.

❷　通说认为，法律概念、法律规则、法律原则为构成法律的基本元素。法律规则是规定法律上的权利、义务、责任的准则、标准，或是赋予某种事实状态以法律意义的指示、规定。法律原则是法律的基础性真理、原理，或是为其他法律要素提供基础或本源的综合性原理或出发点。参见张文显. 法理学（第三版）[M]. 北京：高等教育出版社、北京大学出版社，2007：117 - 121. 显然，虽然"专利权用尽原则"被冠以"原则"，其实人们更多的是在规则的意义上进行使用。同时，哈特认为法律原则与法律规则的区别都是"程度"性的，不存在两者的"尖锐对比"。参见 [英] 哈特. 法律的概念 [M]. 许家馨、李冠宜译，北京：法律出版社，2006：241. 由此，法律规则与法律原则的区别是相对的，只是个程度问题。同时为了遵循惯例，本书仍然在规则意义上称呼"专利权用尽原则"，而不做严格区分。但是，作为两个不同的法律基本元素，法律规则与法律原则之间必然存在差异。为了避免法律术语之间的混乱，笔者在此使用与规则相近的"规范"一词，来阐述专利权用尽原则的法律属性。

事人的约定加以排除，后者唯有在当事人无相反之约定时才适用。❶ 如前所述，德国等国家所采用的专利权用尽原则不得由当事人约定的限制性条件加以排除，因此德国等国家的专利权用尽原则属于强行性规范；与之相反，一些美国法院认为当事人约定的限制性条件可以排除专利权用尽原则的适用，从而该专利权用尽原则属于任意性规范。尽管人们给专利权用尽原则界定了一个较为明确的含义，但是并没有确立该原则的规范属性。本节主要从理论基础的角度对专利权用尽原则的规范属性加以讨论，从而进一步深化人们对专利权用尽原则的认识。

一、强行性专利权用尽原则的理论基础

（一）报酬理论

与默示许可注重当事人的内心意思不同，专利权用尽原则更为强调针对专利权人的经济分析。因此，提及强行性专利权用尽原则的理论基础，首先涉及的是报酬理论。无论在美国还是在德国，报酬理论都是专利权用尽原则的理论基础。❷ 根据报酬理论，在专利产品制造销售的过程中，专利权人只有一次获利的机会。一旦专利产品售出，由于专利权人已经获得了相应的报酬，因此专利权人不能就该产品继续获利。

人们应当如何正确理解报酬理论？是否报酬理论必须使专利权人通过专利产品的首次销售获得足够的利益？对此，美国很多判例做出了肯定性的回应。如前所述，一些美国法院认

---

❶ 关于任意性规范和强行性规范的详细论述，参见王轶. 民法典的规范配置 [J]. 烟台大学学报，2005（3）.

❷ 如美国的 Adams 案和德国的 Guajokol – Karbonat 案。

为，在存在限制性条件的情形下，由于专利权人未获得足够的报酬，从而限制性条件排除专利权用尽原则的适用。❶ 显然，这是对报酬理论的误解。因为对于专利发明而言，专利法根本无法保证专利权人获得任何特定水平的回报，报酬问题应是一个由市场等多种复杂因素综合决定的问题。一般而言，专利权只是为专利权人就其创造性劳动获得补偿提供了一种可能，是否能够真正获得补偿还取决于其他相关因素。

因此，笔者认为人们应当从获得报酬的可能性来理解报酬理论，即在专利产品首次销售的时候，通过对专利发明的垄断，专利权人已经拥有了获取垄断利润的机会。对于强行性专利权用尽原则而言，专利法所关注的是专利权人是否对专利产品的首次销售作出了选择，限制性条件存在与否对专利权用尽原则的适用并不产生影响。由此，报酬理论可以看做强行性专利权用尽原则的理论基础。

（二）利用相关性理论

为了给强行性专利权用尽原则提供更为坚实的理论支持，科勒教授采用了"利用相关性"理论（coherence of exploitation，德语 Zusammenhang der Benutzungsarten）作为该项制度的法律基础。根据该理论，针对专利产品的多个利用行为应当被视为一个整体。换言之，专利产品不同的利用形式（即销售、出租、借出、出口或者进口专利产品）不能被孤立地看待，它们相互之间是内在地联系在一起的，可以被看成是同一权利的不同表现形式。据此，在专利权人制造并将产品投放市场之

---

❶　B. Braun Medical, Inc. v. Abbott Laboratories, 124 F. 3d 1419, 1426, 43 U. S. P. Q. 2d 1896, 1901 (Fed. Cir. 1997).

后，产品的购买者已经具有了使用该发明的正当理由，因为该使用行为只是专利权人首次销售行为的延续，其本身并没有独立的法律意义。❶ 因此，专利权人也就无法通过限制性条件排除专利权用尽原则的适用，从而继续控制售出的专利产品。

其实，上述利用相关性理论受到了比较法相关领域的影响，即前述 1844 年《法国专利法》中关于主要利用行为和次要利用行为的规定。根据《法国专利法》的规定，主要利用行为处于支配地位的合法性在于，通过这些行为专利权人通常能够实现其可获得的利益。只有当专利权人因为特殊的原因，例如非法制造而无法实现其利益的情况下，他才可以禁止随后的次要利用行为。从上述情况可以推知，由于科勒教授善于利用比较研究的分析方法，特别是熟悉这一时期的法国专利法，从而他从法国专利法中获得了灵感，提出了利用相关性理论。

二、财产权转移理论与任意性专利权用尽原则的理论基础

在美国，学者理查德·爱波斯坦采用财产权转移理论来解释任意性专利权用尽原则，即通过设定限制性条件，专利权人只转让了限于特定专利产品的专利权中的部分权益。❷ 以财产权转移理论来解释任意性专利权用尽原则，事实上存在两项假设：第一，限于特定专利产品的专利权可以与产品所有权一并转让；第二，专利权人可以对限于特定专利产品的专利权进行

---

❶ U. Schatz. The Exhaustion of Patent Rights in the Common Market ［J］. 2 I. I. C. 1，1971：3.

❷ Richard A. Epstein. The Disintegration of Intellectual Property ［J］. 62 Stan. L. Rev. 455，2010.

部分转让。

（一）第一项假设的解释

毋庸置疑，专利权与所有权是两个独立的民事权利，专利产品的销售并不构成整个专利权的转让。通过专利产品的销售，产品购买者获得了该产品的所有权。根据所有权的一般理论，所有人获得了占有、使用、收益、处分所有物的权利。当所有人对专利产品进行使用和转售时，理论上与专利权发生冲突。这正是专利产品销售抗辩产生的问题根源。

但是，专利产品的销售显然不同于一般产品的销售。❶ 专利权的对象是发明创造，正是由于专利产品中结合了发明创造，使得专利产品销售也构成了对产品所包含的发明创造的销售，这可以通过由专利产品销售所产生的垄断利润来加以解释。然而，当专利产品销售时，是否存在限于特定专利产品的专利权的转让？

对于该问题的回答，首先需要对是否存在限于特定专利产品的专利权加以认识。专利权的对象具有非物质性，因此专利权的行使往往需要通过专利产品这一有形载体。通过对每一个包含发明创造的专利产品的控制，抽象的专利权得以具体化为各项具体的权利。从本质上看，对专利产品的控制性权利即为专利权，但是由于存在专利产品这一限定，使得限于特定专利产品的专利权具有了自身相对独立的品性。事实上，根据专利权用尽原则的定义可知，所谓权利用尽即是指限于特定专利产品的专利权的用尽。

其次，限于特定专利产品的专利权是否可以转让。在理论

---

❶ 在本书第三章的门克案中，肖法官表达了同样的观点。

上，这并非无法实现。由于专利权本身具有可转让性，限于特定专利产品的专利权只是对专利权进行了更为具体的限定，该权利具有经济上的独立性，理论上应当可以自由转让。

其实，限于特定专利产品的专利权可以转让这一理念与人们日常的交易观念十分吻合，即通过销售行为，相关财产权发生了权利主体的变动，原先权利人无法继续控制财产权的对象，从而形成了类似知识产权领域的"权利用尽"的形态。显然，对于专利权用尽原则的理论基础而言，财产权转移理论更容易为人们所接受。

（二）第二项假设的解释

传统英美财产法认为，在转让土地权益时，如果地产权人没有就创设较小地产权或附带可撤销条件进行明确规定的话，那么权利人将转让其所拥有的所有土地权益，否则地产权人只转让部分权益。此即为第二章所述的地产权部分转让规则。

对于第二项假设而言，爱波斯坦认为，与土地制度一样，知识产权制度也应当基于传统财产权功能主义（functionalist）的政策进行考量。正如他所指出的，相同的规则可以同时适用于有体财产和无体财产，因为这些财产权制度具有共同的目的，即保护所有人享有的占有、使用和处分这些财产的独占权。❶ 据此，对于专利权的转让，爱波斯坦认为法院应适用与地产权部分转让规则相同的任意性规范，以此确保专利权人权益的实现。

由此，爱波斯坦进一步认为，对于专利产品的销售而言，

---

❶ Richard A. Epstein. The Disintegration of Intellectual Property［J］. 62 Stan. L. Rev. 455，2010：456.

在限制性条件明确规定于财产权转让的法律文书且对方当事人已经知晓上述限制的情形下，法院应当确保专利权人转让限于特定专利产品的专利权中部分权益的权利，如只在指定区域销售专利产品的权利。否则，在未附限制性条件的销售中，专利权人将转让专利产品上的所有权益，从而用尽了他继续控制售出产品的权利。因此，专利权用尽原则应当属于任意性规范，限制性条件可以排除专利权用尽原则的适用。

在英美法系国家，通过拟制、类推的方式解决当前的法律纠纷是英美法系的一大特色。因此，将土地制度适用于专利领域并非毫无可能。早期美国法院将专利界定为财产，这一分类方式使得无论在概念上还是修辞上，法院都将专利与土地紧密地联系在了一起。事实上，19 世纪的美国法院已经开始以土地制度中的法律术语来建构专利权转移的相关规则。例如，法院将专利权转让文书界定为"契据"（deeds）。❶ 可见，实质上当时的美国法院正是依赖英美财产法上的相关制度来构建早期的专利理论。因此，可以肯定的是，19 世纪的美国法院将会适用与地产权部分转让规则相似的财产权转移规则，以确保专利权人使用、处分其专利发明的权利。

举例而言，19 世纪的美国法院已经创设了与地产权部分转让规则相似的专利权许可规则，即专利权人可以对转移给被许可人的财产权益施以各种限制。例如，专利权人可以限制制造或销售专利产品的数量，限制使用专利产品的方式，限制专利产品使用或销售的区域，甚至限制专利产品的销售价格。到 19 世纪末，专利权人可以向被许可人转移专利权中较小权益

---

❶　Tyler v. Tuel, 10 U. S. 324, 326 (1810).

的做法已成为一项相当成熟的制度。但是，如果专利权人未能对上述限制进行明确限定的话，那么该项转移将视为专利权人相关权益的完全转移。事实上，19 世纪的美国法院曾多次驳回专利权人起诉未曾获知使用限制的被许可人的诉讼请求。❶

依此类推，爱波斯坦认为任意性的地产权部分转让规则也可以用于解释专利权用尽原则，即如果专利权人销售专利产品时未能明示关于使用或处分专利产品的时间、地点、方式等限制性条件，那么专利权人将用尽其所拥有的限于特定专利产品的专利权。

（三）财产权转移理论解释力的不足

在英联邦国家，财产权转移理论用于解释默示许可。在美国，财产权转移理论进一步用于解释任意性专利权用尽原则。在一定意义上，应当认为财产权转移理论抓住了问题的关键，❷特别是在专利权人限制专利产品购买者权利的情形中。但是，该理论用于解释专利权用尽原则时，存在解释力不足的问题。

对于第一项假设而言，正如第二章关于专利权转让部分所提及的，限于特定专利产品的专利权的转让违背了一项发明涉及一个专利权的原则，从而容易引起权利状态的混乱。

对于第二项假设而言，核心问题在于地产权部分转让规则能否适用于限于特定专利产品的专利权的转让。同样如第二章所述，地产权部分转让规则并无适用于专利权转让的合理性和

---

❶ Adam Mossoff. Exclusion and Exclusive Use in Patent Law［J］. 22 Harv. J. L. & Tech. 321，2009：359.

❷ ［日］田村善之. 修理、零部件的更换与专利侵权的判断［J］. 李扬译，载吴汉东. 知识产权年刊（2006 年号）［M］. 北京：北京大学出版社，2007：38.

必要性，因此第二项假设也无法成立。

　　由此可见，财产权转移理论无法用于解释任意性专利权用尽原则。显然，美国学者爱波斯坦不仅未能顾及限于特定专利产品专利权的转让所带来权利状态的混乱，而且也未能对地产权转让和专利权转让的差异进行缜密的思考。与此相反，他只是一味地关注于如何以财产权转移理论解释任意性专利权用尽原则，将地产权部分转让规则适用于专利产品首次销售的场合，从而为专利权人提供更为完善的保护。可见，这种分析问题的方法是值得商榷的。

三、默示许可理论与任意性专利权用尽原则的理论基础

（一）专利权用尽原则与默示许可的关系

　　在美国，有一种观点认为专利权用尽原则以默示许可为理论基础，两者之间具有密切的关系。事实上，正是这两种制度之间看似清晰实又模糊的关系，导致了美国国内长期关于专利权用尽原则规范属性的争论。

　　在 United States v. Univis Lens Co. 案[1]中，美国联邦最高法院交错适用专利权用尽原则与默示许可理论，认为被告将透镜原胚打磨成镜片的行为不构成侵权。在 Anton/Bauer, Inc. v. Pag, Ltd. 案[2]中，法院进一步分析了 Univis 案，并认为 Univis 案的法院证明了专利权用尽原则与默示许可的密切关系，因此专利权用尽原则可由默示许可产生。在 LifeScan，

---

[1]　United States v. Univis Lens Co. , 316 U. S. 241（1942）.

[2]　Anton/Bauer, Inc. v. Pag, Ltd. , 329 F . 3d 1343（Fed. Cir. 2003）.

Inc. v. Polymer Technology Int'l Corp. 案❶中，法院也依据默示许可理论来分析 Univis 案，并认为在专利权被用尽的情形下，购买专利产品的行为将同时获得使用该产品的默示许可。

由此可见，在美国默示许可与专利权用尽原则之间具有紧密的联系，两者常常被适用于同一案件，并大致共享着相同的法律理念。因此，对于将默示许可作为专利权用尽原则的理论基础而言，这一观点已部分地获得了美国理论界和实务界的支持。由于默示许可属于任意性规范，因此专利权用尽原则也应当具有任意性的属性，从而限制性条件可以排除专利权用尽原则的适用。

但是，笔者认为将默示许可作为专利权用尽原则的理论基础存在明显的缺陷，即涉及专利产品的专利权被用尽之后，何以产生利用该专利权的许可。如前所述，对于专利权界限而言，专利权用尽原则和默示许可存在明显的不同，因此默示许可根本无法成为专利权用尽原则的理论基础。通过下文的论述可知，美国部分案件中"专利权用尽原则"的具体内涵已与本章第一节所述的专利权用尽原则的基本含义有所偏离。

（二）Mallinckrodt 案等案件中"专利权用尽原则"的含义

通常，法律术语是具有法学专门含义的语词。法律术语准确、恰当的选用可以保证各种法律、法规中法律术语的统一性，从而有利于保持法律制度的一致性、稳定性和连续性。因此，在确定法律术语时，人们应当注意一些选择法律术语的基本要求。其中，尤以单义性、理据性最为重要。

---

❶ LifeScan, Inc. v. Polymer Technology Int'l Corp., 35 U.S.P.Q.2d 1225 (W.D.Wash, 1995).

所谓单义性,是指法律术语应保证概念明确、表述清楚以及避免歧义。所谓理据性,是指法律术语应当在术语中直接体现被指称的法律事物(现象)的本质特征。由此可见,虽然法律术语与法律概念存在差别,但是两者之间仍应当具有紧密的联系。❶

根据本章第一节的论述,专利权用尽原则的基本含义是一旦专利产品由专利权人或者其同意之人进行首次销售,专利权人无权就该产品的使用或者转售进行控制。其法律效果在于,专利权人行使权利的界限止于专利产品的首次销售。通过对专利权用尽原则的含义采用简缩法,❷ 从而产生了"专利权用尽原则"这一法律术语。由此,"专利权用尽原则"基本上符合上述法律术语的单义性和理据性的特征。

可见,就专利权界限的差别而言,默示许可理论无法成为专利权用尽原则的理论基础。然而,从符号学的角度来看,法律术语是法律概念的语言符号,而符号本身并没有任何固定的意义,其意义只能存在于该符号与其他符号或符号系统的相互关系中。换言之,"作为符号的法律术语只有在特定的时空情

---

❶ 提及法律术语,有必要对其与法律概念的关系做一番解释。通常,法律可分为形式上的法律文本和实质上的法律规范。法律文本是法律规范的表达形式,法律规范是法律文本的意义所在。法律文本在微观上是由法律术语构成的,而法律规范的构成要素是法律概念。在某种意义上,法律术语与法律概念的关系可以看做"名"与"实"的关系,即法律术语为"名",法律概念为"实"。但是,基于法制建设的统一性、稳定性的要求,法律术语与法律概念应当满足"名副其实"的要求。

❷ 所谓简缩法,即把表述较为复杂的但又经常使用的语句浓缩成简洁的语词并固定下来,从而进行约定俗成的运用。这种缩略方法构成的语词,避免了用长句频繁表述的烦琐和可能引起的表意方式的不统一。但正是这种方法,造成了大量的对语词意义的争论。

景下才有其特定的含义"，❶ 即维特根斯坦所指称的"语言游戏"。❷ 因此，从某种意义上来说，法律术语与法律概念之间没有与生俱来的必然联系。

法律是特定文化的产物，是一种地方性知识。❸ 不同国家或者地区的人们完全可能以不同的含义使用同一法律术语，并在司法实践中进行不同的解释。同时，就同一国家或者地区而言，由于受到特定的历史阶段和经济条件的影响，同一法律术语在不同的时期也会具有不同的含义。上述美国在不同时期关于专利权用尽原则的不同表达即属于这种情形。与此相对，在法律实践中，不同的法律术语也会共同指向同一法律概念，即所谓的法律共指。因此笔者认为，上述 Mallinckrodt 案等案件虽然使用了"专利权用尽原则"这一法律术语，但究其实质已经不是本书所采用的专利权用尽原则的概念，而是指向了英联邦国家所采用的默示许可概念。

"目前我们关心的是关于法律性质的不同理论。在这些激烈的争论中，相当一部分是语词之争。当人们使用一个含义过于宽泛、内容没有精确界定的术语、却未对其中包含的不同意思加以区分时，混淆就产生了，大多数争论皆源于此。"❹综上可知，美国法院在某些案件中同时适用专利权用尽原则和默示

---

❶ 程乐，沙丽金，郑英龙. 法律术语的符号学诠释 [J]. 修辞学习，2009（2）：37.

❷ [德] 卡尔·拉伦茨. 法学方法论 [M]. 陈爱娥，译，北京：商务印书馆，2004：83.

❸ 苏力. 法治及其本土资源（修订版）[M]. 北京：中国政法大学出版社，2004：18.

❹ [美] 本杰明·N. 卡多佐. 法律的成长·法律科学的悖论 [M]. 董炯，等，译，北京：中国法制出版社，2002：19.

许可，由此人为地造成了两者概念的模糊。由于未能对专利权用尽原则和默示许可予以精确定义并明确区分，从而造成了美国国内关于专利权用尽原则规范属性的争论。

第四节　广义的默示许可对专利权用尽原则适用范围的影响

如前所述，美国一直采用专利权用尽原则作为其专利产品销售抗辩。然而，由于各种原因，美国的专利权用尽原则与默示许可又有某种程度的关联。一方面，这种关联导致了人们错误地认为专利权用尽原则的理论基础在于默示许可；另一方面，这种关联也使得广义的默示许可制度对专利权用尽原则的适用产生了影响。通常，与专利权用尽原则联系最为紧密的广义默示许可涉及前述两种情形：（1）基于专用于实施方法专利的产品的销售而认定的默示许可；（2）基于专用于专利产品制造的非专利组件产品的销售而认定的默示许可。上述两种情形对美国专利权用尽原则的适用范围产生了一定的影响，而这些影响较为集中地体现在了 2008 年的匡塔公司诉 LG 公司（Quanta Computer, Inc. v. LG Electronics, Inc.）案[1]中。

一、匡塔案的案情简介

2008 年 6 月 9 日，美国联邦最高法院就匡塔案作出终审判决，认定由于专利权用尽原则可以应用于方法专利，且在许可协议对计算机

---

[1] Quanta Computer, Inc. v. LG Electronics, Inc., 128 S. Ct. 2109, 170 L. Ed. 2d 996 (2008).

组件的销售进行完全授权的情况下，该组件实质地体现了系争专利，因此专利权人 LG Electronics 公司（以下简称"LGE 公司"）的专利权被计算机组件的销售所用尽，从而完全推翻了 CAFC 的判决。

本案缘由是原告 LGE 公司以我国台湾地区主要笔记本电脑的下游组装厂商如匡塔公司等为被告，向美国加州北区联邦地区法院起诉，主张这些厂商所制造的计算机系统侵害了 LGE 的 5 项美国专利。❶ 其中，这些下游厂商曾向英特尔（Intel）公司购买微处理器及芯片组等计算机组件（以下简称"英特尔产品"）进行计算机系统的组装，而这些英特尔产品包含了系争的 LGE 公司专利。英特尔公司之所以可以制造并销售这些英特尔产品，是基于英特尔公司与 LGE 公司签订的专利交叉许可协议（cross – licensing agreement，以下简称"许可协议"），根据该许可协议 Intel 公司取得了包括本案系争专利在内的数百项专利许可。❷ 同时，许可协议中包含了一些限制性条款，其特别约定：任何一方不得向第三方许可，由第三方将任何一方的许可产品与协议双方之外获得的产品、组件或其他类

---

❶ 此 5 项美国专利的专利号分别为：4，918，645（第 645 号专利）、4，939，641（第 641 号专利）、5，077，733（第 733 号专利）、5，379，379（第 379 号专利）及 5，892，509（第 509 号专利），它们分别是 1999 年由 Wang Laboratories 公司转让的关于增进计算机系统功能的专利。在 5 项系争专利中，较具争议的为其中 3 项专利，即第 641、733 及 379 号专利。其中第 641 号专利公开了一个系统，该系统通过监视被请求的数据，一旦当过时数据被请求时，系统即从缓存更新主存储器，以确保从主存储器获得当前最新的数据。第 733 号专利公开了一种方法，通过限制每个装置的存取时间，以避免任一装置对总线进行独占使用，以此解决总线上数据通信的管理问题。至于第 379 号专利，其公开了组织读写请求的方法，通过数据排序来避免获得主存储器中过时的数据。

❷ 许可协议中的专利大致可以分为组件专利、系统专利和方法专利。就组件专利而言，LGE 公司认同存在专利权用尽而没有对匡塔公司等被告主张。但就系统及方法专利，LGE 公司强调其仅授权给英特尔公司，并未授权给购买英特尔产品的下游客户。因此，LGE 公司针对系统及方法专利向匡塔公司等被告提起了诉讼。

似商品进行组合，或使用、进口、许诺销售或销售该组合。❶ 但是该许可协议声称不改变专利权用尽原则的通常规则，当一方销售任一许可产品时将适用该原则。在 LGE 公司与英特尔公司另一份独立的主协议（master agreement）中，英特尔公司同意向其下游客户提供书面通知，告知客户其已经获得较宽范围的许可，确保他们购买的任何英特尔产品都是由 LGE 公司许可的，因此不会侵犯 LGE 公司拥有的任何专利。但是，该许可不能明示或默示地延伸至下游客户将英特尔产品与非英特尔产品组合形成的任何产品之上。同时，主协议约定任何一方对主协议的违约不构成终止许可协议的理由，对许可协议也没有任何影响。

在本案中，LGE 公司认为匡塔公司等下游厂商以实施 LGE 公司专利的方式，将英特尔产品与非英特尔产品组合在一起，进而侵害了 LGE 公司的专利。本案经过地区法院审理后，法院以专利权用尽为由作出被告不侵权的简易判决（summary judgment）。❷ 在随后限制简易判决的法院裁定中，地区法院认为专利权用尽原则只能适用于描述物理对象的产品或组合专利，不能适用于描述制造或使用产品的操作进程或方法专利。❸ 由于系争的 LGE 公司的专利包含方法专利，因此虽然专利权

---

❶　原文："no license is granted by either party hereto. . . to any third party for the combination by a third party of Licensed Products of either party with items, components, or the like acquired. . . from sources other than a party hereto, or for the use, import, offer for sale or sale of such combination."

❷　LG Electronics, Inc. v. Asustek Computer, Inc., 65 U. S. P. Q. 2d 1589（ND Cal. 2002）. 在美国司法实践中，若案件：（1）并无重要事实争议；（2）适用该无争议事实可依法律判定一方胜诉，则法院可以径为简易判决。

❸　LG Electronics, Inc. v. Asustek Computer, Inc., 248 F. Supp. 2d 912, 918, 1600（ND Cal. 2003）.

用尽原则对系统专利仍可适用，但不能适用于方法专利。

LGE 公司随即上诉至 CAFC，请求对案件进行再次审理，CAFC 则部分肯定和部分否定了地区法院的判决。CAFC 同意专利权用尽原则不能应用于方法专利，但由于英特尔公司对于下游客户的通知使得英特尔产品的销售已成为附限制性条件的销售，从而无专利权用尽原则的适用余地。因此，CAFC 撤销原判决并将案件发回地方法院重新审理。❶ 之后，下游厂商中的匡塔公司不服 CAFC 的判决，遂向美国联邦最高法院提出上诉，该法院的判决完全推翻了 CAFC 的认定，认为专利权被产品销售所用尽。

在匡塔案的判决中，美国联邦最高法院就专利权用尽原则的若干问题进行了阐述：（1）方法专利是否可以适用专利权用尽原则；（2）非专利组件产品或者未完成产品的销售与专利权用尽原则的关系；（3）限制性条件是否可以排除专利权用尽原则的适用。其中，本节主要先就第（1）、（2）项争议焦点进行讨论。

二、方法专利是否可以适用专利权用尽原则❷

在美国以往的大多数判例中，对于方法专利是否可以适用专利权用尽原则一直存在不同的看法。在匡塔案之前，美国司

---

❶ LG Electronics, Inc. v. Bizcom Electronics, Inc., 453 F. 3d 1364, 1368 (Fed. Cir. 2006).

❷ 各国专利法基本上将专利分为两类，即产品专利和方法专利。方法专利通常包括生产方法专利和非生产方法专利（亦称为单纯的方法专利）。根据我国《专利法》第 69 条的规定，生产方法专利可以由生产方法直接获得的产品销售所用尽，但是未规定非生产方法专利能否适用专利权用尽原则。因此，本部分内容的意义更在于非生产方法专利的用尽问题。

法界的主流观点认为专利权用尽原则只适用于产品专利，而方法专利的功能主要在于使用该方法，其不能以产品专利同样的方式而用尽。此外，通常人们主要采用广义的默示许可来解决因相关产品销售而可能导致的侵犯方法专利的问题。因此，专利权用尽原则在方法专利上难以直接适用。在匡塔案中，地区法院和 CAFC 都认同了该观点。

但是，美国联邦最高法院则认为，方法专利虽不能以产品专利同样的方式而用尽，但是方法专利可以具体化于相关产品中，因此方法专利可以通过体现该方法的产品销售而用尽。此外，排除专利权用尽原则对方法专利的适用，将严重破坏该制度本身。因为专利权人只需简单地将权利要求描述为方法而不是产品，即可避免专利权用尽原则的适用。若依据 LGE 公司关于方法专利不可适用于专利权用尽原则的观点，虽然其授权英特尔公司销售含有 LGE 公司专利的计算机系统，但是该系统的任何购买者都可能需要对专利侵权负责，而这显然违背了专利权用尽原则的立法宗旨。

实际上，产品专利和方法专利本来就具有相当的关联性，用产品或者方法对发明创造进行表述只是从不同视角对事物进行观察而已，因此专利权用尽原则不能适用于方法专利的观点是毫无根据的：（1）产品专利和方法专利可以分别使用方法和产品进行限定。其中某些方法要素与产品要素非常相似，以至于从产品的功能中区分方法是相当困难的；❶（2）某些发明如用途发明，称其为产品专利或方法专利均可；（3）在电子通信领域，方法专利通常描述为产品功能的实现过程，实质上

---

❶ United States ex rel. Steinmetz v. Allen, 192 U. S. 543, 559 (1904).

这只是产品专利的另一种描述方式，在技术层面上两者并无本质区别。而本案系争的方法专利即属于此种情形。

同时，美国联邦最高法院的以往判决中早已出现了方法专利适用专利权用尽原则的情形。在前述的 Ethyl Gasoline Corp. v. United State 案❶中，美国联邦最高法院认为，销售根据专利生产的发动机燃料，将使在发动机中使用该燃料的方法专利用尽。因此，无论从理论上还是实践上进行审视，方法专利完全可以适用于专利权用尽原则。

然而，随着 20 世纪 80 年代美国国内加强专利保护的呼声日益高涨，在 1984 年 Bandag, Inc. v. AlBolser's Tire Stores, Inc. 案❷中提出专利权用尽原则并不适用于方法专利的见解之后，CAFC 又在 1999 年 Glass Equipment Development, Inc. v. Besten, Inc. 案❸中再次确认了同样的观点。鉴于 CAFC 在美国专利司法界的特殊地位，没有人怀疑上述判决的效力，这也直接影响了本案地区法院和 CAFC 的判决。

在进行大量听证的基础上，2003 年美国联邦贸易委员会（Federal Trade Commission）发布了名为《促进创新——竞争与专利法律政策的适当平衡》的报告，指出了当前美国专利政策存在的问题。事实上，针对美国专利制度存在的问题，美国司法和行政当局从 20 世纪 90 年代末期就开始采取措施，对美国专利制度进行了较为广泛的调整，实施了一系列限制专利权的

---

❶ Ethyl Gasoline Corp. v. United State, 309 U. S. 436（1940）.

❷ Bandag, Inc. v. Al Bolser's Tire Stores, Inc., 750 F. 2d 903, 223 U. S. P. Q. 2d 982（Fed. Cir. 1984）.

❸ Glass Equipment Development, Inc. v. Besten, Inc., 174 F. 3d 1337, 50 U. S. P. Q. 2d 1300（Fed. Cir. 1999）.

措施，如限制等同原则的适用、防止不合理地扩大解释专利权的保护范围等。在此基础上，美国联邦最高法院近年来也作出了一系列不利于专利权人的判决。因此，本案美国联邦最高法院再次确立方法专利可以适用专利权用尽原则的观点符合其近年来限制专利权的一贯风格。

三、非专利组件产品或者未完成产品的销售与专利权用尽原则的关系

如前所述，虽然专利权人没有销售专利产品本身，而是销售了该专利产品的非专利组件产品或者未完成产品，但是上述产品的销售同样会对产品专利产生影响。即在该产品除了用于制造专利产品之外并无其他非侵权用途，而且专利权人在销售该产品时没有明确提出限制性条件的情形下，该产品的购买者获得了利用这些产品制造专利产品的默示许可。

但是，如果该非专利组件产品或者未完成产品体现了相应产品专利的实质技术特征，那么情况又如何呢？换言之，体现专利实质技术特征的非专利组件产品或者未完成产品的销售是否导致相应专利权的用尽？在匡塔案中，基于所售产品需体现专利的程度，美国联邦最高法院对上述问题进行了进一步的阐述。

（一）Univis 案确立的规则能否在匡塔案中适用

在 United States v. Univis Lens Co. 案❶中，美国联邦最高法院把专利权用尽原则适用的前提从专利产品的首次销售，扩张至未完成产品的首次销售。其明确了当出现以下两方面条件

---

❶　United States v. Univis Lens Co.，316 U. S. 241（1942）.

时，未完成产品的销售将导致该产品所涉及的专利权用尽：（1）未完成产品的唯一合理目的在于实施专利，即"无合理的非侵权用途"（no reasonable noninfringing use）；（2）未完成产品虽未完全由专利权范围涵盖，但已体现了专利发明的"实质技术特征"（essential features）。

在匡塔案中，匡塔公司认为英特尔产品的唯一合理使用在于实施系争专利，且英特尔产品也体现了专利的实质技术特征，该产品的销售以与 Univis 案中相同的方式将 LGE 公司的专利用尽了。最终，美国联邦最高法院认同了匡塔公司关于 Univis 案判决适用于本案的观点：

第一，与 Univis 案一样，本案英特尔公司向匡塔公司销售的唯一目的在于允许匡塔公司将英特尔产品组合放入计算机系统中，只有这样才能实施本专利。同时，LGE 公司也认为除了将英特尔产品组合成实施 LGE 公司系争的计算机系统专利外，没有其他针对英特尔产品的合理使用。

第二，英特尔产品包含了专利发明的实质技术特征，并且几乎完全实施了专利，因为实施系争专利的唯一步骤只是采用常规进程或添加标准组件。其中，英特尔产品控制着对主存储器和缓存的访问，通过为主存储器检查缓存和比较读写请求，其实施了第 641、379 号专利；根据第 733 号专利并通过其他计算机组件，英特尔产品控制了总线访问的优先权。通常，英特尔产品自身不能实现这些功能，除非将它们连接至总线和存储器，但是这些附加物只是系统的标准组件而已。

美国联邦最高法院在本案中重申了 Univis 案确立的原则。其实，美国联邦最高法院在此问题上的认识类似于帮助侵权要件的规定，❶ 它们都强调实质意义上的公平正义。专利法的精神在于平衡，既然在侵权领域为保护专利权而使用了帮助侵权理论，那么理应在限制专利权的领域采用与之相对应的理论，以平衡各方利益。

需要指出的是，体现专利实质技术特征的非专利组件产品或者未完成产品的销售可以适用专利权用尽原则，而不直接适用于默示许可的关键在于，该非专利组件产品或者未完成产品体现了专利实质技术特征，从而与未能体现专利实质技术特征的非专利组件产品或者未完成产品的销售相区别。

本案的判决是在美国国内逐步限制专利权的情势下作出的，该判决的启示值得人们深思。虽然本案以匡塔公司的大获全胜而告终，但是下游厂商的侵权风险仍如达摩克利斯之剑，时时悬于头顶。因此，有必要进一步确定类似案件适用专利权用尽原则的判断标准。笔者认为，贯穿案件迷雾背后的关键应在于进行个案判断，针对专利发明内容及产业上下游具体分工模式，厘清到底是谁产销的产品在实施专利的实质技术特征且无合理的非侵权用途，并以其作为专利权对价的征收对象，而后贯彻专利权用尽原则。具体而言，某一专利发明的内容若是：（1）实质技术特征在于核心组件产品（如匡塔案的英特尔产品）上，则应由核心组件产品厂商就使用该专利技术负责；（2）实质技术特征不在核心组件产品而是在与该组件产品搭配的其他组件产品上，则应由其他组件产品厂商负责；

---

❶ 参照 35 U. S. C. § 271（c）的规定，帮助侵权的客观要件为：（1）销售专利产品的组件产品；（2）该组件产品构成该发明的实质部分；（3）该组件产品并不是一种有实质非侵权用途的普通用品。当发生帮助侵权后，专利权人可以选择向违法的直接侵权人或提供实质技术特征组件产品的帮助侵权人主张侵权损害赔偿。

（3）实质技术特征在核心组件产品与其他组件产品的组合系统上，则应由组合系统厂商负责。尽管这种方式在实务上有赖于个案判断，但其可以使真正采用专利发明的使用者付费，其他厂商则可因专利权用尽而免于付费或侵权赔偿，符合法治之公平原则。

（二）非侵权用途的认定

在非专利组件产品或者未完成产品销售的情形下，如何认定非侵权用途是适用专利权用尽原则的关键。为此，Univis 案之后的相关案例对其做了进一步的阐释。同时，"非侵权用途"这一概念也出现在了广义的默示许可制度中。该项制度对于非侵权用途的解释也将有助于人们对专利权用尽原则中非侵权用途这一适用条件的理解。

1. Bandag, Inc. v. Al Bolser's Tire Stores, Inc. 案

如前所述，在 Bandag, Inc. v. Al Bolser's Tire Stores, Inc. 案❶的判决中，CAFC 确定了用于实施方法专利的产品的销售和非专利组件产品的销售能否产生默示许可的基本法律框架，即二步检验法。根据该检验法，如果侵权人符合以下两个条件，那么其可以基于相关产品的销售，获得实施方法专利或产品专利的默示许可：（1）被售产品除了实施方法专利或产品专利外不存在其他非侵权用途；（2）产品销售的情形可以明显地推断出授予了一项许可。

对于第（1）项条件，CAFC 认为 Al Bolser's Tire Stores 公司并没有尽到证明该产品不存在其他非侵权用途的举证责任，因为被售的机器可以卖给其他经销商，或部分地出售以作为组件

---

❶ Bandag, Inc. v. Al Bolser's Tire Stores, Inc., 750 F. 2d 903 (Fed. Cir. 1984).

使用，或改装以避免实施方法专利。由此，CAFC 认为该机器存在其他非侵权用途，从而不存在实施专利的默示许可，尽管上述选择明显与 Al Bolser's Tire Stores 公司的计划不一致。

事实上，CAFC 援引了 1983 年 Stickle v. Heublein, Inc. 案❶的观点，即默示许可不能源于购买者单方的期望甚至是合理的期待，其只能源于专利权人的行为。由此，CAFC 认为相应产品即使作为替代方案使用，只要其存在非侵权的使用方式，那么默示许可即不成立。显然，这一结论的得出是从专利权的角度，而不是从产品的实际使用角度加以考虑的，❷ 即 CAFC 更多地考虑了专利权人的利益，而未能考虑已售产品的设计意图或购买者的合理期待。

然而，CAFC 在 Bandag 案中的判决看起来似乎走得太远了。因为，如果产品销售的情形可以明显地推断出授予了一项许可，要求产品购买者将昂贵的产品分成几个部分而不按其设计的用途进行使用就显得有点不合理了。

2. Cyrix Corp. v. Intel Corp. 案

不可否认的是，Bandag 案所确立已售产品"不存在其他非侵权用途"的标准过于严苛了。倘若依此标准，几乎所有的产品都存在非侵权用途，从而使得相关侵权抗辩制度难以适用。对此，地区法院试图在 Cyrix Corp. v. Intel Corp. 案❸中对上述标准进行突破。

Cyrix 案涉及英特尔公司的 4，972，338 号专利的权利要

---

❶ Stickle v. Heublein, Inc. , 716. F. 2d 1550 (Fed. Cir. 1983).

❷ 董美根. 论专利默示许可 [J]. 载国家知识产权局条法司. 专利法研究 2010 [M]. 北京：知识产权出版社，2011：485.

❸ Cyrix Corp. v. Intel Corp. , 846 F. Suup. 522 (E. D. Tex. 1994).

求 1、2 和 6，该专利保护的产品就是著名的英特尔 386 芯片。其中，权利要求 1 是独立权利要求，请求保护一种微处理器，该微处理器的存储器管理模式可以有选择地在段描述模式和分页表入口模式之间切换；权利要求 2 也是独立权利要求，请求保护的是权利要求 1 所述的微处理器与外部存储器组合而成的装置，所述外部存储器能够存储分页表，并由微处理器发出的寻址信号进行访问；权利要求 6 是权利要求 2 的从属权利要求，其附加技术特征是所述外部存储器还存储了段描述，用于传送给微处理器芯片的段描述寄存器。该专利的核心技术内容就是针对这种新的存储器管理模式。

在 1971 年，Texas Instruments 公司与英特尔公司签订了交叉许可协议，允许对方在世界范围内以免费和非独占的方式实施自己当时和以后获得的所有专利技术。随后，Cyrix 公司与 Texas Instruments 公司订立了合同，由 Texas Instruments 公司为其制造由 Cyrix 公司设计的 386 芯片，即 Cyrix 公司委托 Texas Instruments 公司进行翻制（foundry）。❶ 其中，Cyrix 公司设计的 386 芯片落入了涉案专利权利要求 1 的保护范围。

本案的争议焦点之一在于，即使 Texas Instruments 公司将依照英特尔公司的许可而制造的 386 芯片销售给 Cyrix 公司的行为用尽了权利要求 1 所保护的专利权，但是否同时也用尽了权利要求 2 所保护的专利权。对此，地区法院认为权利要求 1 所述的微处理器在使用时必然需要与权利要求 2 或者 6 所述的

---

❶ 所谓翻制，是指一个公司根据客户的设计要求制造某种产品，并将制造出来的全部产品销售给该客户，然后由该客户以自己的品牌或者商标再次销售该产品。参见尹新天. 专利权的保护（第二版）[M]. 北京：知识产权出版社，2005：83 - 88.

外部存储器相结合，除此之外没有别的选择。如果排除这种组合的可能，购买者获得的微处理器就毫无用处。既然 Cyrix 公司合法地从英特尔公司的被许可人那里购买了微处理器，那么权利要求 1 所保护的专利权已经用尽；既然该微处理器只能与权利要求 2 或 6 所述的外部存储器相结合，那么这两项权利要求所保护的专利权也被用尽了。

在本案中，地区法院采用了 Univis 案确立的标准，认为销售专利产品将使购买者自动地获得以其本来预期的目的使用该产品的权利。在此基础上，地区法院最终确定了"商业上可行性"（commercially viable purpose）的标准来认定是否存在非侵权用途。所谓"商业上可行性"，是指能够使一种正在进行的商业得以继续并发展。❶ 基于此标准，人们若要认定一种产品具有非侵权用途从而排除相关侵权抗辩的适用，那么该用途必须具备商业上的可行性。

3. Glass Equipment Development, Inc. v. Besten, Inc. 案

总体上，CAFC 肯定了地区法院对于 Cyrix 案的判决，并且多年来也没有进一步讨论该案确立的"商业上可行性"的判断标准。然而，由于认为"商业上可行性"的判断标准对于专利权人来说过于严格了，1999 年的 Glass Equipment Development, Inc. v. Besten, Inc. 案❷彻底地否定了上述标准。

在本案中，原告 Glass Equipment Development 公司（以下简称"GED 公司"）拥有一项制造中空框架的方法专利，该框

---

❶ Cyrix Corp. v. Intel Corp. , 846 F. Suup. 522, 524（E. D. Tex. 1994）.

❷ Glass Equipment Development, Inc. v. Besten, Inc. , 174 F 3d 1337（Fed. Cir. 1999）.

架由中空铝管以及用于连接中空铝管端部的角形部件组成，其可用于实现玻璃窗户的绝热密封。与 Bandag 案的专利权人一样，GED 公司没有直接授予他人实施该方法专利的许可，而是出售了一种专用设备，并授权专用设备的购买者使用该方法专利。

本案的被告之一 Simonton 公司从获得 GED 公司授权的被许可人那里购买了角形部件，并采用一种非侵权方法来组装中空框架。但从 1988 年开始，Simonton 公司从本案的另一被告 Besten 公司那里购买了一台与前述专用设备功能相同的装置，并改用 GED 公司的专利方法组装中空框架，但其组装中空框架所用的角形部件仍从 GED 公司授权的被许可人那里购买。随后，GED 公司向法院提起了专利侵权诉讼，指控 Simonton 公司直接侵犯了其专利权，同时指控 Besten 公司构成了间接侵权。

本案的地区法院采用了 Cyrix 案确立的"商业上可行性"标准，认为尽管角形部件也可以用于实施其他非专利方法，但是随着专利方法的使用，非专利方法已经不再具有"商业上可行性"，从而 Simonton 公司购买的角形部件已经没有商业上可行的非侵权用途，由此 Simonton 公司因为从 GED 公司的被许可人那里购买了角形部件而获得了使用该专利方法的默示许可。由于 Simonton 公司不构成直接侵权，因此原告对 Besten 公司的间接侵权的指控也不成立。

CAFC 不同意地区法院的判决，同时重申主张默示许可抗辩的一方应该承担证明默示许可存在的责任，其中首先必须证明所涉产品不存在非侵权用途。由于认为"商业上可行性"标准对于专利权人过于严格了，因此 CAFC 否定了地区法院采用的"商业上可行性"标准。CAFC认为，一种非侵权用途只需是"可能的"或"实际的"就足以排除默示许可的适用。在本案中，Simonton公司过去曾经将角形部件用于另一种不同于专利方法的情形，这表明该角形部件显然存在非侵权用途，即使当前已不再使用，但也不能得出该部件只能用于实施专利方法的结论。

通过本案的判决，美国法院改变了非侵权用途的判断标准，认为一种非侵权用途只要是"可能的"或"实际的"，即可以排除默示许可的适用，而不用考虑被控侵权人的主观预期。可见，对于非侵权用途判断标准的认定，美国法院再次向Bandag案的标准靠拢。

那么，究竟何种非侵权用途会被认为是"可能的"或"实际的"的呢？在美国，至少以下几种类型的用途被美国法院认为属于非侵权用途，即改装后使用、在专利权没有覆盖的地域使用等。

4. Trico Products Corp. v. Delman Corp. 案和 Elkay Mfg. Co. v. Ebco Mfg. Co. 案

如果产品的某种使用方式可能只涉及该产品的一部分结构，而没有使用该产品中直接涉及专利的另一部分结构或者整体结构。此时，这种用途是否可以构成非侵权用途？

在 Trico Products Corp. v. Delman Corp. 案[1]中，美国法院首次对这一问题进行了讨论。该案涉及一种汽车挡风玻璃的清洗和雨刷专利系统。专利权人向汽车制造商出售的一种电机，其中配有专门用于实施其专利技术的清洗器控制装置和雨刷器控

---

[1]　Trico Products Corp. v. Delman Corp. ，180 F. 2d 529（8th Cir. 1950）.

制装置。该案的争议点在于，如果专利权人出售的电机作为一个整体只驱动单一控制装置，那么这种情形是否构成非侵权用途。对此，专利权人认为，这种电机也可以用于仅仅控制雨刷器，因而具有非侵权用途。被控侵权人则强调，其购买电机支付的费用中包含了其他控制装置的费用，因此应该获得实施该专利系统的默示许可。然而，法院的判决并没有支持被控侵权人的抗辩。

关于这一问题，CAFC 在 1996 年的 Elkay Mfg. Co. v. Ebco Mfg. Co. 案❶中得出了类似的结论。在该案中，专利权人的专利涉及一种包括壳体、供水管、安装设施和具有法兰连接件的瓶盖的配水系统。其中，瓶盖上的法兰连接件的作用在于不需要取下瓶盖，就可以使水瓶与制冷器相连接，从而能够防止水的溢出。尽管这种具有法兰连接件的瓶盖本身不受专利权保护，专利权人向 Blackhawk 公司颁发了制造、使用、销售这种瓶盖的独占许可。该案的被控侵权人从 Blackhawk 公司购买瓶盖后，将其用于实施专利权人的专利系统。对于被控侵权人购买的瓶盖，其除了用于实施专利系统外，还可以用于在运输中密封装水的瓶子，虽然在这种情况下瓶子上的法兰连接件并没有发挥应有的功效。由此，本案的争议焦点在于上述用途是否构成非侵权用途。

对此，地区法院做出了有利于被控侵权人的判决，认为被控侵权人通过购买具有法兰连接件的瓶盖获得了实施专利系统的默示许可。然而，CAFC 不同意地区法院的判决，认为被控侵权人并没能证明该瓶盖不能用于在运输中密封装水的瓶子，

---

❶ Elkay Mfg. Co. v. Ebco Mfg. Co. , 99 F. 3d 1160 （Fed. Cir. 1996）.

也没能证明从商业角度看将具有法兰连接件的瓶盖作为普通瓶盖使用是不合理的。

由此可见，和审理 Trico 案的法院一样，CAFC 倾向于接受产品的有限用途是一种合理的非侵权用途，从而可以排除默示许可的适用。然而，上述两个判决中美国法院所认定非侵权用途似有强词夺理之嫌，其并非完全站得住脚。

综上，从这些曾被提及的非侵权用途中，人们很难抽象出具体的标准。正如有些美国学者所言，法院的决定往往是结果导向的，而不是由一个清晰的指导原则驱动的。❶ 事实上，通过研究美国法院的判决可以发现，在具体的案件中非侵权用途的判断是非常灵活的，其取决于每个案件的具体情况。当然，非侵权用途的判断也应当体现专利权人与社会公众利益之间的平衡。

四、专利权用尽原则的适用范围与专利权所覆盖的产品

对于我国专利法而言，上述专利权用尽原则适用范围的扩张值得我们借鉴。虽然专利权用尽原则的适用范围扩展至体现非生产方法专利的产品和体现专利实质技术特征的非专利组件产品或者未完成产品销售的情形，但该制度的运行还是需以有形产品的销售为前提。但是囿于传统认识，专利权用尽原则的适用条件主要为专利产品的销售，而专利产品原则上是指落入产品专利请求范围的产品。因此有必要重新确定专利权用尽原

---

❶ Amber Hatfield Rovner. Practical Guide to Application of（or Defense Against）Product – based Infringement Immunities under the Doctrines of Patent Exhaustion and Implied License［J］. 12 Tex. Intell. Prop. L. J. 227，2004：253.

则的适用条件，以适应司法实践的需要。有学者认为，可以使用 1975 年制定的《欧共体专利公约》中的"专利权所覆盖的产品"（product covered by a Community patent）这一措辞，使专利权用尽原则适用范围更加广泛一些。❶

笔者认为，《欧共体专利公约》的规定值得借鉴，通过使用该措辞可以使专利权用尽原则的适用范围进一步扩展至体现非生产方法专利的产品和体现专利实质技术特征的非专利组件产品或者未完成产品销售的情形，从而切实体现了专利权用尽原则的制度价值。但是，由于"专利权所覆盖的产品"的内涵与外延尚未确定，以之作为专利权用尽原则的适用条件，有可能使专利权用尽的适用范围过于扩大而损害专利权人利益，因此也应当谨慎使用。

本 章 小 结

作为专利产品销售抗辩的另一项具体制度，专利权用尽原则被大多数国家所采纳，欧共体更是以专利权区域用尽的形式加以确立。对于专利权用尽原则与限制性条件的关系，欧洲大陆法系国家认为专利权用尽原则具有强行性，不得由当事人之间的限制性条件排除适用。美国联邦最高法院的态度则摇摆不定，近年来 CAFC 认为专利权用尽原则可由限制性条件排除适用。

不同的理论基础导致了人们对专利权用尽原则不同规范属性的认识。强行性专利权用尽原则的理论基础包括报酬理论和

---

❶ 尹新天. 专利权的保护（第二版）[M]. 北京：知识产权出版社，2005：95.

利用相关性理论。在美国，财产权转移理论和默示许可理论被认为是任意性专利权用尽原则的理论基础。但是，由于财产权转移理论固有的适用范围和弊端，其无法成为任意性专利权用尽原则的理论基础；由于专利权用尽原则与默示许可理论存在本质上的差别，因此默示许可理论也不能成为任意性专利权用尽原则的理论基础。通过法律语言学的分析，美国所谓的任意性专利权用尽原则，事实上指向了英联邦国家的默示许可制度。

由于各种原因，美国的专利权用尽原则与默示许可又有某种程度的关联。一方面，这种关联导致了人们错误地认为专利权用尽原则的理论基础在于默示许可；另一方面，这种关联也使得广义的默示许可制度对专利权用尽原则的适用产生了影响。上述影响导致了专利权用尽原则适用范围的扩展，即体现非生产方法专利的产品和体现专利实质技术特征的非专利组件产品或者未完成产品的销售同样可适用专利权用尽原则。对此，人们可以使用"专利权所覆盖的产品"这一措辞来应对上述适用范围的扩展。

第五章 专利产品销售抗辩与
修理、再造

第一节 美国关于修理、再造的法律规制

在专利产品销售之后，人们往往采用专利产品销售抗辩对抗专利权人的侵扰。然而，专利产品销售抗辩只是一种基于售出专利产品的侵权抗辩，该产品的购买者并没有因专利产品的销售而获得更多的权利。

在适用专利产品销售抗辩的情形下，专利产品的购买者有权以任何方式使用或者转售该产品，对此专利权人无权干预。这里所提及的使用与转售，包括维护产品并使之处于正常的使用状态。换言之，伴随着使用或者转售专利产品的权利，购买者有权去维持该产品的使用寿命。❶ 但是，这种维护行为不能构成重新制造专利产品。如果专利产品的购买者维护产品的行为超过了一定的限度，使之实质上变成重新制造专利产品，那么这种行为就构成了对专利权的侵犯。对于上述两种情形，前者称为"修理"，而后者称为"再造"。❷

---

❶ Jazz Photo Corp. v. International Trade Commission, 264F. 3d 1094, 1102, 59 U. S. P. Q. 2d 1907, 1912 (Fed. Cir. 2001).

❷ 尹新天. 专利权的保护（第二版）[M]. 北京：知识产权出版社，2005：136.

就修理与再造问题产生的根源来看，制止再造行为的目的并不在于限制专利产品的合法购买者维护其专利产品的行为，而在于限制某些组件供应商为产品的维护提供组件的行为。一般情形下，由于组件本身并没有获得专利权保护，因此专利权人只能通过指控组件供应商间接侵犯其产品专利权，才能阻止上述行为。但是，间接侵权指控成立的必要条件是存在直接侵权。因此，专利权人必须证明专利产品购买者更换原有组件的行为构成再造，由此直接侵权成立，进而其才能追究组件供应商的间接侵权责任。这正是修理与再造问题的由来。

一、构成修理的案例

1. 威尔逊诉辛普森（Wilson v. Simpson）案

威尔逊诉辛普森案❶是美国第一起涉及对专利产品的修理与再造进行区分的案件。本案涉及的专利产品是由齿轮、轴和刨刀组成的刨床，其中刨床所采用的刨刀需要 60 天至 90 天更换一次，而齿轮、轴和刨刀都没有单独获得专利权的保护。在本案中，专利权人指控被告更换刨刀的行为构成了再造专利产品。

专利权人指出，专利权用尽原则赋予专利产品购买者的权利仅仅是继续自由地使用该产品，一旦专利产品不复存在，购买者的使用权也将随之终结。此后，如果购买者想要继续使用专利产品只有一种可能性，那就是重新制造专利产品，而这当然属于侵犯专利权的行为。

然而，在何种情形下可以认为专利产品已经不复存在了

---

❶　Wilson v. Simpson, 50 U. S. 109, (1850).

呢？对此专利权人认为，当专利产品由多个组件组成时，只要其中任何一个组件由于使用或者其他原因而损坏，那么该专利产品就不复存在了。

对于专利权人的观点，美国联邦最高法院并未予以支持，其认为在经过数月的使用之后，将刨床上已经报废的刨刀进行更换是被允许的修理行为：

> 根据本案的证据，这种刨床可以使用多年，而刨刀每60天至90天就需要更换一次。在顾客购买刨床时，更换刨刀的权利就转移给了顾客，否则除了在60天至90天内使用外，顾客购买这种刨床别无用处。

> 即使一个组件报废而使整个机器不能使用，这并不能说明该机器不复存在了，更换损坏的组件以恢复机器原有的性能是法律允许的修理行为。

> 本案中，如果机器的使用取决于刨刀的更换，那么即使该刨刀是发明的核心和关键部分，从发明人的意图来看，对刨刀的更换也不构成再造，而是恢复该机器原有功能的行为。

> 购买者有更换刨刀的权利并非因为刨刀是易损耗物，而是因为该产品的发明人将刨刀作为机器的组成部分，该机器在一定期间内没有更换刨刀，机器将无法使用，从而该发明对发明人或其他人而言会变得没有太大的用处。机器的其他部分虽然也可能损耗，但是并不像刨刀那样需要经常更换。这些没有明确使用期限的部分，在专利权人预期中会和整个机器的使用期限一致，而不需要经常更换。当然，在超过该部分的使用期限，购买者也明白不能再继

续使用该机器了。如果有些组成部分是机器暂时使用的部分，且必须经常更换，由于该部分不能和机器的其他部分一样持久，专利权人就不能阻止购买者以上述方式使用机器。可见，更换暂时部分并不改变机器的同一性，而是为了保存它。❶

威尔逊案以专利权人的失败而告终，同时它也确立了以综合考虑多方面因素的方式区分修理与再造的先例。在本案中，为了区分修理与再造，美国联邦最高法院并没有提供一个明确的判断依据，而是提出了几种需要考虑的因素，例如发明人的意图、专利产品购买者的期望、更换组件的使用寿命与专利产品的使用寿命的关系等等。从之后美国相关案例的判决来看，威尔逊案对于如何区分修理与再造具有重要的指导意义。

2. Aro Mfg. Co. v. Convertible Top Replacement Co. 案

Aro Mfg. Co. v. Convertible Top Replacement Co. 案❷的专利涉及敞篷车的帆布车顶。该帆布车顶由帆布顶棚、支架、帆布与车体之间的密封装置等组成，各项组件没有单独申请专利。其中，用纺织材料制成的顶棚使用 3 年就会损坏，而其余组件则具有与汽车相同的使用寿命。被告 Aro Mfg. 公司制造并销售由纺织材料制成的产品，该产品被设计成用于更换帆布顶棚的结构。对此，专利权人指控该行为构成对其专利的间接侵权。

在本案中，地区法院认定被告的行为构成间接侵权。随后，第一巡回上诉法院维持了地区法院的判决，并认为用纺织

---

❶　Wilson v. Simpson, at 125 – 126.

❷　Aro Mfg. Co. v. Convertible Top Replacement Co. , 365 U. S. 336 （1961）.

材料制成的顶棚并非具有很短的使用寿命，并且其价格也不低，因此可以推定专利产品的购买者应当认识到更换顶棚是一种再造行为，而不是修理行为。

然而，美国联邦最高法院推翻了第一巡回上诉法院的判决，认为更换顶棚是被允许的修理行为：

> 由非专利组件组成的专利产品的再造必须限于真正的再造，即在专利产品整体被认为报废之后，事实上制造了一个新的产品。专利权人要想第二次行使其专利权，就必须存在第二次再现专利产品的行为，如同本院在 American Cotton Tie Co. v. Simmons 案中认定的那样。每次仅仅更换一部分组件，不论是重复地更换同一组件还是先后更换不同的组件，都是专利产品购买者合法修理其所有物的权利。❶

虽然布伦南（Brennan）法官同意本案的结论，但是他认为判决中对于是否构成再造的判断标准过于狭窄了。布伦南（Brennan）法官指出，区分修理与再造的标准不能只是单一的判断标准，而应考虑更多的因素，例如组件的使用寿命与专利产品的使用寿命的关系、组件对发明的重要性、组件价值与专利产品整体价值的关系、专利权人与购买者对组件为易耗损品的认识等相关因素。然而，布莱克（Black）法官批评了布伦南（Brennan）法官所提出的综合判断方法，认为该方法通常是毫无意义的，而且其只会制造更多的混乱。

---

❶ Wilson v. Simpson, at 346.

本案是涉及修理与再造区分问题的相当关键的一个判决，因此引起了各方的关注。首先，法院论述的最后部分对美国各级法院产生了重大的影响。总体看来，美国联邦最高法院倾向于更为严格地限制再造行为的认定。对于法院论述的最后部分，人们可以将其理解为只有同时更换一个专利产品的所有组件，才构成再造行为。然而，如果真的采纳这一标准，那么产品购买者可以轻易回避专利权人的指控。对此，有学者用"假冒斧子"的寓言来比喻：这是我家祖传的斧子，虽然斧子的手柄已经更换了五次，斧头已经更换了两次。❶ 对于寓言中的斧子，如果手柄和斧头都已经更换，还能被视为原有的产品吗？其次，本案通过专利产品是否报废这一标准来界定修理与再造，然而认定专利产品是否报废又是一个难以回答的问题。

将 Aro Mfg. 案与威尔逊案对比可知，威尔逊案的判决思路是综合分析多方面的因素，Aro Mfg. 案则重点分析了专利产品的报废性（spentness），两者的分析思路显然不同。然而，作为美国联邦最高法院具有影响力的两个判决，威尔逊案和 Aro Mfg. 案都成了美国各级法院审理类似案件的重要依据，只是有的案件遵循前者，有的案件遵循后者，并没有形成一个统一的标准。

3. General Electric Co. v. Untied States 案

General Electric Co. v. Untied States 案❷（以下简称"General Electric Ⅱ案"）涉及美国海军大规模整修受专利保护的炮

---

❶ Amber Hatfield Rovner. Practical Guide to Application of（or Defense Against）Product – based Infringement Immunities under the Doctrines of Patent Exhaustion and Implied License［J］. 12 Tex. Intell. Prop. L. J. 227，2004：272.

❷ General Electric Co. v. Untied States，215 Ct. Cl. 636，572 F. 2d 745，198 U. S. P. Q. 65（1978）.

台。其中，整修行为包括拆卸炮台的组件，并以新组件或从其他炮台拆下的组件对损坏而不能修理的炮台组件进行更换。

在本案中，地区法院认为炮台的使用寿命已自然终结，因此炮台已经报废，上述重组行为构成了再造。对此，上诉法院则认为，虽然在大规模组装中没有几个炮台维持了同一性，然而炮台的 70 个组件中，专利权人至少提供了 50 个，即平均每个炮台中，主要组件是由专利权人提供的。同时，不论各部分组件来源如何，大规模的组装行为只是基于经济和效率的考虑，其效果相当于对个别炮台拆卸并重新以原有组件组装并更换少量损坏的组件。

对于本案的判决，法院以专利权人提供的组件比例为依据对修理与再造加以区分。同时，法院的判决也考虑了经济、效率等因素。法院指出，炮台的组装成本平均是 10 万美元，而炮台价值却接近 1 亿美元。因此，本案判决可以视为采纳了威尔逊案综合判断方法的判决。

4. Dana Corp. v. American Precision Co. 案

在随后的 Dana Corp. v. American Precision Co. 案❶ 中，CAFC 引用了 General Electric Ⅱ 案的判决，认为被告的行为属于被允许的修理。

本案的专利产品涉及卡车的离合器，该离合器由单独不受专利保护的组件组成。被告收集被更换的旧离合器并将其拆卸、清洗，随后将离合器的组件分类整理。此后，被告使用生产线组装离合器，其中所使用的组件主要是从旧离合器上拆卸下来的，当

---

❶ Dana Corp. v. American Precision Co. , 827 F. 2d 755, 3 U. S. P. Q. 2d 1852 (Fed. Cir. 1987).

然其也使用了少量的新组件。组装后的离合器与受专利保护的离合器相同，随后被告销售新组装的离合器，专利权人则起诉被告侵犯其专利权，并认为被告是在再造专利产品。

对此 CAFC 认为，将废旧的专利产品拆开后重新组装，并不是将专利产品破坏后重新制造的行为；不论组件的来源如何，使用生产线对专利产品进行组装只是一个经济效率的问题，其与逐个拆开专利产品并更换少量已损坏组件后重新装配的行为具有同一个效果，以商业规模进行大量组装并不能改变其行为的性质。

由此可见，在 Dana 案中 CAFC 将修理的范围进一步扩大，其中以生产线进行大规模的商业组装都不影响对修理的认定。

5. Kendall Co. v. Progressive Med. Tech. , Inc. 案

在 1996 年的 Kendall Co. v. Progressive Med. Tech. , Inc. 案❶中，CAFC 对组件报废的情形做了重要补充，认为报废并不仅指一个组件不能继续使用，当继续使用一个组件是不实际或者不合理时，这个组件也可被视为已经报废。

本案的专利产品涉及一种医疗设备，该设备主要用于向患者四肢加压，以预防和治疗静脉血栓。其中，该医疗设备主要由控制泵、压力套和连接管三部分组成。为了防止感染，使用该医疗设备的医疗机构在每个病人使用之后会更换一次压力套，专利权人在其出售的压力套更换件的包装上也标明"限一次使用，不得重复使用"的字样。因此，顾客在购买控制泵和连接管之后，通常会购买大量的压力套。本案被告制造并销售用于更换的压力套，专利权人以帮助侵权为由提起诉讼。

---

❶ Kendall Co. v. Progressive Med. Tech. , Inc. , 85 F. 3d 1570（Fed. Cir. 1996）.

专利权人认为压力套在更换时并没有损坏，因此在更换压力套时该设备事实上并不需要维修，因此关于专利产品修理的规则无法适用。但是，CAFC认为产品购买者更换医疗设备中的压力套是被允许的修理行为：

> 法院从未认为一个组件只有在不能继续使用时才构成报废。我们相信当继续使用一个组件显得不实际或不合理时，该组件就报废了。虽然Kendall公司主张该被更换的压力套理论上可以反复使用三年或更久的时间后才会形成物理上的报废，但这种主张是不可行的，因为这样会带来感染的风险。且Kendall公司出售压力套更换件时也在包装上标示了"限一次使用，不得重复使用"的字样，其明显允许顾客在每次使用医疗设备后更换压力套。因此我们认为Kendall公司的顾客拥有修理该设备的权利，包括在每次使用医疗设备后更换压力套。❶

本案以更换组件是否报废为依据，对专利产品购买者是否有权更换组件作出判断。同时，组件报废与否除了考虑物理使用寿命之外，还有可能基于卫生安全等其他因素而认定组件的使用是不实际的或不合理的，此时同样可以认为该组件已经报废。

6. Jazz Photo Corp. v. International Trade Commission 案

Jazz Photo Corp. v. International Trade Commission 案❷ 是

---

❶ Kendall Co. v. Progressive Med. Tech. , Inc. , at 1574 – 1575.

❷ Jazz Photo Corp. v. International Trade Commission, 264 F. 3d 1094, 59 U. S. P. Q. 2d 1907（Fed. Cir. 2001）.

CAFC 于 2001 年作出的判决。在本案中，Fuji 公司生产了一种一次性相机，并就该相机申请了 14 项专利。该相机主要部分涉及快门、快门按钮、卷轴、镜头、胶片前进器、计数器，其他型号的产品还涉及闪光灯和电池。该一次性相机使用之后，由胶片冲洗人将相机主要部分拆开并取出胶片进行冲洗。被告购买了旧相机进行了加工，过程大致如下：去掉纸盖、打开塑料包装、放入新胶片和胶卷盒、更换卷轴、更换电池、重置计数器、重新封装。被告将加工的相机进口到美国，Fuji 公司向美国国际贸易委员会（International Trade Commission）申请发布禁令，该申请得到了美国国际贸易委员会的认可，被告随即向 CAFC 提起上诉。

　　由于区分修理与再造的前提是专利权是否用尽，CAFC 首先以首次销售地区为依据对售出的相机进行了区分，认为只有在美国首次销售而导致专利权用尽的相机才能进行修理与再造问题的探讨。随后，针对首次在美国销售的相机，CAFC 认为因专利权在首次销售时已用尽，被告的行为是得到了允许的修理，从而不构成专利侵权。

二、构成再造的案例

1. American Cotton – Tie Co. v. Simmons 案

　　在 1882 年 American Cotton – Tie Co. v. Simmons 案❶中，美国联邦最高法院率先作出了认定再造成立的判决。本案的专利权人获得了一项棉花捆包装置的专利，该装置是一

---

❶　American Cotton – Tie Co. v. Simmons, 106 U. S. 89（1882）.

个由金属扣和金属带组成的用于捆扎棉花包的捆扎带。顾客从专利权人那里购买了这种捆扎带以后，将棉花包捆扎以便把棉花包从种植园运输至棉花加工厂。在棉花加工厂，这种捆扎带被剪断。被告将剪断后的金属带片段收集起来并拼接在一起，再加上原有的金属扣，作为新的棉花包捆扎带出售。随后，专利权人指控被告侵犯了其专利权。

对此，美国联邦最高法院认为被告的行为构成再造，并指出：

> 无论被控侵权人对原有的金属扣拥有什么样的权利，他们都不能将金属扣和实质上新制造的金属带连接在一起，以制造一个棉花包捆扎带。被控侵权人的金属带是采用原有金属带的片段拼接而成，这种拼接行为从任何意义上说都不是修理金属带或者修理整个装置的行为。原装置的购买者自愿剪断金属带，因为在棉花包运抵加工厂之后，该装置就已经完成了其预定的功能。该装置作为捆扎棉花包的用途已经被自愿地破坏了，因此不能再用作捆扎带使用。尽管被控侵权人采用原有的金属扣，但是对于整个专利装置来说却是一种再造的行为。❶

作为判定再造成立的案例，长期以来 Cotton – Tie 案与前述 Wilson 案一直作为美国法院对修理与再造问题进行区分的基本

---

❶ American Cotton – Tie Co. v. Simmons, at 93 – 94.

依据。就 Cotton – Tie 案而言，本案从产品功能的视角来判断专利产品是否已经报废，剪断后的捆扎带既然已无法发挥捆扎棉花包的功能，被告拼接该捆扎带的行为即被视为重现此功能，从而被认定再造了专利产品。

2. Sandvik Altiebolag v. E. J. Company 案

CAFC 于 1997 年对 Sandvik Altiebolag v. E. J. Company 案❶ 的判决被认为是体现美国联邦最高法院威尔逊案判决思路的典型案例。

本案专利产品涉及一种钻头，该钻头主要由金属钻杆和碳化物钻尖构成，其中钻尖的特殊构造提高了钻头的钻透能力。通常，该钻尖在钻透 1000 英寸厚的物体后会变钝。专利权人认为钻尖是可以打磨的，并在钻头出售时提供了如何打磨的说明。本案被告提供钻头维修服务，包括打磨和更换钻尖。当钻尖不能再打磨时，被告应客户的要求更换钻尖。其更换的方式是用华氏 1300 度的高温把钻尖卸下，再焊上一个长方体碳化物，该碳化物冷却后被加工成前述钻尖的形状。

对此，专利权人主张被告更换钻尖的行为是对钻头的再造，并向法院提起诉讼。地区法院认为被告的行为只是修理，进而专利权人上诉至 CAFC。

CAFC 认为，在认定被告是否制造一个新专利产品时有很多因素需要考虑，其中包括被告行为的性质、更换组件的性质、组件的使用寿命与整个专利产品的使用寿命的关系、针对组件进行改造服务的市场是否形成、专利权人的意图等：

第一，就被告行为的性质而言，被告不只是以一个新的组

---

❶ Sandvik Altiebolag v. E. J. Company, 43 U. S. P. Q. 2d 1620 (1997).

件更换旧的组件，而是通过几个步骤完成钻尖的更换、定型和整合，这些工作实际上是在专利产品报废后进行的重新制造行为。事实上，客户记录显示多数客户在钻头报废后，常常选择不更换钻尖，而是直接丢弃该钻头。此外，更换钻尖的过程不是一种简单的拆装过程，而是需要进行一系列较为复杂的组装和调试，可见更换钻尖的过程更接近于再造而非修理。

第二，就更换组件的性质而言，本案不属于专利产品使用寿命明显长于某一组件使用寿命的情形。尽管在钻头正常的使用过程中，人们需要对钻尖进行几次打磨，但是钻尖不像威尔逊案中刨刀那样必须定期更换。在生产者与使用者的预期中，钻尖的使用寿命并不比钻杆的使用寿命短。

第三，就提供改造服务的市场而言，没有证据表明存在一个为更换钻尖而提供改造服务的市场，尽管一些客户要求被控侵权人能够为其更换钻尖，但是这些客户只占全体客户的很小一部分。

第四，就专利权人的意图而言，同样也没有证据表明专利权人试图支持更换钻尖只是修理的主张。专利权人从未有过为客户更换钻尖的意图，其不生产和销售可更换的钻尖，也没有提供如何更换的说明。虽然修理与再造的区别不仅仅决定于专利权人的意图，但是专利权人没有生产和销售可更换钻尖的事实与更换钻尖不是修理的结论是一致的。

基于上述事实的认定，CAFC 认为被告的行为构成了专利产品的再造，因此推翻了地区法院的判决，认定被告侵权成立。

在本案判决的基础上，结合先前的案例，有学者总结了如下的判断方法：

（1）专利产品中某个或者某些组件的更换方式是复杂的还是简单的。如果更换需要进行较多的步骤，或者需要较为复杂的操作与调试，则更换组件的行为更有可能被认定为再造行为而非修理行为。

（2）与整个专利产品的使用寿命相比，被更换组件的使用寿命是基本相当还是短得多。如果被更换的组件更容易受到损坏并需要经常更换，则更换组件的行为更有可能被认为是修理行为而非再造行为。

（3）组件的更换是否产生实际的市场需要。如果事实上只有很少的购买者希望进行更换，则更换组件的行为更有可能被认为是再造行为而非修理行为。

（4）是否有证据表明专利权人明知或者承认其专利产品的某个或者某些组件需要不断地予以更换，例如专利权人是否为其出售的专利产品提供更换的组件等。如果没有这样的证据，则更换组件的行为更有可能被认定是再造行为而非修理行为。❶

三、构成类似修理的案例

修理与再造的问题不仅限于更换专利产品中磨损或者毁坏的组件，也包括改造专利产品的组件使之具有其他性能，后者通常又被称为类似修理。类似修理与修理的不同之处在于，修理是针对磨损或者毁坏的组件，目的是延长产品的使用寿命；而类似修理不仅是针对磨损或者毁坏的组件，其目的还在于改变产品的用途或改进产品的性能。在美国，被认定为类似修理

---

❶　尹新天. 专利权的保护（第二版）［M］. 北京：知识产权出版社，2005：141－142.

的行为不构成专利侵权，实际上这是将因修理而免责的范围进一步扩大了。❶

1. Wilbur – Ellis Co. v. Kuther 案

Wilbur – Ellis Co. v. Kuther 案❷的专利产品是一种制造罐头的机器，该机器由 35 个非专利组件组成，专门用于生产容量为 1 磅的罐头。专利权人许可他人制造销售该机器，被告购买了 4 个二手的罐头加工机器，其中 3 个已经生锈，另 1 个也需要清洗。被告清洗该机器并去除锈蚀，同时改变了其中 6 个组件的尺寸，使原本用于生产 1 磅容量罐头的机器可以生产 5 盎司容量的罐头。随后，原告起诉被告侵犯其专利权。

对于本案，地区法院和上诉法院皆认为，改造机器使之能生产不同规格的商品属于专利权人的权利，因此被告的行为构成专利侵权。对此，美国联邦最高法院则认为这样的行为不构成再造，理由在于：

> 这些机器事实上并没有报废，虽然需要清洗和修理，但是它们仍有数年的存续使用期限。当这些机器被维修并用于生产 1 磅的罐头时，毫无疑问这是修理，而不是再造。而当 35 个组件中的 6 个被改变尺寸或重新安置，这对专利并没有构成侵害，因为该机器生产罐头的规格尺寸，以及这 6 个组件的尺寸、位置、形状与构造等，都不是本发明的一部分。购买者将旧机器改造用于相关的使用

---

❶ 闫文军. 从有关美国判例看"修理"与"再造"的区分 [J]. 载国家知识产权局条法司. 专利法研究 2004 [M]. 北京：知识产权出版社，2005：394 – 395.

❷ Wilbur – Ellis Co. v. Kuther, 377 U. S. 422（1964）.

虽然不是习惯意义上的修理，但是却类似于修理，因为其与旧机器的使用性能有关，而对于旧机器的使用，专利权人已获得了相应的报偿。只有在专利权人排除他人制造专利产品的权利受到侵犯时，我们才能称之为再造。❶

对于改造专利产品中 6 个非专利组件以改变产品用途的行为，美国联邦最高法院认为该行为并不构成再造。事实上，本案的判决应当获得赞同，因为当售出专利产品以后，专利权人即得到了相应的报酬，同时也就放弃了限制他人使用专利产品的权利。在本案中，专利权人主张被告只得到使用这种机器加工 1 磅容量罐头的许可，但是在机器出售时专利权人未对此进行任何限制。当然，本案若是被告直接拆卸并更换 6 个组件，是否仍能得出不构成再造的结论就需要进一步分析了。

2. Hewlett – Packard Co. v. Repeat – O – Type Stencil Mfg. Corp. , Inc. 案

在 Hewlett – Packard Co. v. Repeat – O – Type Stencil Mfg. Corp. , Inc. 案❷中，原告 HP 公司获得一项打印机墨盒的专利，该墨盒的设计使其不能重复使用。同时，HP 公司在墨盒上也标明了警告标识，即 HP 公司对重新填装墨水所造成的损害不负责任，以及建议使用者立即丢弃旧墨盒。被告从专利权人那里购买新墨盒，对其内部结构略作改造，使之成为能够重新灌注墨水的墨盒，然后将改造后的墨盒和墨水一同出售给

❶　Wilbur – Ellis Co. v. Kuther, at 424 – 425.

❷　Hewlett – Packard Co. v. Repeat – O – Type Stencil Mfg. Corp. , Inc. , 123 F. 3d 1445（Fed. Cir. 1997）.

打印机用户。对此，专利权人指控被告的行为构成了再造专利产品的行为，法院则认为这构成类似修理的行为：

> 该改造行为不是传统意义上的修理，因为被告购买的墨盒上的盖子并没有耗损。但是该行为也不构成再造，因为再造只有在专利产品整体耗损后才会发生。虽然并没有明确的界限去区分该产品的改造行为究竟是允许的修理或者构成专利侵害的再造，在本案中我们认为对墨盒上盖子的改造行为仍不构成再造，而是更接近于修理。……改造墨盒的行为并不构成再造，因为基于墨盒原有的部分，被告只是改变了墨盒与盖子的连接方法。这一改变使被告的客户能够在专利墨盒的使用寿命期限内继续使用该墨盒，而不是限于原始墨盒中墨水的使用寿命。❶

由上述法院的论述可知，HP 案仍旧是从报废的视角来分析问题的，但是如果分析的具体角度存在差异，结果将迥然不同。从功能上分析墨盒是否报废，如果认为墨盒的功能在于储存墨水，则即使墨水用完，墨盒仍未报废，这正是本案法院的见解。然而，如果认为墨盒的功能在于安装于打印机并提供墨水，则用完墨水的墨盒将丧失使打印机工作的功能，此时墨盒即已报废。可见，对于专利产品报废与否的判断，仍可能因着重点不同而产生不一样的结果。因此，单纯以专利产品报废与否来决定改造行为或者更换组件行为构成修理或者再造，其结果仍将充满不确定性。

---

❶ Hewlett – Packard Co. v. Repeat – O – Type Stencil Mfg. Corp. , at 1452.

第二节 日本关于修理、再造的法律规制

一、相关理论

日本学者吉藤幸朔认为，为维持或者恢复机器最初运转状态而采取的行为叫做修理，改造则是把机器改变为不同构造的物品，而解决修理与改造问题的一般标准可以分为基本标准和辅助标准。其中基本标准是指，考虑上述问题时首先应当判断其修理或改造行为是否仅属于专利权人有权进行的制造行为。在根据上述基本标准进行判断有困难时，可以根据辅助标准加以解决，它是基本标准的补充，主要有两点：其一，考虑专利权人出售其专利产品后，其专利权的效力不再及于该专利产品的那种效果（即专利权用尽原则的效果）在将要修理或改造的专利产品上还剩多少；其二，比较、衡量专利权人和购买者的利益，看哪一个符合社会一般看法和商业上的正常习惯。❶ 可见，吉藤幸朔初步确立了区分修理与再造的标准，并同样将类似于修理的改造行为与修理并列。

对于维护行为或者更换组件行为在什么情况下构成对专利权的侵害，日本学者田村善之作了更为详细的分析：

（1）从该种行为（即使是形式上的）究竟是否属于专利发明的物的生产来进行判断。该种行为如果符合权利要求范围内所界定的物的生产行为，则构成专利权侵害。

---

❶ ［日］吉藤幸朔. 专利法概论［M］. 宋永林，魏启学，译，北京：专利文献出版社，1990：409－410.

（2）即使形式上符合生产要件，也有必要从是否构成用尽范围内使用的角度进行考察。在这种情况下，超过权利要求构成要件所界定的物的大部分的修理或者绝大部分的更换行为，作为超过用尽理论许可使用范围的再造行为，应当判断为与专利权相抵触的行为。不采用是否构成技术思想的本质部分的变更从而作为区分侵权是否成立的标准的观点，也不采用是否超过与权利要求没有关系的投放市场的产品的绝大部分作为标准判断侵权是否成立的观点。此外，在这种情况下，无须考虑专利权人和购入者个别的特有的属人情况，应该一律地决定是否属于用尽。

（3）即使应当判断为用尽范围外的再度生产行为，也必须考虑是否存在默示许可因而不构成侵权的情况。在这种情况下，应该考虑（与权利要求没有关系）修理或者更换的部分在投放市场的产品中实际上占有的比率、专利权人和购入者的实际情况。对于消耗品的更换行为，应当主要考察默示许可法理适用的情形。在专利权人行使反对意思表示的场合，或者施加了物理障碍的场合，应该根据独占禁止法或者专利权滥用的法理来进行调整。❶

二、日本的案例

1. Fuji 相机案❷

与前述 Jazz Photo 案一样，本案也涉及 Fuji 公司生产的一

---

❶ ［日］田村善之. 修理、零部件的更换与专利侵权的判断［J］. 李扬译，载吴汉东. 知识产权年刊（2006 年号）［M］. 北京：北京大学出版社，2007：51－52.

❷ 东京地方法院 2000 年 8 月 31 日判决，平成 8（ワ）第 16782 号。本案中文资料亦可参见张丽. 再生商品与专利侵权关联性之研究——以日本再生墨盒专利案为例［D］. 重庆：西南政法大学，2008：8.

次性相机。被告从胶片冲洗店购买使用过的 Fuji 相机，在更换相机中的胶片后将其进口至日本。Fuji 公司主张被告的行为侵害了其一次性相机的专利权，被告则主张在首次销售相机后，Fuji 公司的专利权已经用尽，因此其行为构成许可的修理行为。

在本案中，东京地方法院试图在判决中界定修理与再造的区别。法院主张即使 Fuji 公司没有对胶片申请专利，被告的行为仍会构成专利侵权，理由如下：

第一，在专利产品销售后至该产品的效用终了前，对于这段时间的专利产品的使用与转售，专利权人已经取得公开其专利发明的对价。但是，对效用终了后的专利产品再加工形成可继续使用或转售的产品，则会剥夺公众对新专利产品的需求，这对专利权人是不公平的。

第二，专利产品效用终了的时间，不仅可由专利权人或专利产品制造者、销售者的意思决定，同时也需要考虑专利产品的机能、构造、材质、用途、使用形态、交易情况等各种因素。通常，专利产品效用终了的情形有：（1）伴随时间的经过而发生物理上的磨损或者化学上的变化，导致实际上不能使用该专利产品；（2）尽管物理上有多次使用的可能，但是从卫生安全的角度来看再次使用须被禁止，例如用完即丢弃的注射器、抛弃式隐形眼镜等；（3）尽管物理上有多次使用的可能，但依一般的社会观念，在一定次数的使用后效用即终了。

第三，被告更换了专利产品的重要组件后，维修的产品与原有的产品不再具同一性。此时，该更换行为构成实质上的再造而非修理。换言之，在专利产品完全报废后的恢复是不被允许的；而在专利产品报废前，仅当更换部分为非重要部分时修理才被允许。

最终，东京地方法院认为胶片是一次性相机关键结构中的主要组件，在相机一次性使用并取出胶片之后，相机的质量会显著下降，依据一般的社会理念该相机的效用已终了。因此，更换胶片的行为构成专利产品的再造。

基于前述威尔逊案的判决，美国法院认为更换一个破损的组件，不管其是用旧的还是损坏的，也不管其是否为专利产品的重要组件或者为发明的本质部分，这些都是法律允许的修理行为。判断再造的关键是看被告是否在专利产品整体报废之后，又重新制造了新的专利产品。由此可见，对于类似的一次性相机案件，美日两国法院的观点并不相同。

同时，本案判决确定了专利产品终了的几种具体情形，应当说具有一定的参考价值。此外，东京地方法院认为在专利产品完全报废后的恢复是不被允许的；而在专利产品报废前，仅当更换部分为非重要部分时修理才被允许。然而，何谓专利产品的重要部分，对此法院并没有予以明确。

2. 佳能（Canon）墨盒案

（1）案件事实。

佳能公司设计并制造了仅可用于其所生产的打印机的BCI－3e墨盒，并在日本对该墨盒申请了产品专利和方法专利。一般的墨盒包含两个腔，第一腔用于储存墨水，第二腔用于提供打印的墨水。通常，第二腔的压力小于第一腔，这种两腔设计为打印机提供了稳定的墨水，但是其也存在第一腔的墨水过度溢流至第二腔的缺点。本案的专利墨盒因为包含了负压发生构件而能在两个腔之间保持持续的毛细作用力，因而改善了墨水过度溢流的问题。

佳能公司制造销售 BCI - 3e 墨盒之后，我国澳门的某些企业从北美、欧洲、亚洲等地收集了用完墨水的墨盒，清洗并重新灌注墨水，而 Recycle Assist 公司将这些重新灌注墨水的墨盒进口至日本。本案墨盒在制造时原本带有一个墨水注入口，但是佳能公司将之密封，通常该注入口很难打开。本案的相关侵权人没有使用其原有的注入口，而是在墨盒的其他地方重新开了一个注入口。❶

2004 年 4 月，佳能公司以 Recycle Assist 公司为被告在东京地方法院提起诉讼，主张 Recycle Assist 公司进口并销售重新灌注墨水的墨盒的行为，侵害了其产品专利和方法专利。Recycle Assist 公司承认其销售的墨盒包含了产品专利和方法专利的所有技术特征，但是其以专利权用尽为由进行抗辩，认为佳能公司的专利权在首次销售墨盒时已经用尽，而重新填充墨水仅是为了延长墨盒的使用寿命，应属于被允许的修理行为。此外，佳能公司的主张也会损害对环保有所助益的回收企业的利益，且会将低价的再生墨盒逐出市场，从而对消费者产生不利的影响。

（2）东京地方法院判决。❷

东京地方法院声称，专利产品的制造权不属于专利权用尽的范围之列，原告对专利产品的权利是否用尽应依据被告加工再生产品的行为属于修理或者再造来判断，并依据专利产品的

---

❶ 张玲. 专利产品的修理与专利侵权问题探讨——从日本再生墨盒谈起 [J]. 知识产权，2007（3）：63.

❷ 日本东京地方法院 2004 年 12 月 8 日判决，东京地判平成 16 年（ワ）第 8557 号。本案中文资料可参见张丽. 再生商品与专利侵权关联性之研究——以日本再生墨盒专利案为例 [D]. 重庆：西南政法大学，2008：1 - 4.

功能、构造、材质、使用等特性，发明的内容，以及交易情况等因素进行综合考量。

基于本案的事实，并在遵循 Fuji 相机案判决——即在专利产品完全报废后的恢复是不被允许的；而在专利产品报废前，仅当更换部分为非重要部分时修理才被允许——的基础上，东京地方法院作出了如下认定：第一，本案墨盒在墨水用完之后仍可利用，其比消耗品墨水有更长的使用寿命；第二，墨水用完后，受专利保护的提高毛细作用力的负压发生构件仍然存在；第三，充填墨水虽然是本发明的要素之一，但墨水本身不是专利保护的部分，清洗墨盒并重新充填墨水并非更换重要组件；第四，本案墨水用完的墨盒作为垃圾而废弃的可能性较高，从节约、环保的观念出发，使用廉价的再生墨盒更利于环保。

根据上述认定，东京地方法院认为本案墨盒的再生行为属于修理而非再造。同时，Recycle Assist 公司将回收的墨盒进口销售时，佳能公司的专利权已经用尽，故而 Recycle Assist 公司未侵犯佳能公司的专利。

（3）知识产权高等法院判决。❶

本案随即被上诉至知识产权高等法院，而该法院撤销了东京地方法院的判决。首先，知识产权高等法院承认专利权会在专利产品首次销售后用尽，一旦专利权用尽，修理专利产品的行为通常会被允许。然而，法院提出了两项专利权并未用尽的

---

❶ 日本知识产权高等法院 2006 年 1 月 31 日判决，知的财产高裁平成十七年（ネ）第 10021 号。该法院于 2005 年 4 月成立，隶属于东京高等法院。本案中文资料亦可参见张丽. 再生商品与专利侵权关联性之研究——以日本再生墨盒专利案为例［D］. 重庆：西南政法大学，2008：1-4.

例外情形：

第一，当专利产品的使用寿命终了而不能发挥其效用时，重新再生专利产品；

第二，更换或改造专利产品某一部分的全部或部分组件，而该部分是发明的核心部分。

知识产权高等法院认为本案并不属于情形一，因为在墨水用完之后，墨盒物理上仍可能重新填充墨水而继续使用，一般社会观念也不会认定墨盒已经报废，因此墨盒的效用仍将持续。至于本案是否属于情形二，知识产权高等法院尝试对发明的核心部分进行定义，即发明的核心部分是指在请求专利保护的范围中，能解决之前无法解决的技术问题的部分。由此，法院必须判断什么是之前未解决而由本发明解决的技术问题。

对此，知识产权高等法院认为产品权利要求 1 中的下述技术特征非常重要，即两个腔接合处因负压发生构件而产生的毛细作用力，因为这项技术特征解决了之前墨水过度溢流的问题，由此其构成了本发明的核心部分。然而，在墨水用完之后，上述技术特征就不再存在了，重新填充墨水的行为相当于制造了这项技术特征。因此，法院认为重新填充墨水的行为构成再造，从而被告的行为侵害了佳能公司的专利。

将东京地方法院与知识产权高等法院的判决进行对比可知，虽然东京地方法院与知识产权高等法院都认为墨盒在墨水用完之后并未报废，但是东京地方法院认为墨水并非墨盒中的重要组件，故被告填充墨水的行为不构成再造。然而，知识产权高等法院认为本案墨盒中两个腔接合处的毛细作用力正是解决了之前墨水溢流问题的核心部分，重新填充墨水的行为再现了此项技术特征，故而构成了再造。

对于 Recycle Assist 公司提出的基于环保政策而回收再利用墨盒的行为应当受到鼓励的抗辩，知识产权高等法院认为在解释专利法时，环保政策应该被考虑。然而，该法院也指出，由佳能公司收集墨水用完的墨盒并制造打印耗材的行为同样可以与环保政策保持一致。

（4）最高法院判决。❶

虽然最高法院在结论上支持了知识产权高等法院的判决，但其采用了综合判断方法对本案进行了分析。

最高法院认为，如果专利权人在日本销售的专利产品被改造或更换组件，且事实上该行为再造了一个新的专利产品，那么专利权人可以行使专利权对抗该行为。而该行为是否构成再造则须全盘考虑专利产品的特性、发明的内容、改造或者更换组件的细节、交易情况等因素。其中，专利产品的特性是指产品的功能、结构、材质、使用寿命和通常使用形态；改造或者更换组件的细节是指改造的情形、内容和程度，以及更换组件的使用寿命、技术功用和经济价值。

最高法院指出，佳能公司专利墨盒的特点是一次性使用，无充填墨水的开口；负压发生构件的设计是为了防止墨水溢流，在回收的墨盒上开孔、清洗墨盒和灌墨，实质上这是恢复了墨盒已不再具有的重要的技术特征。由此，最高法院认定 Recycle Assist 公司进口的产品符合再生产品构成侵权产品的要件，即加工再生产品的行为属于不被允许的再造。

---

❶ 日本最高法院 2007 年 11 月 8 日判决，最高法平成 18 年（受）第 826 号。本案中文资料亦可参见张丽. 再生商品与专利侵权关联性之研究——以日本再生墨盒专利案为例［D］. 重庆：西南政法大学，2008：1 - 4.

最终，日本最高法院维持了知识产权高等法院的二审判决，认定 Recycle Assist 公司专利侵权成立。至此，历时 43 个月、历经三审的佳能墨盒案终于尘埃落定。

（5）案件评析。

首先，与知识产权高等法院不同，最高法院综合考量了本案的各种因素来区分修理与再造，其所采取的综合判断方法值得赞同。

其次，虽然本案提出了"发明的核心部分"这一概念，但事实上本案的判决依旧遵循了 Fuji 相机案的判决，即在专利产品完全报废后的恢复是不被允许的；而在专利产品报废前，仅当更换部分为非重要部分时修理才被允许。但是，对专利产品重要部分或者发明核心部分的判断可能因着重点不同而产生差异。东京地方法院认为墨水不是专利墨盒的重要部分，也不是发明的核心部分，因此再生行为属于修理。然而，知识产权高等法院认为专利产品的重要部分或者发明的核心部分是指在请求专利保护的范围中，能解决之前无法解决的技术问题的部分。本案中受专利保护的墨盒解决了之前墨水溢流的问题，而该功能在墨水用完后不再存在，重新填充墨水将会再现此功能，因此更换墨水即为更换专利产品的重要部分或者发明的核心部分。

应当注意的是，由于佳能墨盒案间接涉及我国打印机耗材的生产厂商，因此本案的判决在我国引起了强烈的反响。为此，2006 年 4 月 28 日国家知识产权局知识产权发展研究中心在北京组织了国内外知识产权专家，对本案二审判决所涉及的法律问题进行了研讨。

在此次研讨中，张耕教授认为我国澳门某些企业的行为仅仅是填充墨水，而不是对负压发生构件的更换，该行为应当是合法的修理行为而非再造行为，因此不应当认定专利侵权。根据专利权用尽原则，专利权人的控制范围不应涉及填充墨水的行为。

对于日本法院坚持采用的专利产品的重要部分或者发明的核心部分的判定标准，张广良法官认为，本案通过核心部分的更换来认定侵权，这种从技术构思角度来确定专利权保护范围的做法早已被专利法所抛弃。对于一个发明而言，任何部分都是关键部分；在专利侵权判定时，权利要求的任何要素都是同样重要的。

此外，美国的斯蒂芬（Stephen B. Judi. Owe）律师也认为，在美国专利产品的重要部分或者本质部分这一概念一直是被拒绝的。无论这个部分在发明里是多么的重要，在区分修理与再造时都不会起任何作用。❶

第三节　修理与再造的认定

依据专利产品销售抗辩，在专利产品售出并且专利权人未设置限制性条件的情形下，产品的购买者获得了不受专利权人约束的使用或者转售该产品的权利。这里所提及的使用与转售，包括维护产品并使之处于正常的使用状态。可见，合法的修理行为是专利产品使用权或者转售权的合理延伸。

通常，专利产品销售抗辩只是基于售出专利产品而产生的抗辩，但是专利产品维修前后并不能保证该产品事实上的完全

---

❶ 超青. 再生墨盒是否构成专利侵权? [N]. 中国知识产权报, 2006-6-21 (7).

同一。严格说来，专利产品的修理权能否产生于专利产品销售抗辩值得商榷。由前述区分修理与再造的相关案例可知，当事人的预期等相关因素也会一并考虑。因此，逻辑上区分修理与再造的规则更接近于广义默示许可的范畴。

然而，法律制度不应当过于僵化。由于广义的默示许可同样具有狭义的默示许可所存在的缺陷，为了平衡专利权人与社会公众的利益，各国都对专利产品销售抗辩的效力范围进行了一定突破，即将专利权用尽原则和默示许可的效力范围扩展至专利产品的修理行为。事实上，专利产品的修理位于专利产品的使用与制造之间的模糊地带。由此，问题的关键在于如何认定被允许的修理与不被允许的再造。

一、不同认定方式的比较

专利产品的购买者拥有修理产品的权利，其原因在于产品的购买者有权去维持产品的使用寿命。[1] 因而，在专利产品的使用寿命期间对其进行的任何维护行为，似乎都应当属于修理；相反地，当专利产品的使用寿命已经终了，对该报废产品的恢复行为，似乎都应当属于再造。因此，美国法院认为再造行为限于在专利产品整体已经报废后，事实上又制造了一个新的专利产品的情形。[2] 据此，从另一个角度来看，修理与再造的区分也可以被理解成是对专利产品是否整体报废的认定。

然而，问题远非如此简单。从上述案例的分析中可以看

---

[1] Jazz Photo Corp. v. International Trade Commission, 264 F. 3d 1094, 1102, 59 U. S. P. Q. 2d 1907, 1912 (Fed. Cir. 2001).

[2] Aro Mfg. Co. v. Convertible Top Replacement Co., 365 U. S. 336 (1961).

出，一些案例试图提出单一的标准，以决定组件的更换行为是否构成修理或者再造；另一些案例则认为应当结合个案的所有因素，通过综合考量的方式对案件进行认定。对此，前者称为"单一检验法"，后者称为"综合检验法"。

当然，任何一种标准都存在这样或者那样的缺陷，从而不能令人满意地区分修理与再造。因此，综合各项因素进行考量的综合检验法似乎具有了更多的正当性。正如美国 Goodyear Shoe Mach. Co. v. Jackson 案❶判决中所阐述的，在区分修理与再造的问题上采取单一的标准是不明智的，更是不可行的。得出这一结论的原因在于，专利发明的数量众多并且形式多样，因此每个案件都必须考虑全部事实与客观情况，对专利发明的范围、本质及目的作出确认，以及洞察当事人的意图。维护行为是否构成修理必须根据常识和理智来判断，而不是依据技术规则或者概念来推导。❷

尽管综合检验法克服了单一检验法所存在的各种缺陷，在区分修理与再造的过程中更加具有弹性，但是该方法也受到了各方的批评。由于综合检验法过于灵活，因此有可能造成法官的恣意裁判，以及由此产生法律的不安定性。法院究竟会偏重哪项因素作出裁判，哪项因素会被优先考虑？对此，人们根本无法进行事先预判。此外，法院若特别倚重考虑某项因素，这又与采取单一检验法没有实质的区别。

总体而言，相较于单一检验法，综合检验法较能契合案件事实，并在案件中较好地平衡各方的利益。

---

❶ Goodyear Shoe Mach. Co. v. Jackson, 112 F. 146（1st Cir. 1901）.

❷ Ibid. , at 150.

二、具体的考量因素

1. 发明的核心部分

通常在认定修理与再造时，即使专利产品没有报废，法院会考虑更换组件是否为发明的核心部分或专利产品的重要部分。如果更换组件是发明的核心部分，则该组件的更换有可能构成再造。

在 Electric Auto – Lite Co. v. P. & D. Manufacturing Co. 案❶中，涉及的专利产品是汽车的点火系统，法院认为被告出售的更换组件没有构成发明的核心部分，因此该案不存在再造行为。同样地，日本知识产权高等法院在佳能墨盒案中也以此标准对修理与再造进行了认定。

发明的核心部分这一考量因素是从专利权本身着手，对修理与再造进行更有针对性的判断。但是，该考量因素具有如下问题：

第一，如何定义发明的核心部分。通常发明的核心部分是专利产品较为昂贵的重要部分，然而与昂贵的重要部分毁损的效果一样，任何一个螺丝或螺帽的损耗都有可能造成整个产品无法运作。因此，仅仅依据专利产品的重要部分损耗与否的标准，人们并不能区分修理或者再造。❷

即使如佳能墨盒案那样，将发明的核心部分定义为在请求专利保护的范围中，能解决之前无法解决的技术问题的部分。

---

❶ Electric Auto – Lite Co. v. P. & D. Manufacturing Co., 78 F. 2d 700（2nd Cir. 1935）.

❷ F. F. Slocomb & Co. v. A. C. Laymen Machine Co., 227 F. 94, 98（D. Del. 1915）.

然而，看似一个问题解决之后，人们又会遇到另一个问题，即如何判断一项发明中所要解决的技术问题，对此各国法院并没有作出进一步的解释。❶ 可见，对于发明的核心部分这一模棱两可的概念，人们很难对其进行准确的把握。

第二，不论个别独立的组件是否可以被认为是发明的核心部分，发明的可专利性是基于产品的整体进行考虑的，而非个别独立的组件。割裂专利产品的整体而只分析个别部分是否重要，这显然有违专利法的基本原则。

在著名的 Aro Mfg. 案中，专利权人也试图以发明的核心部分作为认定被告侵权的基础。专利权人认为，帆布顶棚中的特殊结构在技术上是进步的，是本发明的核心部分，该结构使得车顶装置具有了创造性的水准，因此更换该结构的行为构成再造。美国联邦最高法院则反驳了上述主张，认为专利产品的组件在没有单独获得专利保护的情形下，不论该组件多么重要或更换该组件多么困难，专利权不单独及于该构成组件。一项产品专利包含了专利申请的所有组件，专利产品中的核心组件或者重要组件无法单独被辨认或者保护。由此可知，基于 Aro Mfg. 案的判决，当前美国法院认为无论更换组件在发明中多么重要，在区分修理与再造时都不会起任何作用。

相较而言，美国法院当前的做法更值得赞同。如果采取日本法院的做法，那么发明核心部分的不确定性有可能导致任何组件的更换都会构成再造，从而间接扩大了专利权的效力范

---

❶ Scott M. Tobias. No Refills: The Intellectual Property High Court Decision In Canon V. Recycle Assist Will Negatively Impact The Print Ink Cartridge Recycling Industry In Japan [J]. 16 Pac. Rim L. & Pol'y J. 775, 2007: 777.

围。对此，日本学者田村善之也认为不宜将是否构成技术思想的本质部分的变更作为区分修理与再造的标准。❶

2. 组件易损耗性

根据该项考量因素，如果更换组件是易损耗的或者使用寿命短的，那么该组件的更换应被视为修理。

威尔逊案的法院认为，购买者有更换刨刀的权利并非因为刨刀是易损耗物，而是因为该产品的发明人将刨刀作为机器的组成部分，该机器在一定期间内没有更换刨刀，机器将无法使用，从而该发明对发明人或其他人而言会变得没有太大的用处。表面上，法院似乎反对以更换组件是否为易损耗物来判断修理或者再造。但是，从判决中比较刨刀和刨床使用寿命差异的论述来看，该法院已经将更换组件的易损耗性列入了考虑范畴。

此外，Aro Mfg. 案的布伦南（Brennan）法官提出的综合检验法中也明显采取了该标准，其认为帆布的使用寿命是 3 年，而其他组件的使用寿命几倍于帆布；更换帆布的价格是 30 ~ 70 美元，而其他组件的总价值大约是 400 美元；经过长期的风吹日晒，帆布在其他组件损坏之前就不能使用了。由于帆布较短的使用寿命和对比整体产品的低价性、易损性，因此更换帆布只能是修理行为。

当然，该标准也存在如下缺陷：第一，难以明确组件的易损耗性；第二，组件使用寿命的分析往往与前述发明核心部分的分析一样，存在区别对待不同组件的问题；第三，由于多数

---

❶　［日］田村善之. 修理、零部件的更换与专利侵权的判断［J］. 李扬，译，载吴汉东. 知识产权年刊（2006 年号）［M］. 北京：北京大学出版社，2007：51.

案件都是因为被更换组件易损耗才促使被告去进行更换的，因此采取易损耗性分析的结论常常是更换行为属于允许的修理，从而有可能扩大修理的范围。

3. 产品同一性

作为认定专利产品是否报废的标准，产品同一性因素在于判断专利产品经过一系列组件更换之后，该产品的同一性是否改变。如果专利产品由于更换行为未转变成新的产品，则该产品不能视为报废，更换行为应当属于修理行为；相反地，如果专利产品已经转变成新的产品，则该产品失去了同一性，更换行为应当被视为再造行为。

威尔逊案的判决就考虑了这一因素，即如果有些组成部分是机器暂时使用的部分，且必须经常更换，由于该部分不能和机器的其他部分一样持久，专利权人就不能阻止购买者以更换刨刀的方式使用机器。可见，更换暂时部分并不改变机器的同一性，而是为了保存它。此外，在 Gottfried v. Conrad Seipp Brewing Co. 案❶中，法院明确被告在机器的同一性被维持的前提下，可以经常更换耗损的部分。

然而，作为认定修理与再造的标准，产品同一性这一概念过于原则，由此使得在具体的操作层面仍然是困难重重。马克·詹尼斯（Mark D. Janis）就此提出了批评，认为法院无法确切地说明产品的同一性，更无法确切地评估产品同一性是否已经改变。❷

---

❶ Gottfried v. Conrad Seipp Brewing Co. , 8 F. 322（C. C. N. D. Ill. 1881）.

❷ Mark D. Janis. A Tale of The Apocryphal Axe：Repair, Reconstruction, And The Implied License In Intellectual Property Law ［J］. 58 Md. L. Rev. 423, 1999：433.

在 Aro Mfg. 案的规则确立之后，产品同一性因素似乎开始逐渐淡出美国法院的视野。但是，笔者认为产品同一性仍旧是一项非常重要的考量因素，因为其决定着专利产品修理权的不同理论基础，即修理产品的权利是基于专利产品销售抗辩获得，还是基于广义的默示许可获得。对此，本章下一节将作进一步的阐述。

4. 支配性

支配性因素是产品同一性因素的具体化。依据该项考量因素，如果原有组件在更换行为后仍占据专利产品的大部分而支配整体结构，则更换行为被视为修理；相反地，如果更换组件在更换行为后占据专利产品的大部分而支配整体结构，则更换行为被视为再造。对于后者，日本的学说称之为"大修侵权论"，即专利产品的大修使得产品的自然寿命延长，而这是不被允许的。

在日本，"大修侵权论"获得了许多学者的支持。日本学者田村善之认为："超过权利要求构成要件所界定的物的大部分的修理或者绝大部分的更换行为，作为超过用尽理论许可使用范围的再造行为，应当判断为与专利权相抵触的行为。"❶

此外，对于如何认定修理与再造，日本学者吉藤幸朔从修理的内容和程度方面作了分析：

第一，修理专利部分以外的部分不为侵权。

第二，修理专利部分时，有修理的内容和程度问题：

（1）如果将专利部分的一部分或全部分解、清污、再组装，不构成专利部分的新的"生产"，不侵犯专利权；

---

❶ ［日］田村善之. 修理、零部件的更换与专利侵权的判断［J］. 李扬，译，载吴汉东. 知识产权年刊（2006 年号）［M］. 北京：北京大学出版社，2007：51.

（2）将专利部分全部换件，其行为构成专利部分的新的"生产"，如无特别情况，构成专利侵权；

（3）换件部分已基本上将专利部分全部换去，其行为构成专利部分的新的"生产"，除特殊情况外，应当构成专利侵权；

（4）更换部分未超过专利部分的一半，原则上应解释为未侵犯专利权；

（5）如修理的程度处于第（3）种及第（4）种情形之间，则看其行为与哪种情形更为接近以便判断是否侵权。❶

但是，支配性因素也存在不足：第一，支配性因素忽略了持续更换组件行为的累积效应。专利产品购买者只要控制每次更换部分不超过产品整体结构50%，就可以无限延长专利产品的使用寿命而不构成再造，从而又陷入了"假冒斧子"的怪圈；第二，从前述考量因素的分析来看，专利产品的每个部分都被认为和其他部分一样重要，因此支配性因素同样存在区别对待不同组件的问题。

5. 更换组件使用的可行性

在 Kendall 案中，为了避免感染风险，医疗设备的压力套仅限于一次使用，然而设备的其他部分并没有如此顾虑而可以持续使用。因此，CAFC 认为更换压力套的行为构成合法的修理。

6. 更换损耗组件的难度

在 Sandvik Altiebolag 案中，更换钻尖并不仅仅是简单地安

---

❶ ［日］吉藤幸朔. 专利法概论［M］. 宋永林，魏启学，译，北京：专利文献出版社，1990：410－411.

装新的组件替换损耗组件，而必须采取一系列较为复杂的步骤。因此，CAFC 认为这些操作实际上构成专利产品报废后的新产品的再造。

但是在 Jazz Photo 案中，修理废旧一次性相机的工作也具有一定的难度，而 CAFC 并没有将其作为考虑的因素。

7. 当事人的预期

在 Kendall 案中，CAFC 认为由 Kendall 公司出售压力套时在包装上标示"限一次使用，不得重复使用"的字样可知，Kendall 公司明显允许顾客在每次使用医疗设备后更换压力套。可见，Kendall 公司具有顾客会更换医疗设备压力套的预期，而顾客也同样有此认知。所以，CAFC 认为更换压力套的行为构成修理。

同样，威尔逊案的法院认为除刨刀之外的那些没有明确使用期限的部分，在专利权人预期中会和整个机器的使用期限一致，而不需要经常更换。且在超过该部分的使用期限，购买者也明白不能再继续使用该机器。如果有些组成部分是机器整体暂时使用的部分，且必须经常更换，由于该部分不能和机器的其他部分一样持久，专利权人就不能阻止购买者以更换刨刀的方式使用机器。由此可知，美国联邦最高法院以当事人对专利产品整体或部分的使用寿命的预期，来判断专利权人是否允许该部分的更换。

而在 Sandvik Altiebolag 案中，生产者与使用者的预期是钻尖的使用寿命不比钻杆的使用寿命短。同时，钻尖不是以易于拆卸的办法固定在钻杆上的，在生产者的预期中该钻尖无须经常更换。因此，CAFC 认为更换钻尖的行为构成再造。

8. 专利产品的性质

在 Cotton – Tie 案中，金属带由顾客自行剪断，因为其已经发挥了将棉花包固定捆绑以便从农场运送至工厂的功能。可以认为，捆扎棉花包金属带的使用方式就是在完成运输之后将其剪断。因此在金属带使用之后，即可认定专利产品的使用寿命已经终结。

9. 更换服务的市场需求

在 Sandvik Altiebolag 案中，就提供更换服务的市场而言，没有证据证明大量的用户需要更换钻尖，也没有证据证明除被告之外的很多公司提供更换钻尖的服务，因此钻尖更换服务的市场并没有形成。尽管一些客户要求被告能够为其更换钻尖，但是这些客户只占据全体客户的很小一部分。因此，CAFC 认为更换钻尖的行为构成再造。

10. 公共利益

（1）竞争考量。

以 HP 案为例，如果市场上没有再生墨盒的竞争，打印机制造商就可以垄断墨盒市场。虽然再生墨盒存在一定的质量问题，但是再生墨盒的销售使得消费者获得了较低价格墨盒的选择机会，由此可以促进竞争并对消费者有利。

（2）环保考量。

在佳能墨盒案中，东京地方法院强调了环保的重要性，即相对于将使用过的墨盒丢弃，填充墨水并继续使用是比较符合环保政策的，同时也减少了社会资源的浪费。

相对地，Cotton – Tie 案的金属片和 Sandvik Altiebolag 案的钻杆被再次利用时所起的作用也只是普通的金属片和金属杆，即使不被再次利用而是作为金属废品处理，也谈不上浪费。❶

---

❶ 闫文军. 从有关美国判例看"修理"与"再造"的区分 [J]. 载国家知识产权局条法司. 专利法研究 2004 [M]. 北京：知识产权出版社，2005：397.

第四节　专利产品销售抗辩和广义的默示许可在修理与再造分析中的运用

一、专利产品销售抗辩在修理与再造分析中的运用

如前所述，虽然逻辑上区分修理与再造的规则更接近于广义的默示许可，但是对于专利产品售出之后产品购买者的维修行为是否构成允许的修理，专利产品销售抗辩常被用作该问题的分析工具。

首先，专利权用尽原则被认为是合法的修理行为成立的前提。例如在 Jazz Photo 案中，CAFC 明确认为区分修理与再造的前提是专利权是否用尽。此外，日本属于对默示许可和专利权用尽原则进行严格区分的大陆法系国家，其主要采用专利权用尽原则处理专利产品售出之后专利权与所有权的冲突问题，因此日本理论界或者实务界主要以专利权用尽原则作为理论基础，对修理与再造加以区分。

然而，从前述的案例可以看出，在区分修理与再造的过程中，默示许可理论也被大量地应用。就前述需要考量的各种因素而言，更换损耗组件的难度、当事人的预期等这些因素同样也可用于分析专利权人是否给予产品购买者修理专利产品的默示许可。即使是在日本的 Fuji 相机案和佳能墨盒案中，考虑更换组件是否为发明核心部分的实质也是在考察专利权人的意图，即更换发明的核心部分不属于专利权人默示许可的范畴。

由此，默示许可与专利权用尽原则紧密配合，共同完成了对专利产品修理与再造问题的认定。此时，专利产品销售抗辩

的效力范围由售出专利产品的使用、转售扩展至该产品的修理。作为专利产品销售抗辩的一项具体制度，虽然默示许可存在着难以克服的缺陷，但是其基本理念对于区分修理与再造，并进一步完善人们对于专利权用尽原则效力范围的理解具有举足轻重的意义。

二、广义的默示许可在修理与再造分析中的运用

对于 Aro Mfg. 案的判决，有学者用"假冒斧子"的寓言来比喻：这是我家祖传的斧子，虽然斧子的手柄已经更换了五次，斧头已经更换了两次。❶ 此时，经过多次修理的专利产品显然早已不是原先的产品，基于产品的专利产品销售抗辩将存在解释力的不足。因此，在区分修理与再造的过程中，专利产品销售抗辩存在适用上的限度。

如前所述，专利产品的修理位于专利产品的使用与制造之间的模糊地带。笔者认为，专利产品销售抗辩适用上的限度在于，维修前后的专利产品是否保持产品的同一性。具体而言，专利产品的原有组件在更换行为后是否仍占据专利产品的大部分而支配整体结构，即前述支配性理论。将专利产品销售抗辩的适用限于产品的同一性，可以较好地与专利产品销售抗辩的效力范围相吻合。

然而，如果专利产品购买者的维护行为突破了产品的同一性，购买者的行为也不一定会被禁止。日本学者田村善之认

---

❶ Amber Hatfield Rovner. Practical Guide to Application of（or Defense Against）Product – based Infringement Immunities under the Doctrines of Patent Exhaustion and Implied License. 12 Tex. Intell. Prop. L. J. 227，2004：272.

为，即使应当判断为用尽范围外的再度生产行为，也必须考虑是否存在默示许可因而不构成侵权的情况。在这种情况下，应该考虑修理或者更换的部分在投放市场的产品中实际上占有的比率、专利权人和购入者的实际情况。对于消耗品的更换行为，应当主要考察默示许可法理适用的情形。❶ 换言之，在一定的情形下，广义的默示许可可成为专利侵权的抗辩理由。

在司法实践中，广义的默示许可用于区分修理与再造的情形出现在了多个案例中。在前述美国的 General Electric Ⅱ 案中，上诉法院认为在大规模组装中没有几个炮台维持了同一性，此时显然无法再以专利产品销售抗辩为基础对修理与再造进行区分。然而，本案炮台的 70 个组件中，专利权人至少提供了 50 个，即平均每个炮台中，主要组件是由专利权人提供的。对此，上诉法院以专利权人提供的组件比例为依据对修理与再造加以区分，显然法院认为基于本案上述事实，被告获得了重新组装炮台的默示许可。

此外，在日本 1988 年大阪地方法院的制砂机榔头案中，专利权人仅对投放市场的整个制砂机的榔头具有专利权，更换占据榔头绝大部分的打击板的行为是否属于再造的问题就值得思考。在该案中，专利权并不涉及制砂机的全部，其只不过是彻底覆盖了榔头而已。因此，更换属于权利要求范围内的占据榔头绝大部分的打击板的行为，或许应该判断为超出专利权用尽效力范围的、与专利权相冲突的生产行为。

然而，作为高价制砂机的购买者，更换作为消耗品的打击

---

❶　［日］田村善之. 修理、零部件的更换与专利侵权的判断［J］. 李扬，译，载吴汉东. 知识产权年刊（2006 年号）［M］. 北京：北京大学出版社，2007：51－52.

板也是理所当然的，或许应当被允许。这种情况如果不被考虑，而任由专利权人行使权利的话，交易安全就有可能受到损害。而且，在组件是消耗品且更换该组件能够被预料的情况下，由于专利权人在将产品投放市场时能够预见到这种情况，只要没有反对的意思表示，原则上应当认为购买者获得了修理产品的默示许可，从而否定对专利权的侵害。❶

当然，广义的默示许可同样可因专利权人设置的限制性条件而排除适用，只要该限制性条件未违反其他法律相关规定。其中，如果不从物理上破坏专利产品则维护行为不能进行（例如 Fuji 相机案），该情形也可视为专利权人相反意思表示的一种形式，从而排除广义的默示许可的适用。

本 章 小 结

在专利产品销售之际，人们往往采用专利产品销售抗辩对抗专利权人的侵扰。但是，专利产品销售抗辩只是一种基于售出专利产品的侵权抗辩，该产品的购买者并没有获得更多的权利。然而，为了维持售出专利产品的功能，专利产品销售抗辩的效力范围应当扩展至被允许的修理行为。

基于各国案例的分析，相对于单一检验法而言，综合检验法较能契合案件的事实，并在案件中较好地平衡各方的利益。但其缺点在于法律上的不确定性，个案中法官可能偏重于不同的考量因素而产生不同的认定。对于一次性相机案和墨盒案，

---

❶ ［日］田村善之. 修理、零部件的更换与专利侵权的判断 [J]. 李扬，译，载吴汉东. 知识产权年刊（2006 年号）[M]. 北京：北京大学出版社，2007：46－47.

美日两国作出结果迥异的判决即是明证。因而，在选择综合检验法的同时，还需尽可能地确保法律的安定性。

此外，在认定修理与再造的过程中，默示许可与专利权用尽原则紧密配合，共同完成了对专利产品修理与再造问题的认定。作为专利产品销售抗辩的一项具体制度，虽然默示许可存在着难以克服的缺陷，但是其基本理念对于区分修理与再造，并进一步完善人们对于专利权用尽原则效力范围的理解具有举足轻重的意义。

然而，专利产品销售抗辩的适用限度在于专利产品是否保持其同一性。如此认定，可以较好地与专利产品销售抗辩的效力范围相吻合。但是，如果专利产品购买者的维护行为突破了产品的同一性，购买者的行为也不一定会被禁止。在一定的情形下，广义的默示许可可成为专利侵权的抗辩理由。

第六章 限制性条件的反垄断法规制

第一节 限制性条件的产生方式及效力类型

如前所述，强行性专利产品销售抗辩大致表现为欧洲大陆法系国家适用的专利权用尽原则，而任意性专利产品销售抗辩则在英联邦国家中以默示许可的形式出现。美国的情况较为特殊，其专利产品销售抗辩在不同时期表现出了不同的规范属性。由此，限制性条件与专利产品销售抗辩的关系将因该抗辩制度自身规范属性的不同而存在差别，进而限制性条件也将产生不同的效力类型。然而，在讨论上述问题之前，人们首先需要了解限制性条件产生的不同方式，而不同的产生方式使得限制性条件具有了不同的表现形式。

一、限制性条件的产生方式

（一）告知限制和协议限制

按照限制性条件的产生是否需要双方当事人正式协商为标准进行划分，限制性条件的产生方式可以分为告知限制和协议限制。告知限制是指以专利产品标识上的声明、单方书面通告等形式产生的对售出专利产品的各种限制；而协议限制是指通过各种书面协议，由专利权人和购买者双方正式协商而达成的各种限制。

对于告知限制与协议限制的区别，美国法院认为两者对于不同的专利产品销售抗辩制度具有不同的影响。在以往的案例中，专利权人通过向购买者发送告知即可控制是否产生默示许可。但是仅仅一项告知是否可以控制专利权用尽原则的适用，这并不十分清楚。对此，一些美国法院认为，产品标识上声明限制性条件的告知无法排除专利权用尽原则的适用。但是，除非违反其他相关法律的规定，无论如何专利权人都可以在销售专利产品时与购买者达成书面协议，以控制专利权用尽原则的适用。❶

或许，告知限制与协议限制的唯一区别在于，在协议限制的情形下购买者可以更为细致地考虑专利产品价格与获得权利之间的关系，因此两者会存在细微的差别。然而，笔者认为以产品标识等形式出现的告知限制同样是一种由当事人双方达成的限制形式，其应当产生与协议限制相同的效果。无论以哪种方式进行限制，购买者都应当对其获得的权利进行充分考虑。因此，法律不应对告知限制和协议限制采取不同的态度。

（二）直接限制和间接限制

如果按照达成限制性条件的当事人的不同进行划分，限制性条件的产生方式可以分为直接限制和间接限制。直接限制是指限制性条件在专利权人与购买者之间通过各种方式直接设定；间接限制则不然，其往往是由专利权人通过其被许可人与购买者达成各种限制。

---

❶ John W. Schlicher. The New Patent Exhaustion Doctrine of Quanta v. LG: What It Means for Patent Owners, Licensees, and Product Customers [J]. 90 J. Pat. & Trademark Off. Soc'y 758, 2008: 776 - 777.

　　与直接限制相比，间接限制情形下的法律关系更为复杂。例如，被许可人被授权在纽约制造销售专利产品，由此法院认为纽约的购买者可以在任何地方使用和转售该产品。当解释为何购买者获得了大于销售者的权利时，法院认为许可协议没有对产品售后的使用区域进行限制，此时应当认为专利权人允许产品购买者在任何地方使用。然而，如果被许可人只能为了专利产品在纽约使用而制造销售时，且知道购买者将在纽约之外进行使用，则法院认为被许可人是侵权者；如果购买者在知道被许可人只能为了在纽约使用而制造销售产品之后，仍旧在纽约之外使用产品，那么该购买者也将成为侵权者。❶

　　分别以两个案例进行详细说明，第一个案例是前述的亚当斯诉伯克案。❷ 在亚当斯案中，Lockhart & Seelye 公司经专利权人许可在波士顿方圆 10 英里的范围内获得专利产品的所有权益。在波士顿从 Lockhart & Seelye 公司那里购得这种棺材盖后，被告在波士顿以外的某个地区使用。由此，波士顿以外的被许可人向法院起诉被告侵权，最终美国联邦最高法院判决原告败诉。

　　亚当斯案的关键在于，当专利权人许可被许可人在特定区域内制造、使用和销售专利产品时，于该区域购买产品的购买者在其他区域使用产品的行为是否构成专利侵权？对此法院认为，被许可人按照许可协议在规定的区域销售专利产品，该销售行为导致专利权被用尽了。

---

❶ John W. Schlicher. The New Patent Exhaustion Doctrine of Quanta v. LG: What It Means for Patent Owners, Licensees, and Product Customers [J]. 90 J. Pat. & Trademark Off. Soc'y 758, at 774.

❷ Adams v. Burke, 84 U. S. 453 (1873).

有学者认为，亚当斯案属于售后限制的案件，只是由于专利权用尽原则不应受任何限制的排除，从而该限制不发生专利法上的效力。[1] 其实，该学者混淆了专利权人对被许可人限制与专利权人对购买者限制之间的区别。所谓售后限制，应当是专利权人对购买者的限制，而并非是指对被许可人的限制。而在本案专利产品销售过程中，专利权人对购买者并未施加任何限制。

另一个案例是美国的 General Talking Pictures Corp. v. Western Electric Co. 案。[2] 本案涉及的专利放大器可以用于收音机、有声电影装置等扩音装置。根据专利产品使用领域的不同，专利权人分别授予其子公司不同领域的独占许可，同时独占被许可人可以在各自领域中进行分许可。

其中，Radio 公司获得了收音机领域的独占许可，并授予 Transformer 公司制造销售收音机放大器的许可，而且进一步要求 Transformer 公司在销售的放大器上贴附标识，告知该产品只被许可用于收音机产品。与 Radio 公司不同，Western Electric 公司获得了制造销售其他商业装置的独占许可，根据该许可 Western Electric 公司制造销售了含有放大器的有声电影装置。

Transformer 公司制造放大器并销售给了 General Talking Pictures 公司。Transformer 公司知晓 General Talking Pictures 公司意图用该放大器生产有声电影装置，General Talking Pictures 公司

---

[1] 和育东. 美国专利权穷竭原则的演变 [J]. 电子知识产权，2008 (9)：48.

[2] General Talking Pictures Corp. v. Western Electric Co.，304 U. S. 175 (1937)，rehearing granted 304 U. S. 587，aff'd on rehearing 305 U. S. 124 (1938).

也知晓 Transformer 公司未获得销售放大器用于有声电影装置的许可。随后，Western Electric 公司起诉 General Talking Pictures 公司专利侵权。

在该案中，法院认为销售行为是不被许可的，因为销售者明知购买者计划将放大器用于有声电影装置，而购买者也知晓销售者并未获得此项许可。因此，法院认定 General Talking Pictures 公司侵权成立。

但如果在买卖双方对上述情况都不知晓的情形下，法院将如何作出判决？对此，法律并没有予以明确。基于法经济学的分析，在专利权人、被许可人和购买者之间，防止侵权发生的成本最低者应当为被许可人，因为其只需在销售时进行必要的提示即可。因此，法律应当将侵权责任配置给被许可人，从而使其在授权范围内从事交易行为，并提示购买者其将会受到的限制。

二、限制性条件的效力类型

（一）合同法上的效力

对于强行性专利产品销售抗辩，由于限制性条件不能排除该抗辩制度的适用，因此限制性条件仅能产生合同法上的效力。

在前述 Keeler v. Standard Folding Bed Company 案❶ 中，虽然美国联邦最高法院做出了专利权被用尽的判决，但是施拉斯（Shiras）法官并不准备从合同法上解决限制性条件的问题：

> 我们认为一旦某人从合法途径购买了专利产品，那么他将获得该产品绝对的权利，而不受时间或者地点的限

---

❶ Keeler v. Standard Folding Bed Company, 157 U. S. 659 (1895).

制。对于专利权人能否以特定合同的方式确保自己及其专利权受让人的权益，这并不是我们需要面对的问题，对此我们不发表任何意见。然而很明显的是，该问题应当属于合同法上的问题，而并非专利法上的问题。❶

据此，在 Keeler 案中，美国联邦最高法院的多数法官认为如果限制性条件有效，那么其仅具有合同法上的效力，而不产生专利法上的效力。同样，德国、意大利等欧洲国家的专利权用尽原则的效果在于，违反限制性条件不构成专利侵权，但是有可能产生合同法上的后果。通常，由于限制性条件构成对售出产品的控制，因此该合同约定常常被认为是无效的；但是，这些限制性条件也可以因为反垄断法承认的一些例外而合法有效。❷

在 2004 年，欧洲委员会颁布了新的《技术转移协议集体适用欧共体条约第 81 条第 3 款的第 772/2004 号条例》及其《指南》（以下分别简称《772/2004 号条例》和欧共体《指南》）。其中，专利权人针对被许可人的若干限制（例如产品使用领域的限制）豁免于欧共体反垄断法。❸ 虽然欧共体采取

---

❶　Keeler v. Standard Folding Bed Company，at 666.

❷　N. Koch & F. Froschmaier. The Doctrine of Territoriality in Patent Law and the European Common Market［J］. 9 IDEA 343，1965：344.

❸　See articles 4（1）（c）and 4（2）（b）of the Commission Regulation No. 772/2004 of 27 April 2004 on the application of article 81（3）of the Treaty to categories of technology transfer agreements［2004］OJ L123/11，http：//eur－lex. europa. eu/LexUriServ/LexUriServ. do? uri = CELEX：32004R0772：EN：HTML，最后访问日期 2011 年 1 月 22 日；See paragraphs 179－185 of the Commission Guidelines on the Application of article 81 of the EC Treaty to technology transfer agreements［2004］OJ C101/2，http：//eur－lex. europa. eu/LexUriServ/site/en/oj/2004/c_ 101/c_ 10120040427en00020042. pdf，最后访问日期 2011 年 1 月 22 日。

了强行性专利产品销售抗辩，因此限制性条件无法产生专利法上的效力。但是，专利产品毕竟不同于普通产品，因此欧洲委员会对于某些专利许可的态度也可能会间接地影响人们对于限制性条件效力的认定。由此可以推知，通过买卖协议限制专利产品购买者的类似限制性条件也具有被豁免的可能性。据此，如果买卖协议并没有严重影响货物在欧共体境内的自由流动，那么协议中限制购买者的限制性条件也是可以合法有效的。

此外，针对专利权人就药品平行贸易施加的限制，例如关于配额的单边政策、❶ 拒绝提供超过规定数量的药品❷或者双重定价制❸等，近年来欧洲法院（以下简称"ECJ"）和初审法院也开始表现出支持的态度。

例如，在涉及拒绝提供超过规定数量药品的 Syfait v. GSK 案❹中，法律顾问（Advocate General）❺ 雅各布斯（Jacobs）提出了如下观点。首先，如果专利产品是在成员国实施价格控制的情形下投放市场的，雅各布斯对是否存在专利权人的同意进行了质疑。❻ 在他看来，将这种行为视为专利权人的同意并导致专利权用尽的观点实在是过于牵强了。其次，即使专利权用

---

❶ Commission v. Bayer，［2004］ECR I-24.

❷ Syfait v. GSK，［2005］ECR I-4609.

❸ GSK v. Commission，［2006］ECR I-2969.

❹ Syfait v. GSK，［2005］ECR I-4609.

❺ 法律顾问是指在欧洲法院中，拥有与法官相同资格的官员。这些官员负有公正、独立工作的义务，在公开的法庭上，他们就诉讼案件提出合理意见，以协助法院在解释及适用条约时不违反相关的规定。参见［英］戴维·M. 沃克. 牛津法律大辞典［M］. 李双元，等，译，北京：法律出版社，2003：31.

❻ 126 Opinion of AG Jacobs in Syfait，paragraph 94. See Syfait v. GSK，［2005］ECR I-4609.

尽原则得以在本案适用，他认为具有支配地位的企业并没有仅仅因为试图限制平行贸易，并通过拒绝药品批发商订单的方式滥用了其支配地位。❶

关于雅各布斯的第一项观点，ECJ 认为成员国实施的价格控制并没有完全排除专利权人制定价格的能力。因此，ECJ 没有接受雅各布斯的观点，并且再次重申案件中存在专利权人的同意，即便他在价格控制的情形下将产品投放市场。

关于雅各布斯的第二项观点，ECJ 回顾了先前的一个判例。在此先例中，ECJ 将拒绝交易视为本质上对《欧共体条约》第82条的违反。但是，在本案中，ECJ 对雅各布斯的观点予以了支持。法院认为，专利权人有权保护自身合法的商业利益。如果订单没有考虑市场的需求以及制造商与其商业伙伴先前的关系，那么专利权人拒绝订单的行为是正当的。❷ 可见，在某种程度上，ECJ 采用合理原则来对本案进行审视，而不是直接依据《欧共体条约》第82条进行裁判。由此，在专利权用尽原则适用的情形下，某些限制性条件也获得了 ECJ 的支持。

（二）合同法与专利法上的效力

在 Keeler 案中，Shiras 法官的分析进路与英联邦法官相比存在明显差异。在 Keeler 案中，产品价款的支付使得专利产品脱离了专利权的控制。在英联邦国家中，上述分析进路一再被忽略，英联邦法官转而审查是否存在专利权人的同意。因此，

---

❶ 126 Opinion of AG Jacobs in Syfait, paragraph 94. See Syfait v. GSK, ［2005］ECR I - 4609, at paragraphs 94 and 105.

❷ Ibid. , at paragraphs 76 - 77.

英联邦法院可以轻易认定，提示购买者注意的限制性条件可以作为专利法上的理由约束专利产品的购买者。

据此，对于作为任意性专利产品销售抗辩的默示许可而言，限制性条件可以排除默示许可的适用。基于财产权转移理论，限制性条件被视为专利权人对自身权利的保留。另一方面，由于专利权人对他人使用其专利权的方式做了明确的规定，限制性条件又构成专利许可。因此，该限制性条件在具有合同法上效力的同时，当事人对该限制性条件的违反也将产生专利法上的后果。此时，对该限制性条件的违反将构成违约责任和侵权责任的竞合。对于责任竞合，通常专利权人更愿意凭借专利法进行权利救济，因为合同法的救济强度明显低于专利法的救济强度。例如，专利救济方式包括禁令和赔偿（甚至是三倍赔偿），而且专利侵权诉讼可以直接起诉任何第三人。❶这些对专利权人利益维护的优势是合同法所不具备的。

由此可见，对于任意性专利产品销售抗辩而言，尽管限制性条件是约定性的，但是其效力并不仅限于合同法。因此，针对购买者的限制性条件至少可以从专利法与合同法的角度加以评估。

需要指出的是，由于权利人的自由还应受到反垄断法的限制，当对限制性条件的效力进行审视时，人们不应当忽视反垄断法。因此，CAFC 的如下观点无疑是正确的，即本质上针对购买者的限制性条件是约定性的，但是该限制也需要由反垄断

---

❶ 35 U. S. C. § 283. "The several courts having jurisdiction of cases under this title may grant injunctions in accordance with the principles of equity to prevent the violation of any right secured by patent, on such terms as the court deems reasonable. "

法、专利法、合同法和其他法律加以规制。❶ 本章以下部分主要就限制性条件的反垄断法规制问题进行讨论。

第二节　限制性条件的主要类型及其反垄断法规制

在形式上，与专利产品销售有关的限制性条件主要表现为纵向限制，即不同层级主体之间的约束性限制。大体上，上述限制主要包括转售价格维持、使用领域限制、区域限制、搭售等类型。

一、转售价格维持

转售价格维持（Resale Price Maintenance）是指供应商对经销商向客户转售产品的价格进行控制的一种限制方式。转售价格维持可以分为最低转售价格维持和最高转售价格维持两种，实践中通常以前者为主。作为纵向限制的一种常见形式，一直以来转售价格维持的效力问题主要由本身违法原则加以判断。

（一）本身违法原则的适用

1. 美国

在美国，首次对转售价格维持适用本身违法原则的案件是1911 年 Dr. Miles Medical Co. v. John D. Park & Sons Co. 案。❷ 自此，美国法院一直认为转售价格维持压制了经销商之间的竞争，相当于操纵产品的价格，故违反了《谢尔曼法》第 1 条的

---

❶ Mallinckrodt, Inc. v. Medipart, Inc. , 976 F. 2d 700, 703, 707（Fed. Cir. 1992）.

❷ Dr. Miles Medical Co. v. John D. Park & Sons Co. , 220 U. S. 373（1911）.

规定。

虽然在大萧条时期由 Dr. Miles 案确立的规则受到了修正，即 1937 年的《米勒—泰丁斯法》（*Miller – Tydings Act*）和 1951 年的《麦格理法》（*McGuire Act*）给予供应商维持转售价格的权利，但这必须以所在州已经通过允许转售价格维持的公平贸易法为前提。但是，由于竞争政策的转变，1975 年的《消费者商品定价法》（*Consumer Good Pricing Act*）废除了上述两部法律。由此，所有的转售价格维持再次成为本身违法的行为。在芝加哥学派的影响下，1977 年的 Continental TV，Inc. v. GTE Sylvania，Inc. 案❶体现了美国法院对纵向限制的宽容态度，但是这并没有改变美国联邦最高法院关于转售价格维持属于本身违法的基本认定。

上述禁止转售价格维持的理念也体现在了涉及专利许可的立法中。例如，美国 20 世纪 70 年代制定的"九不准"明确禁止对专利产品的转售加以限制。在 1995 年的《关于知识产权许可合同的反托拉斯指南》（以下简称"美国《指南》"）中，转售价格维持与其他限制一同被认为属于本身违法。❷

在涉及专利产品转售价格维持的案件中，美国联邦最高法院的著名判决是 1913 年的 Bauer 案和 1942 年的 Univis 案。

（1）Bauer & Cie v. O'Donnell 案。

基于法院早期对 Bobbs – Merrill Co. v. Straus 案和 Dr. Miles Medical Co. v. Park & Sons Co. 案的判决，在 1913 年的 Bauer &

---

❶ Continental TV, Inc. v. GTE Sylvania, Inc. , 433 U. S. 36 (1977).

❷ 尚明. 主要国家（地区）反垄断法律汇编 [M]. 北京：法律出版社，2004：274 – 275.

Cie v. O'Donnell 案❶中，美国联邦最高法院判决专利权人限制专利产品转售价格的行为无效。

在本案中，德国的 Bauer & Cie 公司拥有由消费者最终使用的水溶化学物质 Sanatogen 的美国专利，其许可纽约的 Bauer Chemical 公司在美国销售该专利产品，并以 Bauer Chemical 公司作为美国的唯一销售代理商。Bauer & Cie 公司制造产品，并以生产成本价提供给 Bauer Chemical 公司，随后 Bauer & Cie 公司和 Bauer Chemical 公司分享美国市场的销售利润。其中，许可协议规定 Bauer Chemical 公司应当限制批发商、分销商、零售商和公众的销售价格。Bauer Chemical 公司以包装袋的形式销售产品，包装袋上具有专利号和如下规定：

零售告知

本包装大小的 Sanatogen 由我们许可以不低于 1 美元的价格销售、使用。任何违反此规定的销售，或者上述销售后的使用将被视为侵犯我们专利号为 601，995 的制造 Sanatogen 的专利，所有从事上述销售、使用的人将获得法院禁令，并承担相应的赔偿责任。

本案被告是一家药品零售商，其药店的专利产品从批发商那里获得，批发商则从 Bauer Chemical 公司购买。被告以低于 1 美元的价格转售了该产品，随后 Bauer & Cie 公司起诉被告侵权。

专利权人认为，产品包装袋上的告知明确通知购买者只获

---

❶　Bauer & Cie v. O'Donnell, 229 U. S. 1 (1913).

得了专利产品有限的使用权，依据 A. B. Dick 案的判决，该告知是有效的。对此，法院认为 A. B. Dick 案的告知确实限制了专利产品的使用，但是限制产品转售价格的告知不能被认为是对产品使用的限制，因此 A. B. Dick 案的判决在此并不适用。

由此，法院并没有反对 A. B. Dick 案的判决，而是认为问题的关键在于专利法是否给予专利权人控制专利产品转售价格的权利。法院声称，国会立法的本意在于确保专利权人销售专利产品的权利，但是其并未授予专利权人通过限制专利产品转售价格的方式来维持价格的特权。因此，上述告知并没有产生专利法上的效力，购买者以任何价格转售产品的行为不应视为专利侵权。❶

需要特别指出的是，法院认为本案判决只是认定转售价格维持这一限制类型是无效的，其并没有明确专利权人是否可以通过其他限制的方式，达到排除专利产品销售抗辩适用的目的。换言之，Bauer 案并非认为一切限制都是无效的。

（2）United States v. Univis Lens Co. 案。

在 United States v. Univis Lens Co. 案❷中，被上诉人之一 Univis Lens 公司拥有多项关于多变焦眼镜透镜的专利和商标。1931 年，其创立了本案另一被上诉人 Univis 公司，并将所有专利权和商标权转移给了 Univis 公司。由于 Univis Lens 公司持有 Univis 公司的大部分股份，因此在本案中两者可以视为同一家公司。

作为多变焦眼镜透镜的专利权人，Univis 公司许可 Univis

---

❶ Bauer & Cie v. O'Donnell, at 16 – 17.

❷ United States v. Univis Lens Co., 316 U. S. 241（1942）.

Lens 公司制造透镜原胚并销售给 Univis 公司指定的被许可人。该透镜原胚粗糙不透光，只有通过打磨才能作为多变焦眼镜透镜使用。Univis 公司许可 Univis Lens 公司只能向三类被许可人销售透镜原胚和眼镜透镜，即加工批发商、加工零售商和指定零售商。基于同样的专利，Univis 公司对从 Univis Lens 公司购得透镜原胚的公司分别进行了许可，即许可它们加工透镜原胚、制造眼镜透镜并进行销售。其中，加工零售商被许可制造眼镜透镜，并以 Univis 公司设定的价格向顾客销售。加工批发商也获得了同样的许可，并以设定的价格向指定零售商进行销售。而指定零售商也被许可以 Univis 公司设定的价格向顾客销售眼镜透镜。

随后，美国政府以 Univis Lens 公司等被告违反反垄断法为由提起诉讼，而被告则以专利权进行抗辩。Univis Lens 公司认为本案并没有违反反垄断法的相关规定，因为在 United States v. General Electric Co. 案[1]（以下简称"General Electric I 案"）中，法院认为专利权人可以许可他人制造、使用专利产品，并规定被许可人销售专利产品的价格。

根据 General Electric I 案的判决，虽然专利权人对于被许可人的价格限制是合法的，但是对转售价格的限制则完全不同。在前述的 Bauer 案中，法院认为在销售专利产品的同时，专利权人不可规定购买者转售专利产品的最低价格。法院拒绝认可转售价格维持的原因在于，该项限制在之前的 Dr. Miles 案中已被认为违法。由此，在 Univis 案中，美国联邦最高法院认为至少专利权人对指定零售商的转售价格维持是非法的。

---

[1]　United States v. General Electric Co. , 272 U. S. 476 (1926).

随后，由于本案 Univis Lens 公司销售的是透镜原胚而不是眼镜透镜，因此 Univis 案的争议在于加工被许可人的销售是首次销售还是转售。如果是首次销售，则价格限制是合法的；否则，即为非法。

经过长时间的讨论，美国联邦最高法院认为加工被许可人的销售属于转售，而 Univis Lens 公司的销售行为导致了专利权的用尽，因此专利权人不能再依据专利权控制产品的使用或转售。据此，法院以专利权用尽原则支持其结论，即 Univis Lens 公司的行为违反了反垄断法：

> 如果专利权人销售了一件未完成的产品，而该产品体现了专利的实质技术特征的话，那么他本质上已经销售了该专利产品。……因此，专利权人已经放弃了主张专利权的权利，由此他不能继续控制产品的销售价格。没有人可以质疑是否专利权人已经向批发商或者零售商出售了透镜原胚，因此购买者打磨、销售产品的行为不构成专利侵权。专利权人附加的转售价格维持也无法从本专利中获得支持，该约定的效力仍然需要立足于《谢尔曼法》这一出发点。❶

2. 欧共体

欧共体反垄断法主要由《欧共体条约》第 3 条、第 81 条和第 82 条构成。《欧共体条约》第 81 条对直接或间接限制销售价格的行为进行了禁止，由此该条规定确立了欧共体认定转

---

❶ United States v. Univis Lens Co., 316 U. S. 241, 251 (1942).

售价格维持构成本身违法的基础。

1999 年，欧共体委员会通过了《关于纵向协议集体豁免的条例》（以下简称"欧共体《条例》"），该条例对最高转售价格维持和最低转售价格维持采取了不同的态度。根据欧共体《条例》第 4 条（a）的规定，"一个协议如果限制买方确定其销售价格的能力，这个协议不能得到豁免。然而，这一规定不影响卖方可以强加一个最高销售价格或者作出一个推荐性的销售价格，如果这种限制不是出于协议当事人的威胁和利诱，事实上等于一个固定价格或者一个最低价格"。❶ 据此，该条例明确地将最低转售价格维持纳入了"黑色条款"之中。

在一些欧共体国家中，转售价格维持也被严格禁止。例如，《德国反对限制竞争法》第 14 条规定，"企业之间就与本法适用范围内的市场相关的商品或服务所订立的协议，如对一方当事人在其与第三人就所供商品、其他商品或服务达成协议时的定价自由或形成交易条件的自由予以限制，则该协议是禁止的"。❷

由于坚持采纳强行性专利产品销售抗辩制度，所以欧共体并不存在专利许可意义上的转售价格维持。但是，由于专利产品毕竟不同于普通产品，对于相关专利许可的态度可能会间接影响人们对限制性条件效力的认定。然而，对于涉及价格限制的专利许可而言，1996 年欧共体委员会发布的《技术转移协议集体适用欧共体条约第 81 条第 3 款的第 240/96 号条例》将

---

❶ 王晓晔. 欧共体竞争法 ［M］. 北京：中国法制出版社，2001：176.

❷ 尚明. 主要国家（地区）反垄断法律汇编 ［M］. 北京：法律出版社，2004：9.

价格限制纳视为"黑色条款"。2004年欧共体委员会发布了相关的《772/2004号条例》，该条例继续将限制一方在向第三方销售产品时决定价格的行为视为本身违法，但在非竞争企业的情形下，该规定也不排除施加最高销售价格或推荐销售价格的可能性。

（二）合理原则的确立

与立法界与司法界的强硬立场相对，美国的经济学家则对转售价格维持的效益问题进行了积极有益的探讨。

1960年，芝加哥学派的特尔塞（Telser）发表了一篇极具开创性的文章。[1] Telser指出，供应商进行转售价格维持可能是为了克服经销商之间"搭便车"的现象。因为在对产品提供服务的成本较高的情形下，未提供服务的经销商会从其他提供服务的经销商那里获得额外收益，这样就出现了经销商之间"搭便车"的现象。这种现象造成的结果是，每个经销商通过提供服务来进行产品促销的动机并不充分，由此服务市场产生了市场失灵的问题，进而使得供应商利益受损。

然而，通过实施转售价格维持，供应商有可能促使经销商提供其所要求的服务。实行转售价格维持之后，经销商不能因为不提供服务而减少支出成本，从而向消费者收取较低的价格。同时，由于存在转售价格维持，销售者也不愿光顾不提供服务的经销商。因此，转售价格维持为经销商争取顾客提供了激励，提升了品牌内部的竞争，并将经销商间的竞争由降价导向了提供服务和促销。由此，使得供应商、经销商和消费者都

---

[1] Lester G. Telser. Why Should Manufacturers Want Fair Trade？ [J]. Journal of Law and Economics, 1960, 3 (1)：86 - 105.

获得收益，改进了社会的整体福利和效益。

此外，转售价格维持在提升品牌内部竞争的同时，还可以稳定价格、遏制垄断、促进新公司和新品牌进入市场。可见，转售价格维持也具有产生积极效果的一面。对于利弊共存的转售价格维持，笔者认为至少人们应当可以考虑利用合理原则对其加以分析，而不是一味地将其认定为本身违法。但是，各国法院往往将转售价格维持与横向价格限制联系在一起，而横向价格限制正是反垄断法最为反对的内容之一。

随着芝加哥学派观点的流行，美国法院关于转售价格维持的态度终于有所转变。在 2007 年的 Leegin Creative Leather, Inc. v. PSKS, Inc. 案❶中，美国联邦最高法院推翻了自 Dr. Miles 案以来确立的关于转售价格维持构成本质违法的认定，即转售价格维持应当由合理原则进行审查，而不再直接适用本身违法原则。

肯尼迪（Kennedy）法官认为，本身违法原则最好适用于那些"赤裸裸"的反竞争行为，而转售价格维持并不属于这种情形。他强调，近来的经济研究表明，虽然转售价格维持会在一定的情况下损害竞争，但是它也能增强竞争。可见，美国联邦最高法院开始接受经济学领域的研究成果，对转售价格维持进行重新审视。

因此，若从现有经济学领域的研究成果出发，法院有必要基于经济效果和顾客利益的视角，重新审视 Bauer 案和 Univis 案的判决。可以预见的是，如果 Bauer 案和 Univis 案发生在今天，美国联邦最高法院很有可能会作出完全不同的判决。

---

❶ Leegin Creative Leather, Inc. v. PSKS, Inc., 551 U. S. 877（2007）.

二、使用领域限制和区域限制

由于使用领域限制和区域限制具有共同的特性，因此人们通常称它们为非价格限制，以与转售价格维持等涉及价格的限制加以区分。与价格限制不同，由于上述非价格限制对竞争的影响并不是很大，从而其主要由合理原则加以规制。

（一）使用领域限制

就专利而言，使用领域限制往往发生在如下情景中，即在专利产品于多个不同使用领域具有不同商业价值的情形下，专利权人可就不同使用领域分别进行许可。在涉及专利产品销售的场合，专利权人通常规定专利产品的购买者只在受限制的领域使用或者转售该产品。

对于使用领域限制，美国依据合理原则加以判断。例如，1995 年美国《指南》第 2.3 节指出，知识产权上的使用领域限制有利于许可人尽可能充分且有效地利用其知识产权，从而促进竞争。❶ 当然，使用领域限制并非总是合法的，如果这种限制体现出实质上的横向限制时，则有可能构成违法。在欧共体，2004 年欧共体《指南》认为使用领域限制应当获得豁免。❷

在司法实践中，著名的判例是前述的 General Talking Pic-

---

❶ 尚明. 主要国家（地区）反垄断法律汇编 ［M］. 北京：法律出版社，2004：255.

❷ See paragraphs 90 – 91 of the Commission Guidelines on the Application of article 81 of the EC Treaty to technology transfer agreements ［2004］ OJ C101/2, http：//eur - lex. europa. eu/LexUriServ/site/en/oj/2004/c_ 101/c_ 10120040427en00020042. pdf，最后访问日期 2011 年 1 月 22 日。

tures Corp. v. Western Electric Co. 案❶。在本案中，第二巡回上诉法院肯定了地区法院的判决，认为 General Talking Pictures 公司侵犯了专利权。其中，被告分别以 Motion Picture Patents 案、Bauer 案和 Bloomer 案作为抗辩理由。而第二巡回上诉法院认为 Motion Picture Patents 案并没有认为所有限制都是无效的，只是指出了搭售限制是非法的。同样，Bauer 案仅认为转售价格维持是违法的，而 Bloomer 根本不涉及任何限制。通过引用两个默示许可的案件，第二巡回上诉法院认为专利权人可以通过许可扩展自己的垄断权。❷

　　本案随即上诉至美国联邦最高法院，最终最高法院以 5∶1 形式作出判决，认为购买者的行为构成侵权。最高法院认为本案存在两个问题：第一，限于特定领域制造销售专利产品的被许可人的销售行为，会对在其他领域使用该产品的购买者的侵权责任认定产生何种影响；第二，产品上只能用于有限使用领域的告知的效力。

　　对于第一个问题，美国联邦最高法院认为本案的销售行为是不为允许的，因为销售者明知购买者计划将放大器用于有声电影装置，而购买者也知晓销售者并未获得此项许可。由此，法院认定 General Talking Pictures 公司侵权成立。然而，本案法院并不想就此打住。最高法院进一步认为，本案许可中的限制与前述 Motion Picture Patents 案、Bauer 案等案件中的限制均不相同。毫无疑问，限制购买者于有限领域使用产品的做法并没

❶　General Talking Pictures Corp. v. Western Electric Co. , 304 U. S. 175（1937）, rehearing granted 304 U. S. 587，aff'd on rehearing 305 U. S. 124（1938）.

❷　Western Electric Co. v. General Talking Pictures Corp. , 91 F. 2d 922，928 – 929（2nd Cir. 1937）.

有延展专利权的范围。由于该限制是合法有效的，因此 General Talking Pictures 公司的行为构成专利侵权。

对于第二个问题，美国联邦最高法院认为没有必要考虑放大器上告知的效力。在本案中，General Talking Pictures 公司已经知晓授予 Transformer 公司的许可中关于产品售后使用的限制，而这已经足够了。一旦购买者知晓了产品使用的合法限制，那么他就应当受该限制的约束。

对于美国联邦最高法院的判决，Black 法官持反对意见。他认为当购买者从市场中购得产品后，专利权人不应当控制购买者使用专利产品的方式和区域。布莱克（Black）法官认为授予 Transformer 公司的许可不能扩展专利权的范围，以至于限制购买者的产品使用权。在产品销售之后，布莱克（Black）法官坚信购买者的任何行为都不构成对专利权的侵犯，即使其知晓产品的销售者与专利权人达成了上述限制性许可协议。

对此，美国联邦最高法院就上述问题再次进行了审理。但是，最高法院同样重复了先前的判决，认定许可中的限制是合法有效的。[●] 随后，布莱克（Black）法官连同瑞德（Reed）法官一起，再次基于同样的理由表示了反对。依据 Motion Picture Patents 案的判决，布莱克（Black）法官认为专利产品的销售应当排除所有限制性条件。

（二）区域限制

总体来说，对于专利许可的区域限制而言，美国和欧共体的态度并不一致。1995 年美国《指南》对于区域限制采取了

[●] General Talking Pictures Corp. v. Western Electric Co. , 305 U. S. 124, 126 - 127（1938）.

与使用领域限制相一致的态度，即由合理原则加以审查；而欧共体则实行较为严格的措施，因为自欧共体成立以来，人员、货物、资金和服务的自由流通成为欧共体追求的基本目标。1999 年欧共体《条例》第 4 条（b）规定："一个纵向协议如果限制买方销售协议产品或协议服务的地域或者顾客，这种协议不能得到豁免。"❶ 当然，该条例改变了过去较为僵硬的做法，倡导以经济效益为导向来对经济行为加以合理分析。因此，该条例就区域限制的纵向协议规定了一些例外。下文主要就美国的情况加以讨论。

　　在美国，自 19 世纪以来，通常专利权人会主动利用区域界限，并以财产权转移的方式对专利权进行利用。目前，上述规定出现在了《美国专利法》第 261 条，即专利申请、专利或者其中的任何权益可以书面文件的形式转让。申请人、专利权人、受让人或法律代表人可以同样的方式，向美国全部或者任何特定区域授予和转移基于专利申请或专利的排他权。❷

　　《美国专利法》第 261 条的规定表明法律授予专利权人向美国特定区域转移专利权的权利。因此，当案件中的限制类型为区域限制时，似乎就没有争论的必要了。但是对于这种"固有主义"的分析方式，学者纷纷表示质疑。例如理查德·布克斯鲍姆（Richard M. Buxbaum）认为，仅仅由于专利法允许实施的行为并不能获得反垄断法上的豁免，该实施行为是否可以

---

❶　王晓晔. 欧共体竞争法［M］. 北京：中国法制出版社，2001：177.

❷　35 U. S. C. § 261. "Applications for patent, patents, or any interest therein, shall be assignable in law by an instrument in writing. The applicant, patentee, or his assigns or legal representatives may in like manner grant and convey an exclusive right under his application for patent, or patents, to the whole or any specified part of the United States."

获得豁免需要对市场环境进行分析。❶

对于上述问题，美国法院倾向于认为，对美国部分区域的独占许可应当属于专利权人合理实施专利权的行为，从而专利权人可以在反垄断法规制下具有广泛的行动自由。在一起涉及全美国范围独占许可的反垄断案件中，第六巡回上诉法院认为通过许可，专利权人可以限制被许可人销售专利产品的权利。专利权人可以许可制造、使用专利产品，但同时保留销售这些产品的权利。专利权人还可以许可甲制造专利产品、乙销售专利产品、丙使用专利产品，同时他可将上述许可分别限于美国的某一特定区域。❷

更为复杂的情形出现在了 United States v. Crown Zellerbach Corp. 案❸中。本案专利涉及用于手巾盒的计数器。为了对专利进行商业利用，专利权人 ALSCO 公司与 Crown 公司签订了一项协议，授予 Crown 公司向美国东部提供纸式手巾的独占权利，从而专利权人保留了西部以及在东部提供布式手巾的权利。由于抗辩理由不足，霍夫曼（Hoffman）法官拒绝了 Crown 公司和 ALSCO 公司驳回案件的请求：

> 本案原告的控诉涉及如下一种情形，其中专利许可为专利权人对手巾盒及手巾领域进行普遍的控制提供了支持。不管每个许可协议和实施行为的法律效力如何，由于可能具有限制贸易的非法目的，这些效果足以对抗驳回案

---

❶ Richard M. Buxbaum. Restrictions in the Patent Monopoly：A Comparative Critique [J]. 113 Upenn. L. Rev. 633，1965：659.

❷ Bechton，Dickinson & Co. v. Eisele & Co.，86 F. 2d 267，269（6th Cir. 1936）.

❸ United States v. Crown Zellerbach Corp.，141 F. Supp. 118（N. D. Ill. 1956）.

件的请求。❶

然而，在斟酌东部地区关于纸式手巾的独占许可之后，Hoffman 法官继续认为由于仅仅是关于区域的限制，因此该协议是 ALSCO 公司行使专利权的有效行为，因为区域限制是专利权人确保其报酬的合法手段。❷ 可见，法院在本案中进一步通过合理原则对区域限制的效力作出了判断。但是，针对法院的判决，美国学界存在着反对的声音，即专利权人在其独占区域保留的权利过于充分，而这样的保护力度可能会阻止可欲的竞争。❸

另一方面，与专利许可的区域限制不同，对于普通产品转售的区域限制，美国经历了一个从本身违法原则规制到合理原则规制的转变。

在 1967 年的 United States v. Arnold，Schwinn & Co. 案❹中，非专利自行车制造商 Schwinn 公司设计了一套双层的产品经销系统，即 Schwinn 公司通过寄售代理商分销了一部分自行车，剩下的部分则销售给独立批发商和零售商。其中，上述两种分销系统都涉及区域限制和客户限制。与 Dr. Miles 案一样，伊利诺斯州最高法院认为向批发商销售自行车的分销系统构成本身

---

❶　United States v. Crown Zellerbach Corp. ，141 F. Supp. 118（N. D. Ill. 1956），at 126.

❷　Ibid. ，at 127.

❸　Richard M. Buxbaum. Restrictions in the Patent Monopoly：A Comparative Critique. 113 Upenn. LRev. 633，1965：660 – 661.

❹　United States v. Arnold，Schwinn & Co. ，388 U. S. 365，18 L. Ed. 2d 1249（1967），overruled Continental TV，Inc. v. GTE Sylvania，Inc. ，433 U. S. 36，56 L. Ed. 2d 568（1977）.

违法。虽然法院认为上述分销系统有助于加强品牌之间的竞争，但是制造商对已转让所有权的产品继续进行限制是完全站不住脚的。根据《谢尔曼法》的相关规定，这种限制对竞争的破坏是如此明显，以至于无须进行进一步的分析即可得出违法的结论。

对于涉及专利产品转售的区域限制而言，前述的 Schwinn 案对于如何对待专利产品这一问题进行了保留。然而，至少在转售这一层面上，一些下级法院依据 Schwinn 案的判决和专利权用尽原则否定了专利产品转售的区域限制。例如，在 American Industrial Fastener Corp. v. Flushing Enterprises, Inc. 案❶中，专利权人限制被许可制造商只能向指定区域进行销售，并且要求被许可人对其客户施加类似的限制。法院认为，客户转售产品的区域限制是违法的，因为它属于专利产品首次销售之后的区域限制。

十年后，Schwinn 案的判决被同样不涉及专利的 Continental TV, Inc. v. GTE Sylvania, Inc. 案❷推翻。Sylvania 案的事实与 Schwinn 案极为相似，制造商已经将商品出售给了分销商，但是仍然试图对分销商销售的区域加以限制。最终，加利福尼亚州最高法院采用合理原则对该区域限制进行分析，尤为重要的是法院正式承认非价格纵向限制具有提高效益的特性。以这个里程碑式的判决为起点，美国法院一改其将非价格纵向限制视为本身违法的传统，转而在合理原则下对其进行分析。由此可

---

❶ American Industrial Fastener Corp. v. Flushing Enterprises, Inc., 362 F. Supp. 32 (N. D. Ohio 1973).

❷ Continental TV, Inc. v. GTE Sylvania, Inc., 433 U. S. 36, 56 L. Ed. 2d 568 (1977), rehearing on remand 694 F. 2d 1132 (9th Cir. 1982).

以推知，无论是专利产品还是普通产品，售出产品的区域限制将由合理原则加以评定。

对于产品转售区域限制的反垄断问题，Sylvania 案的判决意味着美国法院态度的重大转变。❶ 在该案中，鲍威尔（Powell）法官认为虽然非价格纵向限制减少了品牌内部的竞争，因为它减少了竞争特定组群顾客的特定产品销售商的数量。但是，非价格纵向限制同时提升了同类产品品牌之间的竞争。

虽然，鲍威尔法官并没有指出哪种类型的竞争更为重要。但是，某种迹象表明他更倾向于品牌之间的竞争。通过购买者对不同品牌产品的选择，更为重要的是通过购买者从其他制造商那里购买竞争产品，区域限制对品牌内部竞争的不利影响降低了。

鲍威尔法官的观点对当时的教授、后来的巡回上诉法院的波斯纳（Posner）法官产生了一定影响。❷ 但是，笔者认为，由于现实的复杂性，至少在该案的相关问题上人们仍需要保持谨慎，即在考虑品牌之间竞争的同时，也需要考虑品牌内部竞争的问题。

（三）使用领域限制和区域限制的合理性分析

目前，合理原则成为判断使用领域限制和区域限制是否合法的基本准则。除了有助于提升品牌之间的竞争外，对两者采

---

❶ Eleanor M. Fox & Laurence M. Sullivan. Antitrust – Retrospective and Prospective: Where Are We Coming From? Where Are We Going? ［J］. 62 N. Y. U. L. Rev. 936, 1987：954.

❷ Warwick A. Rothnie. Parallel Imports ［M］. Sweet & Maxwell, 1993：163.

取宽容态度的原因还在于:

第一,通过给予经销商在各自使用领域或区域的独占性权利,经销商可以对不同使用领域或区域的产品设定不同的价格,由此保证每个使用领域或区域的市场价值得以充分实现,从而增加制造商的收益。例如,就使用领域限制而言,如果某一领域的商业价值明显大于另一领域,那么将经销商限于各自的领域,可以防止使用于商业价值较低领域的产品侵占商业价值较高领域的市场,从而避免经销商以套利的行为损害制造商的利益。

第二,通过给予经销商在各自使用领域或区域的独占性权利,使用领域限制和区域限制可以规避前述转售价格维持中类似的"搭便车"行为,从而进一步促使企业进行投资并甘愿承担相关风险和成本。例如,对于区域限制而言,制造商可以使用该限制,以促使零售商对产品所必需的服务进行投资。对于汽车、家电等产品而言,产品的售后服务是至关重要的。能否获得这些服务,将会大大影响制造商的信誉和自身产品的竞争力。

三、搭售

(一) 美国

基于杠杆理论❶的影响,美国理论界一直将搭售视为本身违法。与此同时,专利许可中的搭售行为也曾被视为"九不

---

❶ 杠杆理论认为,企业在搭售产品市场上拥有的垄断力量可以借助搭售产生的杠杆作用,延伸到被搭售产品的市场,从而增加其垄断利润。参见辜海笑. 美国反托拉斯理论与政策 [M]. 北京:中国经济出版社,2005:129.

准"之一，并适用本身违法原则进行规制。上述一贯的态度也反映在了美国的专利司法实践中。

在涉及售出专利产品的搭售案件中，虽然在前述的 A. B. Dick 案中，专利权人搭售行为的合法性获得了法院的支持。但是，该案判决在随后的 Motion Picture Patents Co. v. Universal Film Mfg. Co. 案●中被推翻。Motion Picture Patents 案的法院认为，关于售出专利产品只能使用专利权人的其他非专利产品的限制是非法的。

在本案中，Motion Picture Patents 公司拥有多项专利，其中一项是专利号为 707934、涉及电影放映机的胶片输送器的专利。使用该胶片输送器的放映机不仅提高了影片的图像质量，而且降低了胶片的损耗。同时，Motion Picture Patents 公司还拥有涉及专利号为 12192 的电影胶片专利。

1912 年，Motion Picture Patents 公司授予 Precision Machine 公司一项专利许可，允许该公司制造销售基于 707934 号专利和其他专利的放映机。同时，Precision Machine 公司同意依据限制性条件销售产品，即该放映机只放映从 Motion Picture Patents 公司的被许可人那里租得的、专利号为 12192 的专利电影胶片，而且放映机的用户必须遵守 Motion Picture Patents 公司随后设定的其他使用条件，只要 Motion Picture Patents 公司仍然是上述专利的专利权人。

Precision Machine 公司同意将上述限制性条件以铭牌的形式贴附于每台机器上。同时，该许可也规定 Precision Machine 公司不能以低于 Motion Picture Patents 公司设定的价格向他人

● Motion Picture Patents Co. v. Universal Film Mfg. Co., 243 U. S. 502 (1917).

销售放映机，而 Precision Machine 公司也应当要求转售产品的批发商和其他人不得以低于设定的价格进行销售。

Motion Picture Patents 公司基于胶片专利，许可其他公司制造电影胶片，并将其出租给放映机的购买者。Precision Machine 公司向 72nd Street Amusement 公司销售了一台带有铭牌的放映机，该公司在纽约经营一家剧场。在 1914 年 8 月，胶片专利到期。同年年末，Prague Amusement 公司租用 72nd Street Amusement 公司的剧场并放映电影。

在胶片专利到期之后，Universal Film Manufacturing 公司生产了两卷胶片，并出售给了 Universal Film Exchange 公司，由其提供给 Prague Amusement 公司用于本案的放映机。随后，专利权人起诉 Prague Amusement 公司、Universal Film Exchange 公司和 Universal Film Manufacturing 公司专利侵权。

对于上述限制性条件的效力，第二巡回上诉法院认为，关于放映机只能使用专利胶片的限制是无效的，因为这违反了《克莱顿法》第 3 条的规定。由于该限制是无效的，从而 Prague Amusement 公司可以自由使用从购买者那里租得的放映机。因此，Prague Amusement 公司获得使用任何胶片于该放映机的默示许可。同时，由于许可中"随后设定的其他使用条件"过于模糊，因此对 Prague Amusement 公司不具有效力。❶

此后，美国联邦最高法院同样思考了上述限制性条件是否有效的问题。对此，最高法院赞同第二巡回上诉法院的观点。最高法院认为，铭牌中关于放映机胶片的限制是无效的，因为

---

❶ Motion Picture Patents Co. v. Universal Film Mfg. Co., 235 F. 398, 402 (2nd Cir. 1916).

该限制试图超越专利权的范围，并在胶片的制造、使用上产生了新的垄断。❶ 由于专利授予的独占权只能限于要求保护的发明，专利权人不可通过限制发明的使用，将独占权延伸至不属于本发明的部分。此外，由于专利权已经用尽，因此 Prague Amusement 公司使用胶卷的行为不构成专利侵权，而 Universal Film Exchange 公司和 Universal Film Manufacturing 公司提供胶卷的行为也就不构成间接侵权。可见，虽然 Motion Picture Patents 案的判决没有明确指明，但事实上 A. B. Dick 案的判决已被推翻了。

然而，由于受芝加哥学派以及古典经济学的影响，人们对待搭售的态度发生了转变。1988 年，美国国会通过了《专利权滥用修正案》，其中国会要求法院对涉及专利的搭售行为适用合理原则，而不再机械地适用本身违法原则。目前，对于涉及搭售的专利许可能否豁免于反垄断法这一问题，1995 年美国《指南》规定了三项条件：（1）卖方对搭售产品拥有市场支配力；（2）搭售协议对搭售产品相关市场上的竞争具有不利的影响；（3）为搭售协议辩护的效益理由没有超过其限制竞争的影响。其中，第（1）项条件是构成非法搭售的核心要件。

由于合理原则成为分析涉及搭售的专利许可是否合法的主要方式，其势必会对售出专利产品的搭售案件产生一定的影响。

---

❶ Motion Picture Patents Co. v. Universal Film Mfg. Co. , 243 U. S. 502, 515 - 517, 518 - 519 (1917).

（二）欧共体

在欧共体，搭售行为是《欧共体条约》所绝对禁止的非法行为。同时，芝加哥学派的观点对其影响也十分有限，在为数不多的几个案例中，欧共体委员会都作出了违法性的判决。❶对于微软公司的搭售行为，由于该行为被欧共体委员会认定构成非法搭售，因此在美国获得实质意义上胜利的微软公司在欧共体获得了巨额罚单。可见，与美国相比，欧共体对于搭售行为采取了更为严格的标准。

然而，在专利领域，欧共体认为搭售可以因"技术必要性"而豁免，即搭售未受保护的产品或服务对于被许可的发明或技术的具体开发是必要的。❷此外，欧共体《指南》对搭售的竞争性效果进行了详尽的经济分析。❸由此可知，至少对于涉及搭售的专利许可而言，欧共体也开始使用合理原则进行分析。

目前，人们对搭售的合理性已经有了充分的认知：（1）增加互补产品的配置或销售效率；（2）保证品质；（3）新产品、新市场的风险分担；（4）降低产品的销售风险。当然，搭售也存在一些限制竞争的效果：（1）排除竞争对手；（2）逃避价格管制；（3）促进与竞争者的共谋；（4）增加进入障碍；

---

❶ Napier Brown v. British Sugar, Commission Decision 88/519/EEC, 1988 O. J. （L 284）41；Eurofix–Bauco v. Hilti, Commission Decision 88/138/EEC, 1988 O. J. （L 065）19；Tetra Pak Ⅱ, Commission Decision 92/163/EEC, 1992 O. J. （L 072）1.

❷ Frank L. Fine. The EC Competition Law on Technology Licensing [M]. London：Sweet and Maxwell, 2006：90.

❸ See paragraphs 193–195 of the Commission Guidelines on the Application of article 81 of the EC Treaty to technology transfer agreements [2004] OJ C101/2, http：//eur–lex. europa. eu/LexUriServ/site/en/oj/2004/c_ 101/c_ 10120040427en00020042. pdf，最后访问日期 2011 年 1 月 22 日。

（5）利用信息不对称获取利润。❶ 因此，无论在美国还是欧共体，涉及搭售的案件都将会由合理原则加以规制。

第三节　合理原则在专利许可的
反垄断法规制中的运用

一、专利法与反垄断法

（一）专利法与反垄断法的对立与统一

专利法与反垄断法的关系一直存在着理论上的争论。起初，人们主要认为两者之间存在着对立的关系。从表面上看，由于专利权限制竞争者使用获得专利的发明创造，从而专利权似乎阻碍了市场上的自由竞争，由此构成了一种事实上的垄断。"长期以来，'垄断'一直被认为是一种不正当、不道德、甚至不合法的行为。"❷ 据此，美国有些法院在论及专利法和反垄断法的关系时认为，一种法律倡导创设、保护垄断权，而另一种法律则力求禁止这样的垄断权。❸ 为了缓和两者之间的矛盾关系，人们通常将专利权理解为反垄断法适用的例外。

直至 20 世纪 80 年代，人们逐步开始意识到，专利法的价值与反垄断法的价值是一致的。就专利而言，专利法在保障专

---

❶ 李剑. 法律经济学的分析与搭售合理性认知 [J]. 西南师范大学学报（人文社会科学版），2006（3）：166 – 169.

❷ 郭禾. 知识产权法选论 [M]. 北京：人民交通出版社，2001：114.

❸ United States v. Westinghouse Elec. Corp. , 648 F. 2d 642, 646 (9th Cir. 1981).

利权人利益的同时，其根本目的在于促进科学和实用技术的进步，并最终增进社会福利。而反垄断法是从社会整体利益出发，通过国家公权力对企业行为进行干预，以实现经济平衡、有序地发展。反垄断法是"对自由竞争的保护，也是对竞争背后所体现的公平、正义、自由、效率这些重要社会价值的肯定"。❶ 表面上，专利法和反垄断法的目的并不完全相同。但是，实质上两者的最终目标是一致的，即通过鼓励创新和保护竞争，两种法律制度的目的都在于增进社会的整体福利。❷

　　然而，专利法与反垄断法之间的关系并非轻易能够阐明。尽管目的是一致的，但两者实现目的的手段并不相同。反垄断法意图通过保障自由竞争及相关经济效益来提升社会福利，禁止反竞争的贸易限制，从而推进更为理想的竞争。而专利法以授予独占权的方式为创新提供激励，这本身可能构成一种贸易限制，从而削弱企业间的自由竞争。由此，人们往往困扰于如何就以上两方面达成大致的平衡。因此，反垄断法与专利法之间的冲突不可避免。

　　总体看来，专利法与反垄断法是一种对立、统一的关系。一方面，专利权的行使总是存在着突破反垄断法规定的界限的可能，而反垄断法似乎总是敌视一切形式的垄断，因此专利法与反垄断法之间的冲突仍将继续；另一方面，对于提升社会整体福利而言，两者又是统一的。

---

❶ 王晓. 论反垄断法一般理论及基本制度 [J]. 中国法学, 1997 (2): 94.

❷ Atari Games Corp. v. Nintendo of Am., Inc., 897 F. 2d 1572, 1576 (Fed. Cir. 1990).

（二）专利法与反垄断法冲突的调和：创新与竞争

如前所述，专利法不能构成对反垄断法的僭越，反之亦然。但是，两者的冲突却无处不在。专利法的目的在于激励创新，反垄断法的主旨在于保护竞争。因此，对于专利法与反垄断法之间的冲突，笔者认为应当关注创新与竞争两者之间的关系。通常，创新与竞争之间是相互关联的，创新既是竞争的原因也是竞争的结果。对于由少数企业垄断的市场，创新能为商业的一潭死水注入竞争的活力。在某些行业中，创新与竞争几乎是同义语。通常，在竞争成熟发育的地方，创新也总是在蓬勃地发展。

由此，为了缓解专利法与反垄断法之间的紧张关系，根本之道并非在于分析专利权是否是垄断权，而在于对鼓励创新和限制竞争进行权衡。如果那些商业行为对创新激励的增进超出了限制竞争的程度，那么它们就有可能产生有益的效果，因而该商业行为应当是合法的；当商业行为对竞争的不利影响超过了对创新的激励程度，那么它们就可能在经济上产生消极的影响，因而该商业行为是非法的。这对于专利许可中的限制也是适用的，反垄断法在评估相关经济效果时，需要平衡两方面的内容，即对竞争的限制和对创新的激励。在此之前，人们通常只就其中一方面加以关注，因此无法获知专利许可中限制的实际效果。因此，在判断这些限制性行为是否合法时，人们必须将限制竞争的后果与促进创新的效果相结合。当然，为了对专利许可给竞争和创新造成的影响进行一番比较，人们需要采用一些具体的方法。

二、合理原则在专利许可的反垄断法规制中的具体运用

（一）三步检验法

目前，合理原则已成为反垄断法规制的主要原则，专利许可的反垄断法规制亦是如此。在利用合理原则评价专利许可的实际经济效果时，法院必须权衡专利许可提高创新激励方面的社会收益与阻碍竞争发展方面的社会成本。但是，进行这种权衡并不是一件简单的事情。虽然，当前经济学的发展对此项评估提供了一些数学模型，但是在理论上，解决专利法与反垄断法相互关系的经济学方法仍然是不确定的。尽管存在上述不确定性，人们仍然可以总结出一些方法，其中包括了评价许可限制的三步检验法：

第一步，法院应当核实所涉及的限制是否仅仅与专利权有关。如果限制不涉及专利权，那么法院应该运用一般的反垄断分析方法对该限制进行单独分析。

第二步，若限制仅仅与专利权有关，则法院应该分析其反竞争的后果，并与其促进竞争的效果相比较。通常，只有当许可限制导致了实际的或可能性极大的反竞争后果时，该许可才应当受到反垄断法的规制。若一种限制不产生反竞争的后果，或者促进竞争的效果超过了反竞争的后果，那么这种限制应是合法的，对此无须作进一步的分析。

第三步，在第二步得出消极结果的情形下，法院应该继续考察创新刺激的提高以及专利权人收入的增长。换言之，法院必须评估许可限制在提高创新激励方面的益处，而该益处的评估可以通过专利权人的收入来衡量。如果收入获得了极大的提

高，那么人们就应该将创新的激励与许可限制的反竞争效果相权衡，以便决定究竟是否应当处罚相关的许可限制。❶

上述三步检验法，尤其是其中的最后一步，可以被认为是将一般反垄断分析与专利许可的反垄断分析较好地结合在了一起。其不仅保留了人们对于一般反垄断分析的理解，而且进一步考虑了专利许可反垄断分析的特性。诞生于寡头经济时代的反垄断法未能对知识产权的反垄断问题创设具体的规则，通过法律解释与类推适用的方法，世界各国普遍尝试将已有的反垄断规则适用于知识产权的垄断问题。但是，无论在理论上还是在实践上，这都遇到了相当大的法律困惑和障碍。❷ 由于专利权垄断不同于传统的垄断类型，因而这一差别决定了对专利权垄断进行法律规制的方法也应与传统方法不同。仅仅依靠传统的方法，难以有效解决专利权垄断的问题。因此，各国应当对专利权垄断的法律规制加以完善，而上述三步检验法中最后一步对创新激励因素的关注正是这一完善的具体体现。

当然，对专利权垄断制度加以创新并不排除对其他垄断制度的借鉴。如果同样的限制在不涉及专利的类似交易中合法，那么专利许可中的限制性条件也应当合法。此时，许可限制可能带来的任何对创新的激励将会进一步提升已经存在的积极性评价。只有当一般的反垄断分析表明存在明显的反竞争效果，这时才有必要进行上述三步检验法的最后一步。

---

❶ ［美］德雷特勒. 知识产权许可［M］. 王春燕，等，译，北京：清华大学出版社，2003：521–524.

❷ 吕明瑜. 知识产权垄断呼唤反垄断法制度创新——知识经济视角下的分析［J］. 中国法学，2009（4）：16.

（二）相关因素的考虑

在应用上述三步检验法的过程中，结合本章第二节的相关论述，人们需要具体考虑如下一些因素：（1）区分纵向限制与横向限制。纵向限制约束许可体系不同层面的主体，而横向限制约束同一层面的竞争主体。由于纵向限制对竞争的威胁较小，因此对它更多地依据合理原则进行处理。而竞争者之间的横向限制通常属于本身违法。一般来说，人们将知识产权许可纳入纵向限制进行规制。但是，这种许可有时也具有纵向限制与横向限制的双重性。例如许可人与被许可人为同一类产品的竞争者并共同进行该产品的生产，那么在两者之间既存在纵向限制，也可能存在横向限制。（2）区分价格限制与非价格限制。在纵向交易中，非价格限制受合理原则的支配，而除了专利许可中可能涉及的价格限制外，一般的价格限制由本身违法原则支配。（3）区分品牌之间的竞争与品牌内部的竞争。品牌之间的竞争是指同类产品的不同厂商之间的竞争，而品牌内部的竞争是指在同一品牌不同销售者之间的竞争。由于美国法院更为看重品牌之间的竞争。因此，即使损害了品牌内部的竞争，但提升品牌之间竞争的限制通常也被认为是合法的。（4）认定相关产品和服务的市场及市场支配力。当确定一项限制对品牌之间的竞争产生何种影响时，如果许可人及其许可体系控制了特定知识产权、产品或服务的市场，则对于施加于品牌内部竞争的限制可能会引起重大损害，品牌之间的竞争也将无法实现，因而对品牌内部竞争的限制很可能被宣布为非法。相反，如果许可体系拥有极小的市场支配力，那么品牌之间竞争的增强产生了实际的经济效果，这将可能使限制有效。（5）考虑被许可人对成本和风险的接受意愿。某些包含独占权的限制可以激励当事人投入时间、精力和金钱，以便促使其进行品牌之间的竞争。若一项创新成果的开发、完善或传播包含了重大的投资成本和风险，那么通过增强对投资和创业活动的刺激，合同限制会使当事人更愿意接受这样的成本和风险。（6）对专利权期限的限制。对于专利权而言，有期限的法律保护对于平衡自由的竞争和合法的垄断具有决定性的意义。因此，直接或间接追求延长法律保护期限的限制为法律首要制止的对象。❶

当然，在实际运用过程中，人们不应过高估计上述因素的重要性。不过，虽然这些因素并不全面，但是它们还是揭示了专利许可领域最为重要的司法政策上的考虑。

三、合理原则在专利许可的反垄断法规制中运用的检讨

目前，对专利许可的反垄断法规制主要采用合理原则分析方法。但是，由于合理原则要求法院对新颖的交易模式和商业实务进行高度精细的评估，因此合理原则分析方法具有自身固有的不确定性和复杂性。就专利许可而言，合理原则主要存在以下问题：

（一）合理原则和反垄断诉讼的泛滥

通常，专利许可有助于促进市场竞争和资源有效配置。专利许可的制度价值在于，它尊崇于当事人的个人意思，使专利权人可以对其财产进行充分的利用。因此，专利许可是一项简

---

❶ ［美］德雷特勒. 知识产权许可［M］. 王春燕，等，译，北京：清华大学出版社，2003：526 - 528.

约的、低管理成本的制度。❶

　　但是基于合理原则的不确定性和复杂性，人们总是希望对专利权人或其受让人提出反垄断的主张，由此可能造成反垄断诉讼泛滥的局面。由于反垄断诉讼的泛滥，专利许可将浸没于依据合理原则作出裁判的反垄断诉讼之中。进而，反垄断法规制的成本将不断上升，由专利许可这种低管理成本制度产生的效益将因此而消耗殆尽。可见，专利许可的制度价值将会受到合理原则这一反垄断分析方法的影响。

　　同时，虽然固执的起诉者知道自己仅具有理论上胜诉的可能性，但他们仍旧总是寻找机会提起反垄断诉讼。即使反垄断请求难以获得成功，但该请求也将给予起诉者更多的筹码以对抗专利权人。因此，这会使得专利权人在衡量专利权时，进一步考虑反垄断请求所带来的额外交易成本，并在确定研发的过程中将反垄断诉讼胜诉的概率作为全部成本收益分析的一部分。

　　总之，由于专利权人总是受到反垄断诉讼的威胁，特别是当政府开始加强反垄断政策的时候，因此各项成本的提高将改变人们对公平交易的预先评估。

　　(二) 合理原则和创新的不可预测性

　　当人们对不可预测的创新进行评估的时候，合理原则分析方法基本上无法实施。因为，其中动态效益的计算非常复杂，以至于法律无法向专利权人提供确定的指引，从而进一步破坏

---

　　❶ 法律制度"简约"的关键在于成本与激励之间的平衡。参见［美］理查德·A. 爱波斯坦. 简约法律的力量［M］. 刘星，译，北京：中国政法大学出版社，2004：18.

了法律自身的稳定性和可预期性。

对此，人们需要考虑两个相互关联的因素：第一，相关市场商业行为的反垄断分析必然是事后的。第二，事后分析常常无法解释或预测动态的商业创新。正如乔冶·普利斯特（George Priest）所指出的，在涉及专利的预测评估中，经验的分析方法似乎受到了妨碍。❶ 其中，根本的问题在于，即使经济学家和律师可以在技术和商业行为的评估中进行相关效益的分析，但是这些分析都是事后的。因为效益分析是由经济模型进行的，而这些模型包括了表征已经发生过的经济行为的数据。因此，对于预先存在的静态效益的评估，事后分析的方法具有强大的解释力。但是，在处理动态效益时，这种事后分析的方法将变得非常困难。可见，对于非稳定发展的经济过程而言，以模拟历史为主要方法的经济模型自然显得无能为力。❷

对于创新的不可预测性，现实中存在着太多的事例。例如，在 20 世纪后半叶，信息产业展示出了显著但又不可预测的飞跃。事实上，数字革命的诞生正是源于那些不可预测的创新性突破。在 1958 年，杰克·基尔比（Jack Kilby）利用业余时间就其关于集成电路的激进设想进行研发，并最终革命性地改变了人们的生活。而在当时，他的雇主 Texas Instruments 公司却正在从事其他并不成功的项目。

大卫·阿德曼（David E. Adelman）和凯瑟琳·迪安吉利斯（Kathryn L. DeAngelis）也强调了预测生物领域创新性变革

---

❶ George L. Priest. What Economists Can Tell Lawyers about Intellectual Property [J]. 8 Res. L. & Econs. 19，1986：21-22.

❷ 李子奈，齐良书. 计量经济学模型的功能与局限 [J]. 数量经济技术经济研究，2010（9）：138.

的困难。❶ 基于近期他们对生物专利的研究,阿德曼和迪安吉利斯认为迈克·海勒(Michael A. Heller)和里贝卡·爱森伯格(Rebecca S. Eisenberg)在20世纪90年代中期关于专利将抑制生物技术初期创新的这一预测并不成功。❷ 与海勒和爱森伯格的预测相反,阿德曼和迪安吉利斯的研究表明生物技术仍是一个健康、可持续发展的领域。其中,专利权并没有集中在某些大型企业的手中,专利申请量不断增长,新设立的公司不断进入尚未衰退的市场。

上述海勒和爱森伯格对生物技术专利认识的偏差具有多方面的原因,有一种解释认为问题并不在于研究方法的选择,而在于研究对象自身的复杂性。例如,阿德曼和迪安吉利斯在他们的研究中强调,经验性研究将面对大量源自研究对象的分析性障碍,比如生物技术的复杂性。总之,他们认为基于人们目前的知识水平和研究对象固有的复杂性,判断发明创造能否成功是一件非常困难的事情。❸ 虽然经济模型越来越复杂,但是上述基本问题仍然存在。

有意思的是,美国联邦最高法院在1980年的Diamond v. Chakrabarty案❹中承认了这一点。在本案中,法院认为由于发明创造能否成功难以预料,因此国会常常在立法中使用宽泛

---

❶ David E. Adelman & Kathryn L. DeAngelis. Patent Metrics:The Mismeasure of Innovation in the Biotech Patent Debate [J]. 85 Tex. L. Rev. 1677, 2007:1687 – 1689.

❷ Michael A. Heller & Rebecca S. Eisenberg. Can Patents Deter Innovation? The Anticommons in Biomedical Research [J]. 280 Science 698, 1998:699.

❸ David E. Adelman & Kathryn L. DeAngelis. Patent Metrics:The Mismeasure of Innovation in the Biotech Patent Debate [J]. 85 Tex. L. Rev. 1677, 2007:1727.

❹ Diamond v. Chakrabarty, 447 U. S. 303 (1980).

的术语，以此确定究竟什么是可专利的主题。由此，Chakrab-arty 案的法院认为具有创新性的生物技术应当可以授予专利。巧合的是，Chakrabarty 案之后美国国内出现了生物技术的变革浪潮，而这进一步证实了阿德曼和迪安吉利斯关于科技创新是无法预测的研究结果。

　　当然，创新的不可预测性并非仅出现在了现代高科技发明领域。在创新的历史长河中，上述情况是普遍存在的。在 19世纪末期，爱迪生因其白炽灯泡的发明而闻名于世。同时，爱迪生也第一个发明了由发电机、电线、变压器等组成的电网系统，以便人们可以购买和使用他的其他发明。的确，电网系统的发明和商业开发将导致更多电气产品的出现，例如 20 世纪早期的收音机。对于爱迪生的伟大成就，美国史学家布尔斯廷称他为"社会发明家"，即为市场而进行发明的发明家。❶ 然而，即使作为一名非常成功的发明人和商人，爱迪生并没有预见到下一个巨大的创新性飞跃，而是认为收音机并没有任何商业前景。❷

　　由于专业的发明人和商人都经常会错误地预测下一波创新浪潮，人们更有理由质疑法官所拥有的判断力。事实上，法院难以预测科技变革并非仅仅是毫无根据的猜测，非常具有说服力的一个例子是 1984 年的 Digidyne Corp. v. Data General Corp. 案。❸ 在本案中，第九巡回上诉法院的首席法官布朗宁

---

❶　金海军. 知识产权私权论 [M]. 北京：中国人民大学出版社，2004：110.

❷　Donald A. Norman. The Invisible Computer：Why Good Products Can Fail，the Personal Computer Is So Complex，and Information Appliances Are the Solution [M]. MIT Press，1999：239.

❸　Digidyne Corp. v. Data General Corp. ，734 F. 2d 1336（9th Cir. 1984）.

（Browning）确信，由于 Data General 公司拥有受版权保护的 R – DOS 产品，因此 Data General 公司在个人电脑操作系统市场拥有类似于垄断的力量。鉴于 Data General 公司在操作系统市场中使用了该力量，第九巡回上诉法院认为由于 Data General 公司将 R – DOS 与计算机系统 NOVA 进行非法搭售，因此该公司的行为违反了反垄断法。❶

在今天，信息产业主要由 Microsoft、Apple Computer、eBay、Google、Amazon 和 Facebook 等公司所控制，很少有人知道 R – DOS 操作系统，更不用说是 Data General 公司了。但是在 1984 年，Microsoft 公司和 Apple Computer 公司只是开发软件和生产个人电脑的小型企业。对于软件和个人电脑而言，当时计算机行业的巨头预测这些新生领域将会彻底地失败。由此，Digidyne 案法院没有将其反垄断判决基于——事实上也不可能——计算机行业未来发展方向的预判，法院判决的唯一依据是过去所发生的事实。

在 Digigyne 案之后不久，Data General 公司开始逐渐被人们所遗忘，当然本案的判决并不是 Data General 公司衰败的主要原因。随后，个人电脑和软件技术的发明者逐步成为行业的领军人物，显然 Digidyne 案法院对个人电脑和软件行业的创新性发展存在误判。

由此可见，在处理科技创新中反垄断和动态效益关系的问题上，法院往往难以胜任。因为，合理原则分析方法需要法院进行复杂的经济分析，以确定特定的商业行为是否已经破坏了社会整体的福利。现代反垄断法倡导以适用于个案的合理原则

---

❶ Digidyne Corp. v. Data General Corp. , at 1344.

对商业行为进行评估，这一趋势需要法院对复杂的经济学分析进行司法上的把握。因此，无法想象一个未受过经济学训练的法官，仅仅根据依赖于先例、立法解释、因果关系的经验和直觉，就能对被告复杂的商业行为的竞争性效果进行评估。

即使法院可以基于经济模型，从而毫无瑕疵地就上述复杂的经济现象进行评估。但是，由于经济模型包括了事后数据，事实上其很难对未来的科技创新进行预测。可见，当前的经济学理论还不足以为反垄断分析提供可靠的理论基础。因此，法官应当察觉他们预测新技术问题的知识和能力的限度。

本 章 小 结

基于限制性条件产生的不同方式，限制性条件具有不同的表现形式。此外，由于不同的专利产品销售抗辩具有不同的规范属性，因此限制性条件与它们的关系也存在差异，进而限制性条件也产生了不同的效力类型。对于强行性专利产品销售抗辩而言，限制性条件仅具有合同法上的效力。而对于任意性专利产品销售抗辩而言，限制性条件除具有合同法上的效力之外，当事人对该限制的违反将产生专利法上的后果。

当对限制性条件的效力进行审视时，人们不应当忽视反垄断法对限制性条件的规制。通常，涉及专利产品销售的限制大致可以包括转售价格维持、使用领域限制、区域限制、搭售等主要类型。作为价格限制的类型，转售价格维持的反垄断法规制经历了由本身违反原则向合理原则的转变。使用领域限制和区域限制属于非价格限制，通常由合理原则加以规制。与转售价格维持相一致，搭售也经历了本身违反原则向合理原则的转变。

专利法与反垄断法是对立、统一的关系。由于作为任意性专利产品销售抗辩的默示许可可由限制性条件排除，因此该限制性条件构成专利许可。目前，人们主要采用合理原则对专利许可进行反垄断法规制。其中，三步检验法被认为将一般反垄断分析与专利许可的反垄断分析较好地结合在了一起。但是，由于合理原则所具有的不确定性和复杂性，使得其存在一定的问题：（1）反垄断诉讼的泛滥；（2）创新的不可预测性。

第七章　解释、发展与选择

第一节　两大法系制度选择的解释

一、法律史的解释

霍姆斯（Holmes）法官认为"历史研究之一页当抵逻辑分析之一卷"，❶ 因此法学研究离不开法律史研究的支撑。通常，法律史的基本研究目标包括以下两个方面：第一，法律史的研究需要按照时间脉络，清晰地展示法律制度的基本框架；第二，更为重要的是，法律史的研究需要揭示法律制度变迁的深层次原因。就专利产品销售抗辩而言，对其制度发展深层次原因的揭示，可以更好地帮助人们对其进行理解和把握。

（一）德国等大陆法系国家及欧共体

对于专利产品销售抗辩，德国等欧洲大陆法系国家采用了强行性的制度模式，笔者认为这一制度模式的选择与这些国家对待专利的态度不无关系。

在西欧，历史上曾经存在过反对专利的运动，而这一运动产生的根源与专利权的由来存在一定的联系。众所周知，专利

---

❶　New York Trust Co. v. Eisner, 256 U. S. 345, 349（1921）. 转引自黄海峰. 知识产权的表达与实践 [D]. 北京：中国人民大学，2006：1.

权源于中世纪君主发布的特权，其中涉及技术的特权被称为垄断权。随着资本主义生产关系在封建社会后期的孕育，商品经济的发展和科学技术的日益商品化使得人们意识到先进技术的重要性。然而，这种垄断权并不具有今天专利权的含义，因为垄断权的授予旨在使被授予者免受封建行会的限制，而并非授予其进行某种活动的排他权。

虽然上述封建垄断权在一定程度上维护了发明人的利益，但是其未能实质性地产生应有的效果。面对强大的封建行会，获得垄断权的发明人根本无法行使自己的特权。另一方面，由于封建王权至高无上，特权的授予均需国王的恩赐。但是，随着时间的推移，许多毫无新意的产品都被授予垄断权，这一制度事实上已为国王滥用，并日益成为增加王室收益的一种手段。于是，当人们把专利权与封建特权相联系的时候，反对专利的思想便开始活跃了起来。

在德国，统一和自由是 19 世纪德国的主要议题，而这一理念也成为了反对专利的另一个重要的动因。在国际地缘政治格局中，德国位于欧洲大陆中央。对于意欲统治整个欧洲的欧洲列强而言，它们不希望在欧洲大陆中央出现一个强大的德意志帝国。因此，在内外因素结合作用下，德国长期处于松散的状态。体现在专利法上，在拿破仑战胜德国以后，各个地区适用着不同的专利法。例如，莱茵河部分地区适用的是 1791 年的《法国专利法》，而德国南部部分王国针对国内的新发明制定了自己的专利法。❶

---

❶ [奥] 考夫. 专利制度经济学 [M]. 柯瑞豪，译，北京：北京大学出版社，2005：11.

18 世纪末，德国东部的普鲁士开始崛起。为了实现德国的统一和强大，一方面普鲁士人需要在外交和军事上扫除阻止德国统一的外部障碍；另一方面，普鲁士人认识到，只有经济上的统一才能促成政治上的统一。为此，深受亚当·斯密理论熏陶的社会精英开始了改革，并首先把矛头指向了严重阻碍自由贸易的关税制度。1834 年 1 月，德国在南北两个关税同盟的基础上，建立了"德意志关税同盟"。❶ 普鲁士政府积极地在德国内部推行自由贸易政策，专利则被认为是自由贸易的障碍。因此，普鲁士政府当时就一致认为要把德国境内的专利法全部废除。❷

德国对待专利的态度也传播到了欧洲其他国家。1869 年，荷兰废除了专利制度。1849 年至 1863 年，没有建立专利制度的瑞士拒绝了四项关于专利制度的立法提议。与此相对应的是，英国关于专利制度的存废则主要停留在了辩论阶段，其并没有卷入欧洲大陆犹如革命式的废除专利的浪潮之中。由于资本主义自由理念的充分发展以及专利制度的长期存在，英国与欧洲大陆国家对于专利的敌视态度有着巨大的差异。因此，在专利权限制的程度上，英国与欧洲大陆国家可能也存在着不同，从而导致了它们对专利产品销售抗辩具有不同规范属性的认定。

据此，科勒教授在完全不同的环境中，发展了专利权用尽原则理论。在当时，阻碍自由贸易被视为反对引入专利法的主

---

❶ 何勤华. 德国法律发达史［M］. 北京：法律出版社，2000：34.

❷ ［奥］考夫. 专利制度经济学［M］. 柯瑞豪，译，北京：北京大学出版社，2005：11.

要理由。因为德国各地之间跨境贸易的各种障碍直到 1871 年才得以清除，人们对此仍是记忆犹新。❶ 对于科勒教授来说，只有基于自由贸易对专利权进行绝对的限制才符合德国当时主流的意识形态。

"二战"以后，统一和自由也成为了欧洲大陆的选择。历史上，由于政治、种族、宗教等复杂因素，欧洲历来战乱频繁，两次大战更是给全欧洲造成了深重的灾难。欧洲的精英们认为分散的国家主权是导致和平难以持久的主要原因，因此在人们还对欧洲前途一片迷茫的时候，欧洲的领导者们开始了建立统一欧洲的设想。同样，最先进行联合的依旧是经济领域。1951 年 4 月 8 日，法、德、意、比、荷、卢六国签订《巴黎公约》，产生了新的国际法实体，即欧洲煤钢共同体。此后，欧洲又相继出现了欧洲经济共同体和欧洲原子能共同体。最终，在这三个共同体的基础上，《欧共体条约》（《罗马条约》）诞生。

为了建立欧洲统一市场，《欧共体条约》倡导了四种最基本的自由模式，即货物、人员、服务和资金的自由流动。因此，在各成员国之间不应存在任何的贸易障碍。但是在知识产权领域，知识产权的实施注定会给商品的自由贸易带来阻碍，进而妨碍统一市场的形成。❷

为了实现建立统一共同体市场的目标，专利权区域用尽原则应运而生。根据该原则，一旦受专利权保护的产品由权利人

---

❶ Christopher Heath. Parallel Imports in Asia ［M］. Kluwer Law International, 2004：14.

❷ Hector MacQueen, Charlotte Waelde & Graeme Laurie. Contemporary Intellectual Property ［M］. Oxford University Press, 2008：797.

自己或经其同意在任何一个成员国首次投放市场，那么与该产品有关的专利权将在所有成员国用尽。自《欧洲经济区条约》（以下简称"EEA"）❶ 生效后，欧共体专利权区域用尽原则的适用范围扩展至 EEA 成员国。

出于维护统一市场的需要，欧共体依旧采取了德国关于专利权用尽原则的一贯做法，明确了专利权用尽原则的强行性规范属性。根据《欧共体专利公约》第 28 条的规定，当欧共体专利产品在任何一个欧共体国家投放市场之后，该专利权不能扩展至与该产品有关的任何行为。虽然《欧共体专利公约》至今尚未生效，但从相关案例的判决可以看出，欧共体将商品的自由流通视为建立统一共同体市场、实现欧洲一体化的基本条件之一，这些案例事实上已经采用了该公约的这一规定。

（二）美国❷

在美国，专利权用尽原则由司法判例来界定，与以立法形式确立权利用尽原则的版权法相比，专利权用尽原则更具复杂性。对于限制性条件能否排除专利权用尽原则，美国理论界与实务界一直处于争论不休的状态。事实上，人们对于专利权用尽原则不同规范属性争论的核心在于，究竟应当采用何种类型

---

❶　欧洲经济区条约（EEA）在欧洲自由贸易联盟（EFTA）与欧盟（EU）达成协议后，于 1994 年 1 月 1 日生效，该条约旨在让欧洲自由贸易联盟的成员国（挪威、冰岛和列支敦士登）无须加入欧盟也能参与欧洲的单一市场。

❷　美国在不同的时期选择了不同类型的专利产品销售抗辩模式。但是，近年来其再次开始以任意性模式为主。与此同时，英国国内相应的制度运行则较为平稳，即以任意性模式为主。为了更好地阐述人们对待专利的态度与不同类型专利产品销售抗辩模式选择的关系，本书这一部分以美国为英美法系的代表，对其相关情况加以介绍。

的专利产品销售抗辩制度。

通常，"美国专利政策的演变与反托拉斯紧密相连。"❶ 受社会、政治、经济等因素的影响，美国国内在不同时期对待专利和反垄断的态度并不相同。由此，人们对于专利产品销售抗辩规范属性的认识也存在差异。

1. 萌发时期

由于 19 世纪涉及限制性条件与专利产品销售抗辩关系的案件较少，该问题并未受到人们的关注。因此，此时可以被认为是专利产品销售抗辩具有何种规范属性问题的萌发时期。

与欧洲大陆不同的是，19 世纪美国国内的专利政策较为宽松，多数专利在法院获得了支持。虽然，早期美国联邦最高法院使用"垄断权"一词指称专利权。❷ 但事实上，大多数内战前的法官和学者都认为，专利权本质上是确保重要财产利益的民事权利，而不是国家授予的垄断性特权。由于将专利权视为财产权，财产权绝对自由的理念在专利法中得到了充分的体现。在《谢尔曼法》生效之后，专利权的行使更是被视为垄断行为的例外。

正是在这一宽松时期，出现了导致专利权用尽原则制度产生的 Bloomer 案。有学者认为，Bloomer 案认定专利权用尽原则具有强行性规范属性，一定程度上这是司法激进主义的结果。因为该案的首席法官罗伯特·塔南（Robert Taney）是一名狂热的杰克逊民主党人（Jacksonian Democrat），他认为专利是阻

---

❶ [美] 苏姗·K. 塞尔. 私权、公法——知识产权的全球化 [M]. 董刚，周超，译，北京：中国人民大学出版社，2008：64.

❷ Burr v. Dueyee, 68 U. S. 531, 570 (1864).

止自由竞争的垄断。❶ 换言之，塔南法官认为专利权需要像其他特权一样受到严格的限制，即一旦专利权人以转让专利产品的方式销售了该特权，那么该产品所包含的发明创造将不再处于特权的范围之内。❷

而在此之后的米切尔案中，专利权人可以继续控制售出产品的观点获得了法院的支持。可以认为，米切尔案对于专利产品销售抗辩规范属性的认识与美国当时的专利政策是相吻合的。

2. 严厉时期

虽然在 19 世纪 80 年代，由于上诉至美国联邦最高法院的专利案件急剧增加，大量案件的积压使得最高法院暂时表现出反对专利的态度。但是，在 1890 年至 1930 年的大约 40 年间，由于经济迅速发展，并且巡回上诉法院分担了上诉案件的压力，美国联邦最高法院再次表现出亲专利的态度。在涉及搭售的 A. B. Dick 案中，最高法院采用任意性专利产品销售抗辩是其亲专利态度的最好体现。

但是，在 A. B. Dick 案之后的 5 年中，美国陆续出现了一系列否定转售价格维持和搭售的判决。在 Motion Picture Patents 案中，美国联邦最高法院又转而选择了强行性专利产品销售抗辩。对此，人们需要将该案置于美国当时长达 10 年高度反对垄断行为的司法背景中进行审视。由于公众和国会对垄断行为的关注度不断提升，1914 年美国国会通过了《克莱顿法》和

---

❶ Adam Mossoff. Who Cares What Thomas Jefferson Thought About Patents? Reevaluating the Patent "Privilege" in Historical Context [J]. 92 Cornell L. Rev. 953, 2007：966.

❷ Bloomer v. McQuewan, 55 U. S. 539, 549 (1852).

《联邦贸易委员会法》，前者特别宣布无论是非专利产品还是专利产品，搭售行为都应当属于违法行为。

20世纪30年代以后，随着经济大萧条的到来，美国反对专利的势态成为主流。一方面，专利的授权标准得到了提升；另一方面，美国进一步加强了对专利权的反垄断控制。据此，专利产品销售抗辩的强行性规范属性得以延续，并与反垄断法保持着更为紧密的联系。例如，在 Univis 案中，美国联邦最高法院同时适用专利权用尽原则与反垄断法对转售价格维持加以规制。❶

3. 宽松时期

对于限制性条件排除专利产品销售抗辩的严厉态度一直持续到了20世纪90年代。在此之前，美国国内对待专利和反垄断的态度再次发生了转变。

自20世纪70年代起，"在美国存在着一种普遍的观念，即国家正处于衰落之中。"❷ 1978年，卡特政府认为由于对科研投入的不足，使得美国产品在国际竞争中处于下风，由此导致了美国经济陷入低谷。造成上述局面的原因之一在于，专利制度未能对创新进行有效的激励。在此背景下，美国开始加强了对专利权的保护，并采取了以下重要措施：（1）成立CAFC；（2）通过《专利权滥用修正案》；（3）扩大可专利的主题；（4）放松对专利权的反垄断法规制。

在反垄断法方面，由于进入20世纪70年代后美国经济长

---

❶ United States v. Univis Lens Co., 316 U. S. 214, 250－252（1942）.

❷ ［美］威廉・M. 兰德斯，理查德・A. 波斯纳. 知识产权法的经济结构［M］. 金海军，译，北京：北京大学出版社，2005：2.

期不振，干预主义的反垄断政策被视为导致上述情形的重要原因。由此，倡导自由主义的芝加哥学派迅速崛起，并取代了哈佛学派在反垄断政策中的主导地位。在奉行新自由主义的里根政府上台后，芝加哥学派取得了全面的胜利，美国的反垄断政策也转变为对经济活动进行最低限度的干预。

正是在此背景之下，就专利产品销售抗辩的规范属性而言，美国的态度再次发生了巨大转变。在 Mallinckrodt 案中，CAFC 认为本案应当按照 GTE Sylvania 案确立的规则，对非价格纵向限制适用合理原则加以评判。同时，CAFC 认为本案的限制性条件与 Bauer 案的转售价格维持、Motion Picture Patent 案的搭售具有本质的差别。❶ 在与先前的反垄断判例进行比较的基础上，CAFC 最终做出了倾向于专利权人的判决。❷

由此可见，各国采取不同的专利产品销售抗辩与其历史上社会经济的发展密不可分。但是，历史的考察同样也具有局限性。因为在更多的时候，法律制度的生长可能只是一种历史的巧合或者偶然，而这往往造成法律史研究的片面性和解释力的不足。因此，对专利产品销售抗辩制度更进一步的把握需由哲学，更准确地说是其中的伦理学来完成。

---

❶ Mallinckrodt, Inc. v. Medipart, Inc. , 976 F. 2d, 700, 704 － 705, 708 (Fed. Cir. 1992).

❷ 事实上，在重新解释专利法原则使其服务于商业利益而不是公共利益方面，CAFC 起到了非常重要的作用。正如 A. Silverman 所观察的，CAFC 的想法受一小部分团体的推动，这一团体有高科技公司和贸易协会，包括电信、计算机和医药行业，他们只对他们的专利公平观感兴趣。A. Silverman. Intellectual Property Law and the Venture Capital Process [J]. 5 High Tech. L. J. 157, 1990：fn62. 转引自 [澳] 彼得·达沃豪斯，约翰·布雷斯韦特. 信息封建主义 [M]. 刘雪涛，译，北京：知识产权出版社，2005：189.

二、伦理哲学的解释

（一）西方伦理哲学的两大流派

在西方伦理哲学中，理论形态纷繁复杂，但总体可以分为两大流派，即义务论和目的论。上述两大流派的区别首先来自伦理哲学区分使用的两大范畴，即"正当"（right）或"应当"（ought）和"好"或"善"（good）。"正当"主要针对行为、过程及其规则而言；与"正当"相对，"好"主要是指人们所欲的生活目标、性质、品格、趣味、实际状态以及行为结果中一切有正面意义的东西、人们希望得到的东西。❶

"好"与"正当"是相互独立的，即"好"并不代表"正当"，反之亦然。就一项行为而言，行为是否"好"主要依赖于该行为的目的动机及结果，而行为的"正当"依赖于行为本身。

由此，义务论与目的论的区别在于究竟以哪种方式来判断行为是否正当，"正当"与"好"之间究竟哪一个概念应当更具根本性。义务论者把"正当"视为基本概念，"正当"优先于"好"。他们认为某种行为之所以正当，是因为它与某种形式原则相符。正是这种行为本身的性质使得该行为本身具有正当性。例如，"你应当遵守诺言"就是义务论者观点的体现。而目的论者把"好"视为根本性概念，认为某种行为之所以正当，是因为它具有好的结果。"好"优位于"正当"，"正当"从属于"好"。

义务论和目的论两大伦理哲学流派的思想渊源一直可以追

---

❶ 何怀宏. 伦理学是什么 [M]. 北京：北京大学出版社，2002：65.

溯至古希腊的斯多葛派的禁欲主义和伊壁鸠鲁派的幸福主义。自近代西方道德转型以来，上述两大流派主要体现为道义论和功利主义。所谓道义论，是人的行为必须按照某种道德原则或某种正当性去行动的学说。所谓功利主义，是以实际效果或利益作为道德标准的伦理学说。❶

（二）大陆法系制度选择的伦理哲学基础：道义论和康德的先验伦理哲学

如果将道义论应用到法律领域，那么道义论强调法律制度必须体现一定的道德原则。作为义务论的道义论一直可以追溯至古希腊斯多葛派的禁欲主义。斯多葛派认为，只有道德的才是幸福的。只要按照理性去行事，那么这本身就是幸福的了，而不管产生何种结果。❷ 在近代西方，大陆理性派秉承了斯多葛派的思想，其中典型的代表是康德。

康德伦理哲学的基本特征同样在于正当优位于善，并且这种正当是先验的。康德认为，由于道德是无条件的，因此道德法则即为绝对命令。换言之，道德法则不是经验的，而是先验的、普遍的、永恒的。❸由此，人们不可能"通过经验所得出的任何东西来制定道德原则"。❹

由于道德法则是无条件的绝对命令，所以唯有按照绝对命令办事，才是善的意志和道德行为。道德法则要求为道德而行道德，为义务而尽义务，不问效果如何。"凡怀着为己、为人

❶ 周中之．伦理学［M］．北京：人民出版社，2004：25，36．
❷ 邓晓芒．西方伦理精神探源［J］．社会科学论坛，2006（9）：106．
❸ 曹磊．德国古典哲理法学［M］．北京：法律出版社，2006：74．
❹ ［德］康德．法的形而上学原理［M］．沈叔平，译，北京：商务印书馆，1997：15．

及其他'实质性'的考虑，都不是道德的行为。"❶

而康德所提出的道德准则或绝对命令究竟是什么呢？首先，不论做什么，都要使自己的行动符合普遍的立法原理；其次，任何情况下都不能将人作为工具，而应当坚持人是目的；第三，每个人的意志都是立法意志，道德法则的目的就是人人自由。"假如没有自由，道德法则就不会在我们内心找到。"❷追问到尽头，道德准则应当就是自由、公平等具有根本性的内容。

康德的先验伦理哲学思想深深地影响了德国乃至欧洲大陆，德国民法上的自由、权利等观念亦是如此。"至少就德国民法而言，在终极性的价值判断的问题上，很大程度上仍要回到这位先哲的思想上。"❸

一定程度上，强行性专利产品销售抗辩反映了德国人长期以来秉持的、源自康德的先验伦理哲学的理念。出于对公平、自由等先验性价值的考量，当专利产品售出之后，法律需要对专利权进行绝对的限制，禁止限制性条件将专利权用尽原则排除。同时，由于涉及对售出产品的控制，通常限制性条件也难以产生合同法上的效力。

（三）英美法系制度选择的伦理哲学基础：功利主义

功利主义基于这样一种伦理原则：人的行为是受功利支配的，追求幸福就是追求功利，追求个人的最大幸福是个人的目

---

❶ 吕世论. 西方法律思潮源流论（第二版）[M]. 北京：中国人民大学出版社，2008：345.

❷ [德] 康德. 实践理性批判 [M]. 韩水法，译，北京：商务印书馆，1999：2.

❸ 许德风. 论法教义学与价值判断——以民法方法为重点 [J]. 中外法学，2008，2：184.

标；对于社会来说，其基本职能在于追求最大多数人的最大幸福，即"最大多数人的最大幸福原则"。❶

将功利主义应用到法律领域，则产生了功利主义法学。杰里米·边沁奠定了功利主义法学的哲学基础，并由约翰·密尔进一步发展。功利主义法学认为法律是达到功利目标的手段。基于人的一切行动都在于功利的权衡，因此法律的制定、实施和评判都应当遵循这一理念，而最为关键之处在于以制度的社会效用作为判断其是否正当的标准。

在法律价值观方面，个人利益优先的自由主义是功利主义法学的基本特点。在边沁看来，社会是假想的实体，唯一真实的利益是个人利益，所谓的社会利益不过是个人利益的总和。因此，只要个人能够实现自身利益最大化，社会利益就能最大化。显然，该观点与以亚当·斯密为代表的新古典主义经济学的经济自由主义理论的核心思想是一致的。在"理性的经济人"假设的前提下，斯密认为每一个人既不打算促进公共利益，也不知道自己是在什么程度上促进哪种利益，他所盘算的只是他自己的利益。但是，正是个人追求自己的利益，往往使他比在真正出于本意的情况下更有效地促进社会的利益。❷

作为伦理哲学目的论流派的主要理论类型，功利主义成为英美法系国家所主张的最为重要的伦理哲学基础。18 世纪末，功利主义哲学与新古典主义经济学理论不谋而合，使得"功利主义成为不可阻挡的社会思潮"。❸ 据此，功利主义对英美法

---

❶　杨思斌. 功利主义法学 ［M］. 北京：法律出版社，2004：1.

❷　［美］曼昆. 经济学原理 ［M］. 梁小民，译，北京：三联书店、北京大学出版社，1999：152.

❸　张乃根. 西方法哲学史纲 ［M］. 北京：中国政法大学出版社，1993：178.

系产生了相当重要的影响，具体体现为当下英美法系实用主义和法经济学分析的盛行。❶ 在美国财产法中，功利主义视财产为达到社会目的的一种手段。根据这种理论，私有财产的存在是为了实现社会整体幸福或功利的最大化。迄今为止，功利主义理论成为了美国财产法中占统治地位的理论。❷

　　功利主义伦理哲学也体现在了专利法中，其集中表现为1787 年《美国宪法》第 1 条第 8 款的规定：国会有权通过赋予作者和发明人在有限时期内对于其作品和发现享有排他性权利的方式，来促进科学和实用艺术的进步。❸ 在此理念的指导下，加强专利权人利益的保护成为英美专利法的一大特色，"激励论"则成为了支撑专利制度正当性的主要基石。而这恰好印证了英美法系当前关于专利产品销售抗辩的态度，即英美法系主要采任意性专利产品销售抗辩，当事人之间的限制性条件可以对其加以排除。对于限制性条件的反垄断法规制，英美法系进一步强调应当适用合理原则，使得限制性条件可以在宽松环境下进行反垄断审查，从而进一步确保专利权人利益的实现。

---

　　❶ 法经济学同样基于功利主义理论。传统的功利主义理论使用非常模糊的语言界定人类的幸福，而法经济学的观点是幸福可以效益的形式加以衡量。

　　❷ ［美］约翰·G. 斯普兰克林. 美国财产法精解［M］. 钟书峰，译，北京：北京大学出版社，2009：16.

　　❸ 原文："To promote the progress of science and useful arts, by securing for limited times to authors and inventors the exclusive right to their respective writings and discoveries."

第二节　英美法系专利产品销售
抗辩的发展趋势

一、英国默示许可制度的发展趋势

如前所述，对于专利权与所有权冲突的问题，英联邦国家与欧洲大陆法系国家进行了截然不同的制度选择。以英国为首的英联邦国家采用默示许可理论，即专利产品一旦合法售出，则推定产品购买者获得专利权人的许可。因此，专利权人可以通过设置限制性条件，阻碍默示许可理论的适用。相反，欧洲大陆法系国家基本上采用专利权用尽原则，并认为该原则属于强行法，当事人的约定无法排除该原则的适用。

随着 1972 年加入欧共体，英国试图全方位地融入这个欧洲"大家庭"。据此，英国开始对其专利产品销售抗辩制度加以改造。《欧共体专利公约》第 28 条具体规定了专利权区域用尽原则，为了与该规定保持一致，英国在 1977 年《英国专利法》中添加了关于专利权用尽原则的规定，即第 60 条第 4 款的规定。由此，英国著名的知识产权学者威廉·康沃尔（William Cornish）和大卫·路易安（David Llewelyn）甚至认为，英国的默示许可制度正处于逐步消亡的过程中。❶

具体而言，英国的默示许可制度受到了以下两方面的影响。首先，英国的默示许可制度受到了《欧共体条约》的影

---

❶ William Cornish & David Llewelyn. Intellectual Property: Patents, Copyright, Trade Marks and Allied Rights [M]. 5th ed. Sweet & Maxwell, 2003: 250.

响。在加入欧共体之前，英国先前的默示许可制度将继续有效。但是，自1973年以来，该规则已经受到了《欧共体条约》两项原则的影响，即货物自由流通原则和自由竞争原则。目前，禁止向其他统一市场国家出口专利产品的限制性条件将被视为违法；同样，如果只允许专利产品向部分统一市场国家进行出口，那么这样的限制性条件也是不符合规定的。因为，这些限制都阻止了产品在共同体市场内部的自由流动。但是，英国先前的默示许可制度仍然可以阻止专利产品向非欧共体国家出口；同样，专利权人也可以对非欧共体国家内的专利产品销售附带禁止向英国进口的限制性条件。

其次，英国的默示许可制度受到了《欧共体专利公约》的影响。虽然《欧共体专利公约》尚未生效，但是该公约的专利权区域用尽原则制度仍将对共同体专利和国内专利产生影响。公约规定一旦专利产品在欧共体内部任何地方、由专利权人或依据他的同意投放市场，那么共同体专利或者国内专利所给予的权利将不能及于该专利产品，除非共同体法律规定了一些特别的例外。如果相同发明主题的多个国内专利由在经济上有关联的专利权人享有，不同专利权人必须认可不同国家的专利产品首次销售，从而其他国家的专利权仍然应当视为用尽了。由于《欧共体专利公约》对国内专利法和国内专利具有相当重要的影响，如前所述1977年《英国专利法》第60条第4款即采用了《欧共体专利公约》关于专利权区域用尽原则的规定。❶

---

❶ 由于《欧共体专利公约》至今尚未生效，1977年《英国专利法》第60条第4款的规定已在2010年1月的专利法修正案中删除。参见http://www.ipo.gov.uk/patentsact1977.pdf，最后访问日期2011年2月23日。

　　然而，无论是《欧共体专利公约》还是《欧共体条约》都没有将条约的效力扩展至非欧共体成员国。可以肯定的是，英国法院仍有可能基于它对于专利产品销售抗辩的传统认识，继续以默示许可理论来解决英国与非欧共体成员国间的专利权与所有权冲突的问题。

　　事实上，"大陆法与英美法之间，并非如一般人所想象划了一条鸿沟；实际上二者之区别，在现在欧美交通如此频繁、关系如此密切、文化如此接近的情况下，一定会在短期间减少到无足轻重的程度。"● 虽然英国的任意性专利产品销售抗辩没有最终消亡，但是随着英国进一步融入欧共体以及《欧共体专利公约》日后的生效，英国必将对该项制度做进一步的调整。

二、近期美国联邦最高法院的态度

1. Quanta Computer, Inc. v. LG Electronics, Inc. 案

　　近期美国联邦最高法院涉及专利权用尽原则的判例是 2008 年的 Quanta Computer, Inc. v. LG Electronics, Inc. 案●。本案就专利权用尽原则的若干问题进行了阐述：（1）方法专利是否可以适用专利权用尽原则；（2）非专利组件产品或者未完成产品的销售与专利权用尽原则的关系；（3）限制性条件是否可以排除专利权用尽原则的适用。其中，本部分主要就第（3）项争议进行阐述。

　　在本案中，LGE 公司授予英特尔公司的专利许可协议中包

● 杨兆龙. 大陆法与英美法的区别 [M]. 北京：北京大学出版社，2009：50.

● Quanta Computer, Inc. v. LG Electronics, Inc., 128 S. Ct. 2109, 170 L. Ed. 2d 996 (2008).

含了一些限制性条件，即英特尔不得许可第三方将专利产品与协议双方之外的类似产品进行组合，或者使用、进口、销售或许诺销售该组合产品。但是，该许可协议同时申明并不对专利权用尽原则的适用产生任何影响。此外，在 LGE 公司与英特尔公司的另一份独立的主协议（master agreement）中，英特尔公司同意将上述限制性条件告知专利产品的购买者。同时，双方认定对该主协议的违反与最初的许可协议无关。由于 Quanta 等公司违反了上述限制性条件，LGE 公司对它们提起了侵权诉讼。

对于限制性条件能否排除专利权用尽原则的适用，地区法院持否定的态度。❶ 对此，CAFC 推翻了地方法院的判决，认为本案的限制性条件将足以排除专利权用尽原则的适用。❷ 最终，本案上诉至美国联邦最高法院。最高法院认为，由于本案特殊的交易结构，两个协议具有各自独立的效力。由于最初的许可协议并没有包含关于禁止产品购买者将专利产品与非专利产品结合的限制性条件，且申明并不对专利权用尽原则的适用产生任何影响，因此最高法院认为本案并不存在限制性条件。由此，最高法院认为由于专利权用尽原则得以适用，Quanta 公司的行为并不构成专利侵权。

可以认为，Quanta 案的判决与美国的专利政策变化不无关系。自 20 世纪 90 年代末以来，美国国内的专利政策再次朝严格控制的方向转变，由此当局开始了一系列针对专利的政策调

---

❶ LG Electronics, Inc. v. Asustek Computer, Inc., 65 U. S. P. Q. 2d 1589, 1593, 1600（N. D. Cal. 2002）.

❷ LG Electronics, Inc. v. Bizcom Electronics, Inc., 453 F. 3d 1364, 1368（Fed. Cir. 2006）.

整，例如限制等同原则的适用等。2003 年美国联邦贸易委员会发布了名为《促进创新——竞争与专利法律政策的适当平衡》的报告，该报告提出了促进创新的两大主题，即竞争机制和专利保护。但是，当前美国过于注重专利保护，而忽视了竞争机制，从而产生了诸多问题，如专利授予过多、过滥，并出现了"专利丛林"（patent thicket）、"专利怪物"（patent troll）等现象。❶ 由此，美国国内反专利的势力再次抬头。而这一态势也反映到了专利产品销售抗辩制度中，虽然 Quanta 案并没有直接针对限制性条件能否排除专利权用尽原则作出直接的回应，但是一定意义上 Quanta 案可以被解读为专利权人不能实施产品售后限制。❷ 因此，某种程度上 Quanta 案可以看做美国国内试图再次确立强行性专利产品销售抗辩的标志。

2. Bowman v. Monsanto Co. 案

2013 年 5 月 13 日，美国联邦最高法院对 Bowman v. Monsanto Co. 案❸作出判决，大法官们毫无分歧地维持了之前 CAFC 的判决，驳回了鲍曼（Bowman）的上诉。

在本案中，另一方当事人 Monsanto 公司的 Roundup Ready 转基因大豆可以有效抵抗包括 Roundup 在内的多种除草剂，所以在种植 Roundup Ready 的豆田里撒播除草剂可以有效地杀死杂草而不会对大豆植株造成损害，由此田间管理的费用将大幅降低。因此，Roundup Ready 大豆凭借该特点风靡全球。

---

❶　尹新天. 美国专利政策的新近发展动向［J］. 载刘春田. 中国知识产权评论（第三卷）［M］. 北京：商务印书馆，2008：254－259.

❷　Thomas G. Hungar. Observations Regarding the Supreme Court's Decision in Quanta Computer，Inc. v. LG Electronics，Inc. ［J］. 49 IDEA 517，2009：532－533.

❸　Bowman v. Monsanto Co.，133 S. Ct. 1761，185 L. Ed. 2d 931（2013）.

　　为了维持该产品的市场地位，Monsanto 公司使用了多种策略。首先，Monsanto 公司为 Roundup Ready 大豆及其技术在多个国家申请了专利。其次，Monsanto 公司在每一份 Roundup Ready 大豆种子的销售协议上规定购买者只能使用该大豆种子种植一季大豆。最后，Monsanto 公司积极地运用法律手段起诉各种侵权行为。

　　上诉人鲍曼是印第安纳州的一位普通农民。同其他农民一样，他从授权分销商手中购买 Roundup Ready 大豆种子用来种植大豆并将收获的大豆出售给收购商。然而，他立即从收购商手中购买了一部分大豆作为下一季的种子。因为大豆是自花授粉的植物，其父辈的特性可以完全遗传给子辈。由此，这些二代大豆完全复制了 Roundup Ready 种子对抗除草剂的特性。鲍曼将购买的大豆进行播种并用除草剂加以筛选，其中存活的几乎完全是 Roundup Ready 大豆。随后，鲍曼将第二季收获的大部分大豆出售给收购商，小部分留下作为下一季的种子。之后，Monsanto 公司发现了鲍曼的上述行为，要求他停止侵权并赔偿损失，而鲍曼拒绝了Monsanto 公司的要求。Monsanto 公司随即在地方法院起诉，认为鲍曼的行为侵犯了公司的专利。鲍曼败诉后上诉至 CAFC，随后CAFC 驳回了他的上诉并维持原判。此后，鲍曼再次就本案上诉至美国联邦最高法院。

　　在最高法院的上诉状中，鲍曼根据专利权用尽原则为自己的行为辩护，认为 Monsanto 公司不可利用涉及 Roundup Ready 种子的专利权，对合法出售的种子继续加以控制，所以他可以自由地使用该种子而不构成对上述专利权的侵犯。对此，美国联邦最高法院没有采纳鲍曼的意见。最高法院认为专利权用尽原则只适用于被出售的商品本身，该原则不能限制专利权人对新生产的产品进行保护，而鲍曼使用除草剂选种的行为进一步印证了种植收获的行为就是生产新产品的行为。此外，鲍曼认为 Monsanto 公司关于种子购买者只能生产一季大豆的规定是不合法的。同样，最高法院也没有采纳鲍曼的该项意见，认为鲍曼未经专利权人的同意对 Roundup Ready 大豆进行了第一季以外的再生产，该行为构成专利侵权。

最终，美国联邦最高法院毫不犹豫地拒绝了鲍曼所有的意见。就本案而言，最高法院也意识到了专利权用尽原则在可自我复制型产品的应用上会更加复杂，比如产品的自我复制可能是购买者无法掌控的。然而，抛开鲍曼的行为是否构成生产新产品不论，通过对售出产品限制性使用约定的肯定，基于本案的事实与加强对基因专利保护的考量，最高法院似乎再次选择了任意性专利产品销售抗辩。

第三节　我国的制度选择

一、不同专利产品销售抗辩的法律效果

目前，对于专利产品销售抗辩而言，德国等欧洲大陆法系国家采用强行性的制度模式，英美法系则主要选择任意性的制度模式。不同类型的专利产品销售抗辩制度的选择，将产生不同的法律效果：

第一，不同类型的制度选择导致对专利权人利益保护强度的不同。对于任意性专利产品销售抗辩而言，由于限制性条件可以排除抗辩制度的适用，因此在限制性条件符合其他法律规定的条件下，专利权人的利益得到了最大限度的维护。而对于强行性专利产品销售抗辩而言，限制性条件无法排除抗辩制度

的适用，专利权的界限止于专利产品首次销售。显然，强行性的制度模式对于专利权人利益的保护弱于任意性的制度模式。

第二，在存在产品销售链条的情形下，不同类型的制度选择将对专利产品的交易产生不同的影响。如前所述，对于属于任意性专利产品销售抗辩的默示许可而言，在存在产品销售链条的情形下，通常会出现如下问题：其一，如果默示许可使用权仅具债权效力，当涉及限制链条问题时，门克案确立的规则将处于统治地位，即限制性条件只需在专利产品销售之前告知购买者，购买者即应当受该限制性条件的约束。据此，即使专利产品购买者获得了默示许可，专利权人仍可以继续对之后购买者的产品利用行为加以控制，从而限制专利产品的自由流通，并使得专利权人的利益进一步得到巩固。其二，如果默示许可使用权具有准物权的效力，限制链条问题中举证责任难、影响产品利用和交易成本大等问题仍难以克服。总之，选择任意性专利产品销售抗辩会导致影响专利产品自由流转等问题的产生。而强行性专利产品销售抗辩将专利权限于专利产品首次销售，在平衡各方当事人利益的同时，也使得上述问题得以解决。

第三，不同类型的制度选择对于专利权界限的明确存在不同的影响。对于强行性专利产品销售抗辩而言，专利权界限止于专利产品首次销售，由此专利权的界限大致明确。而对于任意性专利产品销售抗辩而言，理论上专利权人可以一直控制售出的专利产品，即通过限制性条件控制售出的专利产品。目前，限制性条件还需接受反垄断法的规制，并由合理原则加以分析。由于合理原则的不确定性，在认定限制性条件效力的同时，专利权的界限也处于不确定的状态，由此进一步增加了交易成本。可见，任意性专利产品销售抗辩并不符合科斯第二定理，即在现实交易成本存在情况下，能使交易成本影响最小化的法律是最适当的法律。❶

二、我国的制度选择：强行性专利产品销售抗辩的制度模式

目前，我国主要以专利权用尽原则作为专利产品销售抗辩制度。现行《专利法》第 69 条规定，有下列情形之一的，不视为侵犯专利权：（一）专利产品或者依照专利方法直接获得的产品，由专利权人或者经其许可的单位、个人售出后，使用、许诺销售、销售、进口该产品的；……一直以来，基于公共利益的考虑，该条款被视为法定的权利限制条款，从而禁止当事人以限制性条件排除专利权用尽原则的适用。但是，仅从该条款的规定来看，我国《专利法》并没有明确专利权用尽原则的规范属性。从法条的类型来分析，本条文为拟制性法条。所谓拟制性法条是指这样一种类型的法条，即该法律具有某种构成要件（T1），但其法律效果等同于另一具有不同构成要件（T2）的法条的法律效果。❷ 可见，根据上述规定，在我国未经专利权人许可，使用或者转售售出专利产品的行为本应构成专利侵权。由此，我国的专利法似乎间接地认可了专利权人可以控制售出的专利产品，从而为采纳任意性专利产品销售抗辩提供了制度上的支持。可见，我国的专利产品销售抗辩制度存在多种解释的可能，因此有必要对此加以明确。

---

❶　钱弘道. 经济分析法学［M］. 北京：法律出版社，2003：137.

❷　龙卫球. 民法总论（第二版）［M］. 北京：中国法制出版社，2002：45.

笔者认为，对于两大法系不同的制度模式，除了前述默示许可存在的一系列问题外，基于以下几方面的考虑，我国仍然应当坚持强行性专利产品销售抗辩的制度模式。与此同时，对于专利产品销售抗辩的配套制度，即前述限制性条件的反垄断法规制制度，我国可以考虑借鉴欧共体的立法模式。

（一）伦理哲学基础的定位

应当说，功利主义与道义论构成了当下西方伦理哲学的主要流派，二者堪当价值判断的基础。但是，在经验的功利与先验的公平之间，法律价值应当是多元的。每一个法律上的论断，应当有两种以上理论加以支持才更有说服力。

然而，笔者认为在充分平衡两者的前提下，人们仍应当坚持公平正义优先于功利的原则。正当性是一切法律制度内在的本质要求，社会的功利效用不能成为优先考虑的因素。对专利法而言，无论一项制度对经济发展和技术进步产生多大的影响，只要其是不公平的，就应当存在商榷的余地。

通常，功利主义具有如下理论上的不足。首先，幸福或功利难以衡量。人们究竟应当如何衡量幸福？幸福的标准是爱、财富、知识、尊严、闲暇、健康还是其他东西？一项制度可以增加全体公民的尊严，但是却有可能会损害他们的健康。显然，幸福或者功利是无法进行具体衡量的，因此"功利主义理论实际上毫无意义"。❶

其次，功利主义理论无法对如何进行利益分配进行指导。功利主义认为，行为结果所产生的效益如何分配是与道德无涉

---

❶ ［美］约翰·G·斯普兰克林. 美国财产法精解［M］. 钟书峰，译，北京：北京大学出版社，2009：17.

的问题，一个由少数人享有的利益而多数人承受苦难的社会，可能比另一个分配相当平均的社会更好，只要前一个社会善的总量稍微高于后者即可。❶显然，这种忽视公平的分配模式是存在问题的。

由此，法律制度应当坚持由功利理念回归道义理念，专利法也应当以公平正义优先为原则。正如彼得·达沃豪斯所言，"知识产权法应当是实现正义的工具"。❷这种正义观并不拒绝功利，但是反对将功利作为唯一的标准。"事实上，使得生活有趣味和意义的事情都来自道德和美，如果一切都替换成经济利益，那么人就以新的方式退化为动物了。"❸

那些违反正义才能获得的利益本身毫无价值。由于这些利益一开始就无价值，它们不可能逾越正义的要求。❹目前，基于功利主义的逻辑，英美法系的专利法制度已经在生物技术、医药产业等方面形成了非正义的利益分配格局，形成了逐渐侵蚀人的生命、尊严等基本人权的局面。就专利产品销售抗辩及其相关配套制度而言，英美法系所坚持的专利权人利益最大化的调控模式体现了更为强调功利主义的特色，而将历来为人们所珍视的公平、正义放在了次要的地位。显然，这是需要重新审视的。一定程度上，近期美国联邦最高法院关于 Quanta 案

---

❶ 林火旺. 伦理学入门［M］. 上海：上海古籍出版社，2005：91 - 92.

❷ Peter Drahos. A philosophy of Intellectual Property ［M］. Aldershot Dartmouth Publishing Company，1996：193.

❸ 赵汀阳. 论可能的生活（修订版）［M］. 北京：中国人民大学出版社，2004：126.

❹ ［美］约翰·罗尔斯. 正义论［M］. 何怀宏，译，北京：中国社会科学出版社，1988：31.

的判决体现了美国对于专利产品销售抗辩的伦理哲学基础的反思。

（二）我国的国情

我国的法律大致可以划归为大陆法系。基于长期受大陆法系传统的影响，德国等大陆法系国家采纳的强行性专利产品销售抗辩更能为我国所接受。但是，随着两大法系的融合，英美法系的法律制度也开始对我国产生了影响，1999年的《合同法》即是兼采两大法系成例之明证。随着学界对英美法研究的进一步深入，英美法系相关法律制度对我国的影响将会逐渐加深。

事实上，制度选择问题总不可避免涉及法律移植的问题。而法律移植问题的探讨是关于中国社会如何发展的一个问题，"是关于中国社会的生产方式、社会组织方式和治理方式的讨论，而不是仅仅关于法律条文本身。"❶ 由此，制度的选择与我国的当前国情密切相关。

首先，就我国的基本国情而言，目前我国仍属于发展中国家，社会各方面的发展与欧美等发达国家相比仍有不小的差距。虽然自改革开放的30多年以来，我国的科技创新能力有了巨大的飞跃，但是与美国、欧洲、日本等科技强国相比还是存在较大的距离。在专利授权的数量方面，虽然授予本国申请人的专利数量多于国外申请人，然而基础性、开拓性的重要发明专利大都由国外申请人所持有。❷ 因此，如果一味地加强专

---

❶ 苏力.制度是如何形成的.（增订版）[M].北京：北京大学出版社，2007：72.

❷ 尹新天.专利权的保护（第二版）[M].北京：知识产权出版社，2005：18.

利权保护只会有利于发达国家。据此，在专利产品销售抗辩的制度选择上，英美法系重视专利权人利益保护的任意性专利产品销售抗辩制度并不适用于我国专利分布的现状。如果选择任意性专利产品销售抗辩的制度模式，那么这必将对我国的经济发展产生一定的负面影响。

其次，对于任意性专利产品销售抗辩而言，其只有与反垄断法相配套，才能较好地平衡专利产品交易各方的利益。目前，我国的《反垄断法》刚颁布实施不久，其实施效果并不明显。此外，由于《反垄断法》的规定过于原则和抽象，加之缺乏必要的程序保障，垄断在我国似乎处于"零存在"的状态。❶ 因此，至少到目前为止，我国法院和行政执法机构尚未形成对售出专利产品的限制性条件进行反垄断法规制的经验储备，更不用说基于合理原则对复杂的反垄断问题进行经济分析。如果我国就此选择任意性专利产品销售抗辩，那么结果只能是任由专利权人肆意妄为。

此外，就专利产品销售抗辩配套制度的选择而言，其中还涉及规则与原则选择的问题。通常，规则相对确定，而原则相对模糊。对于专利产品销售抗辩的配套制度而言，欧共体的反垄断制度相对确定。目前，虽然针对某些限制性条件，欧共体也逐步开始采用合理原则分析方法。但是基于成文法的传统，欧共体反垄断分析总体还是以相关条例、指南等立法文件为依据的。"尽管判例也起到重要作用，但这并不妨碍立法上规定

---

❶　束景明．浅谈我国《反垄断法》的不足与完善——从《反垄断法》一年多来的实施情况谈起［J］．经济研究导刊，2010（11）：171－172．

明确的、普适的标准。"❶ 因此，欧共体的反垄断制度大致可以属于规则范畴。而英美法系相应的配套制度则不然。目前，英美法系主要依据合理原则对限制性条件进行反垄断规制。由于合理原则标准的不确定性，同时基于英美法系判例法的传统，因此英美法系任意性专利产品销售抗辩的配套制度大致可以属于原则范畴。

在选择规则或原则时，成本最小化是问题的核心。通常，合理原则标准的不确定使得司法实践中容易产生如下问题，即由于合理原则标准的不确定，虽然最初的立法成本相对较低，但是其执法和守法成本非常之高。对此，欧共体以指南、条例等立法文件对部分限制性条件的反垄断规制效果加以明确，较好地处理了规则与原则之间的平衡关系。因此，基于成本最小化的考虑，欧共体的反垄断制度应当成为我国专利产品销售抗辩配套制度的首选。

对于发展中国家而言，由于司法、行政官员没有受过良好的法律训练，原则不确定的缺陷更为明显，而优先选择规则的理由还在于：

第一，规则能够加快案件的审理周期。法治的发展总是与一定的社会条件相联系的，通常而言，人们有理由认为发展中国家的法治进程相对于发达国家来说具有一定的滞后性。对于复杂案件，发展中国家的诉讼期限会更长。例如在印度，有许多案件从提交诉状到获得最高法院的判决往往需要 15 年的时间。而实体法的复杂性是诉讼周期较长的一个重要原因。因

---

❶ 许光耀．"合理原则"及其立法模式比较［J］．法学评论，2005（2）：91 - 92.

此，采用明确的规则而不是模糊的原则，将有助于发展中国家的案件审理。

第二，规则能够减少官员的腐败。原则的优势体现在给予司法、行政官员较大的自由裁量权，使得案件的审理可以依据具体情景，做出最为合理的裁判。但是，如果法律未能明确具体的规定，而是给予官员较大的自由裁量权，那么这有可能成为腐败滋生的温床。

第三，通过一系列判决的公布，模糊的原则最终可能会导致精确规则的产生。但是，这种方式对裁判者的专业知识要求较高。由于发展中国家缺少受过良好训练的裁判者，因此上述方式的进程将要经历更长的时间，从而法律将长期处于不确定的状态。❶

综上所述，对于专利产品销售抗辩制度选择而言，我国应当以公平优先的道义论作为伦理哲学基础。此外，基于我国的国情，我国仍应当选择强行性专利产品销售抗辩的制度模式。而对于配套制度的选择，我国可以进一步借鉴欧共体"规则多一些、原则少一些"的反垄断制度。通过采用欧共体反垄断法的操作模式，可以让某些限制性条件不受反垄断法的规制，从而适当兼顾效益。

当然，在选择强行性专利产品销售抗辩制度之后，人们要注意其他相关制度如广义默示许可对其产生的积极影响。同时，在无法适用强行性专利产品销售抗辩制度的情形下，人们也不能忽视其他相关制度的价值。

---

❶ ［德］沙弗尔.“规则”与“标准”在发展中国家的运用——迈向法治征途中的一个重大现实问题［J］. 李成钢，译，法学评论，2001（2）：144－146.

本 章 小 结

从表象上看，专利权不仅反映了人与自然界之间的关系，也反映了人与人之间的关系。但是，倘若从更为广阔的社会视角加以观察，专利问题从来就不仅仅是一个纯粹的法律技术问题。它不仅具有自身内在的发展逻辑，而且它从根本上反映了人与国家、人与社会的关系，汇聚了人们对于人类社会的哲学、文化等一切方面的最重要的看法。

历史上，西欧国家曾出现过反对专利的运动。统一和自由是19世纪德国的主要议题，专利被认为对贸易自由设置了障碍。因此，正是在这种背景下，德国发展了强行性专利产品销售抗辩制度。随后，该制度被同样强调统一和自由的欧共体所采纳。美国不同时期对待专利和反垄断的态度并不相同，由此对于专利产品销售抗辩的规范属性而言，不同时期人们对其的认识也存在差异。

目前，对于专利产品销售抗辩而言，德国等欧洲大陆法系国家采用强行性的制度模式，英美法系则选择任意性的制度模式，两大法系不同制度选择的深层次原因在于两者对不同伦理哲学流派的认同。功利主义为英美法系所强调，而道义论和康德的先验伦理哲学为大陆法系所坚持。据此，两大法系选择了不同规范属性的专利产品销售抗辩制度。

近年来，从英美法系的立法和判例来看，英美法系国家似乎表现出逐步抛弃任意性专利产品销售抗辩，转而选择强行性专利产品销售抗辩的态势。以上变化对我国的制度选择不无影响。对于专利产品销售抗辩制度而言，我国应以公平优先的道义论作为伦理哲学基础，并适当考虑效益因素。同时，由于我国的国情，我国不应当过分保护专利权人的利益，而应当选择强行性专利产品销售抗辩的制度模式。而对于配套制度的选择，我国可以进一步借鉴欧共体"规则多一些、原则少一些"的反垄断制度。

参考文献

一、中文著作

[1] 陈华彬. 物权法原理 [M]. 北京：国家行政学院出版社，1998.

[2] 陈华彬. 民法物权论 [M]. 北京：中国法制出版社，2010.

[3] 陈瑞华. 论法学研究方法 [M]. 北京：北京大学出版社，2009.

[4] 崔建远. 准物权研究 [M]. 北京：法律出版社，2003.

[5] 曹磊. 德国古典哲理法学 [M]. 北京：法律出版社，2006.

[6] 杜颖，易继明. 日本专利法 [M]. 北京：法律出版社，2001.

[7] 国家知识产权局条法司. 新专利法详解 [M]. 北京：知识产权出版社，2001.

[8] 冯桂. 美国财产法——经典判例与理论探究 [M]. 北京：人民法院出版社，2010.

[9] 冯晓青. 知识产权法利益平衡理论 [M]. 北京：中国政法大学出版社，2006.

[10] 高富平，吴一鸣. 英美不动产法：兼与大陆法比较 [M]. 北京：清华大学出版社，2007.

［11］郭禾．知识产权法选论［M］．北京：人民交通出版社，2001.

［12］郭寿康．国际技术转让［M］．北京：法律出版社，1989.

［13］辜海笑．美国反托拉斯理论与政策［M］．北京：中国经济出版社，2005.

［14］黄晖．法国知识产权法典［M］．北京：商务印书馆，1999.

［15］黄立．民法总则［M］．北京：中国政法大学出版社，2002.

［16］何怀宏．伦理学是什么［M］．北京：北京大学出版社，2002.

［17］何勤华．德国法律发达史［M］．北京：法律出版社，2000.

［18］何勤华，李秀清．外国民商法导论（第二版）［M］．上海：复旦大学出版社，2005.

［19］金海军．知识产权私权论［M］．北京：中国人民大学出版社，2004.

［20］李琛．论知识产权的体系化［M］．北京：北京大学出版社，2005.

［21］刘春田．知识产权法（第二版）［M］．北京：高等教育出版社、北京大学出版社，2003.

［22］刘春田．知识产权判解研究（2008年第1卷第1期）［M］．北京：法律出版社，2008.

［23］刘春田．中国知识产权评论（第三卷）［M］．北京：商务印书馆，2008.

［24］林火旺．伦理学入门［M］．上海：上海古籍出版社，2005.

［25］罗结珍．法国民法典［M］．北京：中国法制出版社，1999.

［26］李明德．美国知识产权法［M］．北京：法律出版社，2003.

［27］吕世论．西方法律思潮源流论（第二版）［M］．北京：中国人民大学出版社，2008.

［28］龙卫球．民法总论（第二版）［M］．北京：中国法制出版社，2002.

［29］孟庆法，冯义高．美国专利及商标保护［M］．北京：专利文献出版社，1992.

［30］孟勤国．物权二元结构论（第二版）［M］．北京：人民法院出版社，2004.

［31］梅夏英．财产权构造的基础分析［M］．北京：人民法院出版社，2002.

［32］钱弘道．经济分析法学［M］．北京：法律出版社，2003.

［33］钱弘道．英美法讲座［M］．北京：清华大学出版社，2004.

［34］饶明辉．当代西方知识产权理论的哲学反思［M］．北京：科学出版社，2008.

［35］苏力．送法下乡：中国基层司法制度研究［M］．北京：中国政法大学出版社，2000.

［36］苏力．法治及其本土资源（修订版）［M］．北京：中国政法大学出版社，2004.

［37］苏力．制度是如何形成的（增订版）［M］．北京：北京大学出版社，2007．

［38］孙宪忠．德国当代物权法［M］．北京：法律出版社，1997．

［39］尚明．主要国家（地区）反垄断法律汇编［M］．北京：法律出版社，2004．

［40］史尚宽．民法总论［M］．北京：中国政法大学出版社，2000．

［41］沈宗灵．比较法研究［M］．北京：北京大学出版社，1998．

［42］汤宗舜．专利法教程（第三版）［M］．北京：法律出版社，2002．

［43］吴汉东．知识产权年刊（2006年号）［M］．北京：北京大学出版社，2007．

［44］吴汉东．知识产权基本问题研究（总论）（第二版）［M］．北京：中国人民大学出版社，2009．

［45］王利明，等．民法新论（下）［M］．北京：中国政法大学出版社，1988．

［46］王利明，杨立新．侵权行为法［M］．北京：法律出版社，1997．

［47］王利明．物权法论［M］．北京：中国政法大学出版社，1998．

［48］王晓晔．欧共体竞争法［M］．北京：中国法制出版社，2001．

［49］王泽鉴．民法物权——通则·所有权（第一册）［M］．北京：中国政法大学出版社，2001．

［50］谢在全．民法物权论［M］．北京：中国政法大学出版社，1999.

［51］杨思斌．功利主义法学［M］．北京：法律出版社，2004.

［52］尹腊梅．民事抗辩权研究［M］．北京：知识产权出版社，2008.

［53］尹新天．专利权的保护（第二版）［M］．北京：知识产权出版社，2005.

［54］杨兆龙．大陆法与英美法的区别［M］．北京：北京大学出版社，2009.

［55］郑成思．知识产权法（第二版）［M］．北京：法律出版社，2003.

［56］郑成思．知识产权论［M］．北京：社会科学文献出版社，2007.

［57］周枏．罗马法原论［M］．北京：商务印书馆，2001.

［58］赵汀阳．论可能的生活（修订版）［M］．北京：中国人民大学出版社，2004.

［59］张俊浩．民法学原理（修订第三版）［M］．北京：中国政法大学出版社，2000.

［60］张乃根．西方法哲学史纲［M］．北京：中国政法大学出版社，1993.

［61］张文显．法理学（第三版）［M］．北京：高等教育出版社、北京大学出版社，2007.

［62］周中之．伦理学［M］．北京：人民出版社，2004.

二、中文译著

[1] ［奥］考夫．专利制度经济学［M］．柯瑞豪，译，北京：北京大学出版社，2005．

[2] ［澳］彼得·达沃豪斯，约翰·布雷斯韦特．信息封建主义［M］．刘雪涛，译，北京：知识产权出版社，2005．

[3] ［德］卡尔·拉伦茨．法学方法论［M］．陈爱娥，译，北京：商务印书馆，2004．

[4] ［德］康德．法的形而上学原理［M］．沈叔平，译，北京：商务印书馆，1997．

[5] ［德］康德．实践理性批判［M］．韩水法，译，北京：商务印书馆，1999．

[6] ［德］马克思，恩格斯．马克思恩格斯全集（第一版第四卷）［M］．北京：人民出版社，1958．

[7] ［德］M·雷炳德．著作权法［M］．张恩民，译，北京：法律出版社，2005．

[8] ［美］本杰明·N. 卡多佐．法律的成长·法律科学的悖论［M］．董炯，等，译，北京：中国法制出版社，2002．

[9] ［美］哈罗德·J. 伯尔曼．法律与革命［M］．贺卫芳，等，译，北京：中国大百科全书出版社，1993．

[10] ［美］德雷特勒．知识产权许可［M］．王春燕，等，译，北京：清华大学出版社，2003．

[11] ［美］罗斯科·庞德．普通法的精神［M］．唐前宏，等，译，北京：法律出版社，2001．

[12] ［美］理查德·A. 爱波斯坦．简约法律的力量［M］．刘星，译，北京：中国政法大学出版社，2004．

[13] ［美］路易斯·亨利·摩尔根. 古代社会［M］. 杨东莼，等，译，北京：商务印书馆，1997.

[14] ［美］曼昆. 经济学原理［M］. 梁小民，译，北京：生活·读书·新知三联书店、北京大学出版社，1999.

[15] ［美］苏姗·K. 塞尔. 私权、公法——知识产权的全球化［M］. 董刚，周超，译，北京：中国人民大学出版社，2008.

[16] ［美］威廉·M. 兰德斯，理查德·A. 波斯纳. 知识产权法的经济结构［M］. 金海军，译，北京：北京大学出版社，2005.

[17] ［美］约翰·G. 斯普兰克林. 美国财产法精解［M］. 钟书峰，译，北京：北京大学出版社，2009.

[18] ［美］约翰·罗尔斯. 正义论［M］. 何怀宏，译，北京：中国社会科学出版社，1988.

[19] ［意］彼得罗·彭梵得. 罗马法教科书［M］. 黄风，译，北京：中国政法大学出版社，1992.

[20] ［英］F. H. 劳森，B·拉登. 财产法［M］. 施天涛，等，译，北京：中国大百科全书出版社，1998.

[21] ［英］F. H. 劳森，伯纳德·冉得. 英国财产法导论［M］. 曹培，译，北京：法律出版社，2009.

[22] ［英］亨利·梅因. 古代法［M］. 沈景一，译，北京：商务印书馆，1996.

[23] ［英］哈特. 法律的概念［M］. 许家馨，李冠宜，译，北京：法律出版社，2006.

[24] ［日］吉藤幸朔. 专利法概论［M］. 宋永林，魏启学，译，北京：专利文献出版社，1990.

三、中文论文

(一) 期刊论文

[1] 程乐，沙丽金，郑英龙．法律术语的符号学诠释[J]．修辞学习，2009（2）．

[2] 崔建远．论他物权的母权［J］．河南省政法管理干部学院学报，2006（1）．

[3] 董美根．美国专利使用权穷竭对我国的借鉴［J］．知识产权，2008（6）．

[4] 董美根．论专利产品销售所附条件的法律效力［J］．华东政法大学学报，2009（3）．

[5] 董美根．论专利默示许可［J］．载国家知识产权局条法司．专利法研究2010［M］．北京：知识产权出版社，2011．

[6] 邓晓芒．西方伦理精神探源［J］．社会科学论坛，2006（9）．

[7] 和育东．美国专利权穷竭原则的演变［J］．电子知识产权，2008（9）．

[8] 金可可．基于债务关系之支配权［J］．法学研究，2009（2）．

[9] 林广海，邱永清．专利权、专利许可使用权与专利许可合同——以物权法原理借鉴为视点［J］．法律适用，2008（6）．

[10] 李剑．法律经济学的分析与搭售合理性认知［J］．西南师范大学学报（人文社会科学版），2006（3）．

[11] 李子奈，齐良书．计量经济学模型的功能与局限［J］．

数量经济技术经济研究，2010（9）．

［12］吕明瑜．知识产权垄断呼唤反垄断法制度创新——知识经济视角下的分析［J］．中国法学，2009（4）．

［13］梁志文．论知识产权法的合同限制［J］．国家检察官学院学报，2008（10）．

［14］冉昊．"相对"的所有权——双重所有权的英美法系视角与大陆法系绝对所有权的结构［J］．环球法律评论，2004（冬季号）．

［15］冉昊．论"中间型权利"与财产法二元架构——兼论分类的方法论意义［J］．中国法学，2005（6）．

［16］冉昊．两大法系法律实施系统比较——财产法律的视角［J］．中国社会科学，2006（1）．

［17］冉昊．论英美财产法中的产权概念及其制度功能［J］．法律科学，2006（5）．

［18］束景明．浅谈我国《反垄断法》的不足与完善——从《反垄断法》一年多来的实施情况谈起［J］．经济研究导刊，2010（11）．

［19］孙南申，徐曾沧．美国对技术标准中专利信息不披露行为的反垄断措施［J］．华东政法大学学报，2009（1）．

［20］王洪亮．分割所有权论［J］．华东政法学院学报，2006（4）．

［21］王利明．论他物权设定［J］．法学研究，2005（6）．

［22］王晓晔．论反垄断法一般理论及基本制度［J］．中国法学，1997（2）．

［23］王轶．民法典的规范配置［J］．烟台大学学报，2005（3）．

［24］温世扬．财产支配权论要［J］．中国法学，2005（5）．

［25］许德风．论法教义学与价值判断——以民法方法为重点［J］．中外法学，2008（2）．

［26］许光耀．"合理原则"及其立法模式比较［J］．法学评论，2005（2）．

［27］萧海．专利侵权抗辩理论与实务研讨会［J］．中国专利与商标，2010（1）．

［28］尹田．论物权和知识产权的关系［J］．法商研究，2002（5）．

［29］闫文军．从有关美国判例看"修理"与"再造"的区分［J］．载国家知识产权局条法司．专利法研究2004［M］．北京：知识产权出版社，2005.

［30］尹新天．美国专利政策的新近发展动向［J］．载刘春田．中国知识产权评论（第三卷）［M］．北京：商务印书馆，2008.

［31］袁真富．基于侵权抗辩之专利默示许可探究［J］．法学，2010（12）．

［32］张玲．专利产品的修理与专利侵权问题探讨——从日本再生墨盒谈起［J］．知识产权，2007（3）．

［33］［德］沙弗尔．"规则"与"标准"在发展中国家的运用——迈向法治征途中的一个重大现实问题［J］．李成钢，译，法学评论，2001（2）．

［34］［日］田村善之．修理、零部件的更换与专利侵权的判断［J］．李扬，译，载吴汉东．知识产权年刊（2006年号）［M］．北京：北京大学出版社，2007.

（二）学位论文（含博士后报告）

［1］黄海峰．知识产权的表达与实践［D］．北京：中国人民大学，2006．

［2］冉昊．英美财产法基本构造分析：从身份到契约，从契约到关系［D］．北京：中国社会科学院，2003．

［3］冉昊．比较财产法论纲：从契约到关系，从自治到信赖［R］．北京：北京大学，2005．

［4］王春燕．平行进口法律规制的比较研究［D］．北京：中国人民大学，2003．

［5］闫宏．专利默示许可规则探析［D］．北京：清华大学，2007．

［6］余翔．专利权、商标权耗尽及平行进口的法律经济比较研究［D］．武汉：华中科技大学，2001．

［7］张丽．再生商品与专利侵权关联性之研究——以日本再生墨盒专利案为例［D］．重庆：西南政法大学，2008．

（三）报纸资料

［1］超青．再生墨盒是否构成专利侵权？［N］．中国知识产权报，2006 - 6 - 21（7）．

四、外文著作

［1］Amiram Benyamini. Patent Infringement in the European Community［M］. Wiley - VCH，1993．

［2］Christopher Heath. Parallel Imports in Asia［M］. Kluwer Law International，2004．

［3］Donald A. Norman. The Invisible Computer：Why Good Products Can

Fail, the Personal Computer Is So Complex, and Information Appliances Are the Solution [M]. MIT Press, 1999.

[4] David T. Keeling. Intellectual Property Rights in EU Law [M]. Oxford University Press, 2004.

[5] Frank L. Fine. The EC Competition Law on Technology Licensing [M]. London: Sweet and Maxwell, 2006.

[6] E. H. Burn. Cheshire and Burn's Modern Law of Real Property [M]. 16th ed. Butterworths, 2000.

[7] Hector MacQueen, Charlotte Waelde & Graeme Laurie. Contemporary Intellectual Property [M]. Oxford University Press, 2008.

[8] Joseph William Singer. Introduction to Property [M]. Aspen Publishers, 2001.

[9] L. B. Curzon. English Legal History [M]. 2nd ed. Macdonald and Evans, 1979.

[10] Peter Drahos. A philosophy of Intellectual Property [M]. Aldershot Dartmouth Publishing Company, 1996.

[12] Warwick A. Rothnie. Parallel Imports [M]. Sweet & Maxwell, 1993.

[13] William Cornish & David Llewelyn. Intellectual Property: Patents, Copyright, Trade Marks and Allied Rights [M]. 5th ed. Sweet & Maxwell, 2003.

[14] W. T. Murphy & Simon Roberts. Understanding Property Law [M]. 3rd ed. Sweet & Maxwell, 1998.

五、外文论文

[1] Adam Mossoff. Who Cares What Thomas Jefferson Thought About Patents? Reevaluating the Patent "Privilege" in Historical Context [J]. 92 Cornell L. Rev. 953, 2007.

[2] Adam Mossoff. Exclusion and Exclusive Use in Patent Law [J]. 22 Harv. J. L. & Tech. 321, 2009.

[3] A. Silverman. Intellectual Property Law and the Venture Capital Process [J]. 5 High Tech. L. J. 157, 1990.

[4] Amber Hatfield Rovner. Practical Guide to Application of (or Defense Against) Product – based Infringement Immunities under the Doctrines of Patent Exhaustion and Implied License [J]. 12 Tex. Intell. Prop. L. J. 227, 2004.

[5] Richard M. Buxbaum. Restrictions in the Patent Monopoly: A Comparative Critique [J]. 113 Upenn. L. Rev. 633, 1965.

[6] David E. Adelman & Kathryn L. DeAngelis. Patent Metrics: The Mismeasure of Innovation in the Biotech Patent Debate [J]. 85 Tex. L. Rev. 1677, 2007.

[7] David Wilkinson. Breaking The Chain: Parallel Imports And The Missing Link [J]. 19 (6) E. I. P. R. 319, 1997.

[8] Eleanor M. Fox & Laurence M. Sullivan. Antitrust – Retrospective and Prospective: Where Are We Coming From? Where Are We Going? [J]. 62 N. Y. U. L. Rev. 936, 1987.

[9] F. K. Beier. Patent Licence Agreements Under German and European Antitrust Law [J]. 3 I. I. C. 1, 1972.

[10] F. K. Beier. Industrial Property and the Free Movement of Goods in

the Internal European Market [J]. 21 I. I. C. 131, 1990.

[11] George L. Priest. What Economists Can Tell Lawyers about Intellectual Property [J]. 8 Res. L. & Econs. 19, 1986.

[12] John W. Schlicher. The New Patent Exhaustion Doctrine of Quanta v. LG: What It Means for Patent Owners, Licensees, and Product Customers [J]. 90 J. Pat. & Trademark Off. Soc'y 758, 2008.

[13] Lester G. Telser. Why Should Manufacturers Want Fair Trade? [J]. Journal of Law and Economics, 1960, 3 (1).

[14] Mark A. Lemley. Intellectual Property Rights and Standard – Setting Organizations [J]. 90 Cal. L. Rev. 1889, 2002.

[15] Mark D. Janis. A Tale of The Apocryphal Axe: Repair, Reconstruction, And The Implied License In Intellectual Property Law [J]. 58 Md. L. Rev. 423, 1999.

[16] Michael A. Heller & Rebecca S. Eisenberg. Can Patents Deter Innovation? The Anticommons in Biomedical Research [J]. 280 Science 698, 1998.

[17] Naomi Gross. Trade Mark Exhaustion: The U. K. Perspective [J]. 23 (5) E. I. P. R. 224, 2001.

[18] N. Koch & F. Froschmaier. The Doctrine of Territoriality in Patent Law and the European Common Market [J]. 9 IDEA 343, 1965.

[19] P. Hay & D. Oldekop. EMI/CBS and the Rest of the World: Trademark Rights and the European Communities [J]. 25 Am. J. Comp. L. 120, 1977.

[20] Richard A. Epstein. The Disintegration of Intellectual Proper-

ty［J］. 62 Stan. L. Rev. 455，2010.

［21］ Scott M. Tobias. No Refills：The Intellectual Property High Court Decision In Canon V. Recycle Assist Will Negatively Impact The Print Ink Cartridge Recycling Industry In Japan ［J］. 16 Pac. Rim L. & Pol'y J. 775，2007.

［22］ Thomas G. Hungar. Observations Regarding the Supreme Court's Decision in Quanta Computer，Inc. v. LG Electronics，Inc. ［J］. 49 IDEA 517，2009.

［23］ William F. Baxter. Legal Restrictions on Exploitation of the Patent Monopoly：An Economic Analysis ［J］. 76 Yale L. J. 267，1966.

［24］ U. Schatz. The Exhaustion of Patent Rights in the Common Market ［J］. 2 I. I. C. 1，1971.

六、工具书

［1］中国社会科学院语言研究所词典编辑室. 现代汉语词典（第5版）［M］. 北京：商务印书馆，2005.

［2］薛波. 元照英美法词典 ［M］. 北京：法律出版社，2003.

［3］［英］戴维·M. 沃克. 牛津法律大辞典 ［M］. 李双元，等，译，北京：法律出版社，2003.

［4］ Bryan A. Garner. Black's Law Dictionary ［M］. 8th ed. West，2004.

跋

本书由我的博士论文修改而成。六年前，我参加了中国人民大学博士研究生入学考试，并有幸成为郭禾教授的弟子。短暂的欢喜之后，我深知迎接我的将是一段不太平坦的求学之旅。

读博四年中，我充分利用名师云集的人大法学院为学生提供的各种平台，努力提升自己的法学素养。博士论文写作期间，我常常在结束一天的工作之后，开始博士论文的写作，而正常的节假日早已成为"奢侈品"。正所谓"事非经过不知难"，四年的博士研究生学习生活充满了酸甜苦辣，当然我亦从中获益良多。

感谢我的导师郭禾老师。承蒙先生不弃，学生才能有机会进入人大法学院继续深造，从而近距离地领略人大名师的风采。先生为人随和、平易近人，与先生和同门在一起，学生总能备感亲切。在指导博士论文期间，先生严谨治学、独立思考，其学术风范给学生留下深刻的印象。论文从开题、拟定大纲到初稿修改直至最后定稿，先生都予以耐心指导、认真把关。在指导学业的同时，先生更是向学生传授为人处世之道，为学生解惑。这一切学生都将铭记于心！

感谢知识产权法教研室的刘春田老师、郭寿康老师、金海军老师、李琛老师、姚欢庆老师、张勇凡老师。在我攻读博士学位期间，老师们传道授业、指点迷津，使我掌握了在知识产权法学的天空里独自翱翔的本领。

感谢答辩委员会的冯晓青老师、曲三强老师、孙新强老师，他们在我的论文答辩过程中提出了非常宝贵的意见和建议，使我受益匪浅。

感谢专利复审委员会的领导和同事。正是他们的理解和支持，我得以顺利完成学业。同时，感谢专利复审委员会给我提供了旁听北大法学院相关课程的机会，使我有机会聆听苏力、贺卫方、尹田、曲三强、凌斌、薛兆丰等老师的精彩授课，从而进一步拓展了我的学术视野。

感谢在学习过程中帮助过我的同窗好友：刘晓军、周玲、张新峰、罗向京、宋廷辉、熊文聪、王坤、孙山、刘洁、史学清、谢保军、鲁灿等。正是有了他们，求学之旅不再枯燥，茫然之时才有了希望。在此，一并祝愿他们未来一帆风顺、前途似锦。

应当感谢的人还有很多，在此无法一一列名。对于他们给予的帮助，我将始终牢记并祝福他们。

诚然，笔者学识浅微，本书难免有疏漏谬误之处，故恳请读者不吝赐教为盼。

万　琦

2013 年 8 月于北京

《知识产权专题研究书系》书目